北京大学“双一流”建设成果
方李邦琴北京大学人文学科文库出版基金资助

北京大学人文学科文库 | 北大考古学研究丛书

波斯考古与艺术

The Archaeology and Arts of Persia

林梅村 著

图书在版编目 (CIP) 数据

波斯考古与艺术/ 林梅村著. —北京：北京大学出版社，2023.5
（北京大学人文学科文库·北大考古学研究丛书）
ISBN 978-7-301-34027-1

I.①波… II.①林… III.①文化史–研究–波斯帝国 Ⅳ.①K124.4

中国国家版本馆CIP数据核字（2023）第090151号

书　　名 波斯考古与艺术
BOSI KAOGU YU YISHU
著作责任者 林梅村 著
责任编辑 张 晗
标准书号 ISBN 978-7-301-34027-1
出版发行 北京大学出版社
地　　址 北京市海淀区成府路 205 号 100871
网　　址 http://www.pup.cn 新浪微博：@ 北京大学出版社
电子信箱 pkuwsz@126.com
电　　话 邮购部 010-62752015 发行部 010-62750672 编辑部 010-62767315
印 刷 者 北京中科印刷有限公司
经 销 者 新华书店
650 毫米 × 965 毫米 16.75 开本 16.5 印张 230 千字
2023 年 5 月第 1 版 2023 年 5 月第 1 次印刷
定　　价 138.00 元

总 序

袁行霈

人文学科是北京大学的传统优势学科。早在京师大学堂建立之初，就设立了经学科、文学科，预科学生必须在 5 种外语中选修一种。京师大学堂于 1912 年改为现名，1917 年，蔡元培先生出任北京大学校长，他“循思想自由原则，取兼容并包主义”，促进了思想解放和学术繁荣。1921 年北大成立了四个全校性的研究所，下设自然科学、社会科学、国学和外国文学四门，人文学科仍然居于重要地位，广受社会的关注。这个传统一直沿袭下来，中华人民共和国成立后，1952 年北京大学与清华大学、燕京大学三校的文、理科合并为现在的北京大学，大师云集，人文荟萃，成果斐然。改革开放后，北京大学的历史翻开了新的一页。

近十几年来，人文学科在学科建设、人才培养、师资队伍建设、教学科研等各方面改善了条件，取得了显著成绩。北大的人文学科门类齐全，在国内整体上居于优势地位，在世界上也占有引人瞩目的地位，相继出版了《中华文明史》《世界文明史》《世界现代化历程》《中国儒学史》《中国美学通史》《欧洲文学史》等高水平的著作，并主持了许多重大的考古项目，这些成果发挥着引领学术前进的作用。目前北大还承担着《儒藏》《中华文明探源》《北京大学藏西汉竹书》的整理与研究工作，以及《新编新注十三经》等重要项目。

与此同时，我们也清醒地看到，北大人文学科整体的绝对优势正在减弱，有的学科只具备相对优势了；有的成果规模优势明显，高度优势还有待提升。北大出了许多成果，但还要出思想，要产生影响人类命运和前途的思想理论。我们距离理想的目标还有相当长的距离，需要人文学科的老师和同学们加倍努力。

我曾经说过：与自然科学或社会科学相比，人文学科的成果，难以直接转化为生产力，给社会带来财富，人们或以为无用。其实，人文学科力求揭示人生的意义和价值、塑造理想的人格，指点人生趋向完美的境地。它能丰富人的精神，美化人的心灵，提升人的品德，协调人和自然的关系以及人和人的关系，促使人把自己掌握的知识和技术用到造福于人类的正道上来，这是人文无用之大用！试想，如果我们的心灵中没有诗意，我们的记忆中没有历史，我们的思考中没有哲理，我们的生活将成为什么样子？国家的强盛与否，将来不仅要看经济实力、国防实力，也要看国民的精神世界是否丰富，活得充实不充实，愉快不愉快，自在不自在，美不美。

一个民族，如果从根本上丧失了对人文学科的热情，丧失了对人文精神的追求和坚守，这个民族就丧失了进步的精神源泉。文化是一个民族的标志，是一个民族的根，在经济全球化的大趋势中，拥有几千年文化传统的中华民族，必须自觉维护自己的根，并以开放的态度吸取世界上其他民族的优秀文化，以跟上世界的潮流。站在这样的高度看待人文学科，我们深感责任之重大与紧迫。

北大人文学科的老师们蕴藏着巨大的潜力和创造性。我相信，只要使老师们的潜力充分发挥出来，北大人文学科便能克服种种障碍，在国内外开辟出一片新天地。

人文学科的研究主要是著书立说，以个体撰写著作为一大特点。除了需要协同研究的集体大项目外，我们还希望为教师独立探索，撰写、出版专著搭建平台，形成既具个体思想，又汇聚集体智慧的系列研究成果。为此，北京大学人文学部决定编辑出版“北京大学人文学科文库”，旨在汇集新时代北大人文学科的优秀成果，弘扬北大人文学科的学术传统，展示北大人文学科的整体实力和研究特色，为推动北大世界一流大学建设、促进人文学术发展做出贡献。

我们需要努力营造宽松的学术环境、浓厚的研究气氛。既要提倡教师根据国家的需要选择研究课题，集中人力物力进行研究，也鼓励教师按照自己的兴趣自由地选择课题。鼓励自由选题是“北京大学人文学科文库”的一个特点。

我们不可满足于泛泛的议论，也不可追求热闹，而应沉潜下来，认真钻研，将切实的成果贡献给社会。学术质量是“北京大学人文学科文库”的一大追求。文库的撰稿者会力求通过自己潜心研究、多年积累而成的优秀成果，来展示自己的学术水平。

我们要保持优良的学风，进一步突出北大的个性与特色。北大人要有大志气、大眼光、大手笔、大格局、大气象，做一些符合北大地位的事，做一些开风气之先的事。北大不能随波逐流，不能甘于平庸，不能跟在别人后面小打小闹。北大的学者要有与北大相称的气质、气节、气派、气势、气宇、气度、气韵和气象。北大的学者要致力于弘扬民族精神和时代精神，以提升国民的人文素质为己任。而承担这样的使命，首先要有谦逊的态度，向人民群众学习，向兄弟院校学习。切不可妄自尊大，目空一切。这也是“北京大学人文学科文库”力求展现的北大的人文素质。

这个文库目前有以下17套丛书：

“北大中国文学研究丛书”（陈平原 主编）

“北大中国语言学研究丛书”（王洪君 郭锐 主编）

“北大比较文学与世界文学研究丛书”（张辉 主编）

“北大中国史研究丛书”（荣新江 张帆 主编）

“北大世界史研究丛书”（高毅 主编）

“北大考古学研究丛书”（沈睿文 主编）
“北大马克思主义哲学研究丛书”（丰子义 主编）
“北大中国哲学研究丛书”（王博 主编）
“北大外国哲学研究丛书”（韩水法 主编）
“北大东方文学研究丛书”（王邦维 主编）
“北大欧美文学研究丛书”（申丹 主编）
“北大外国语言学研究丛书”（宁琦 高一虹 主编）
“北大艺术学研究丛书”（彭锋 主编）
“北大对外汉语研究丛书”（赵杨 主编）
“北大古典学研究丛书”（李四龙、彭小瑜、廖可斌 主编）
“北大人文学古今融通研究丛书”（陈晓明、彭锋 主编）
“北大人文跨学科研究丛书”（申丹、李四龙、王奇生、廖可斌主编）①

这17套丛书仅收入学术新作，涵盖了北大人文学科的多个领域，它们的推出有利于读者整体了解当下北大人文学者的科研动态、学术实力和研究特色。这一文库将持续编辑出版，我们相信通过老中青学者的不断努力，其影响会越来越大，并将对北大人文学科的建设和北大创建世界一流大学起到积极作用，进而引起国际学术界的瞩目。

① 本文库中获得国家社科基金后期资助或入选国家哲学社会科学成果文库的专著，因出版设计另有要求，会在后勒口列出的该书书名上加星号注标，在文库中存目。

丛书序言

赵 辉

和历史学、哲学、文学等学科相比，考古学在人文学科中是个年轻的学科。在西方，考古学自诞生以来到今天仅一百五六十年。在中国，新文化运动启发了中国学术界对传统上古史体系深深的怀疑，从而提出重建上古史的任务。于是，考古学这门产生于西方的学问始为中国学术界接受，并被视为摆脱重建历史时缺少材料的窘境的主要办法，被寄予厚望。从那个时候始算，中国考古学发展至今刚刚接近百年。

当人们还在四处寻觅重建历史的办法时，常领风气之先的北京大学在1922年就在国学门下成立了考古学研究室。这是中国第一个考古学研究机构。自此，北大考古学人在动荡时局中，尽其所能地开展考古活动，择其要者，如1927年与斯文赫定博士共组“中瑞西北科学考察团”，在新疆开展了深入的考古历史考察。又如1944年与中央研究院历史语言研究所等四单位共组西北科学考察团，于甘肃各地开展史前和诸历史时期的田野考古，收获甚丰。如此等等。1946年起，北大史学系由裴文中先生首开考古学课程，招收研究生，建立博物馆，志在建设一个完备的考古学大学教育研究机构。

然而，真正系统的学科建设则是晚至1952年才开始的。是年，北大历史系成立了考古专业，著名考古学者苏秉琦先生出任专业第一任主任，宿白先生担任副主任，延揽群贤，筚路蓝缕，开启山林。前途虽然远非平坦，但几代学人风雨同舟，群策群力，艰苦奋斗，终于将考古专业发展成为学科门类齐全、专业领域覆盖完整的考古文博学院。一时之间，北大考古学名师荟萃，人才济济，学术拔群，为全国高校之牛耳，中国考古之重镇，在国际上也有极大的影响力。

北大考古学的历史和中国考古学的历史一样长，中国考古学的每次重大进展，都有北大考古人的贡献，北大考古学的发展可谓是中国考古学术发展的代表和缩影。1954年起，北大考古人陆续编写出各时段的中国考古学教材，广为传播，被国内其他高校采用或摹写，教材架构的中国历史的考古体系，也深植学界之中，成为共识。邹衡先生构建的三代考古学文化的基本体系，以及严文明先生有关新石器的分期和区系体系等，皆为该时段历史文化的基本框架，沿用至今，并由苏秉琦先生集大成为中国考古学区系类型学说。根据这个学说，考古学首次总括提出上古中国文化发展为多元或多元一体式格局的认识，从根本上改变了中国历史以黄河流域为中心的传统认识。1973年，在极端困难的情况下，北大继社科院考古所之后建立起全国高校中第一座第四纪地质与考古年代学实验室，立即在考古资料的年代学研究上发挥了重要作用，并以实验室为依托，开展了多项现代自然科学技术应用于考古学的尝试，为日后自然科学技术大量引入考古学研究做了前瞻性积累。上个世纪80年代初，北大考古学人即敏锐洞察到学科即将发生的从物质文化史研究向全面复原古代社会研究的深刻转型，持续开展聚落考古。到今天，北大考古学人通过聚落形态研究古代社会，取得一系列重要成绩。其在长期聚落考古实践中摸索形成的田野考古技术方法和理念，业已转化为国家文物局指导新时期全国考古工作的规范标准。

根植于深厚的学术传统，当前的北大考古学研究欣欣向荣，在传统领域不断深耕细作，在前沿领域不断开拓创新，在现代人及其文化的产生、新石器至青铜时代早期的精确年代测定、植物考古和农业起源及其发展、聚落演变和早期文明、新石器和青铜时代欧亚草原上的文化交流、冶金技术的起源和中国冶金技术体系的形成与发展、周原聚落与西周国家形态、基于材料分析的古代手工业体系分布和产品流通研究、丝绸之路上的文化与社会、考古所见汉唐制度、古代瓷业及产品的海外贸易等一系列前沿课题上取得和正在取得重要研究成果。凭借这些厚重的学术成果,北大考古学继续扮演着学术引领者的角色。

2016 年,北京大学人文学部筹划了“北京大学人文学科文库”建设计划,“北大考古学研究丛书”是这个文库的一个组成部分。丛书为刊布北大考古研究成果提供了一个极好的平台,尤其得到当前活跃在学术一线的北大考古学人的重视,以把自己最得意的研究成果发表在这个平台上为荣。所以,“北大考古学研究丛书”势将成为一个引起国内外学术界广为关注、高质量的学术园地。对此,我满怀信心!

2017 年 6 月 25 日于桂林榕湖

目 录

上篇 波斯访古

下篇 中国与波斯的文化交流

· 上篇 ·

波斯访古

第一章

波斯湾古港口的变迁

2011年底至2012年初，我们应伊朗国家考古博物馆馆长阿克巴扎德（Daryoosh Akbarzadeh）博士邀请，对伊朗首府德黑兰以及南部城市库姆、卡尚、亚兹德、伊斯法罕、设拉子、阿巴斯港、霍尔木兹岛等地名胜古迹和博物馆，进行了为期11天的实地考察。[①]这次伊朗考察收获巨大，对我个人来说，印象最深的莫过于波斯湾饱经沧桑的古海港。回国后搜集相关史料，翻检前人对伊朗的考古调查，颇有所获。草拟此文，重点介绍我们在波斯湾的考察成果。据文献记载和考古发现，波斯湾古代海港的变迁，大致分为尸罗夫港、霍尔木兹旧港、霍尔木兹新港三个发展阶段。

---

① 这次伊朗考察团一行10人，成员有：北大梵语和中古伊朗语教授段晴，波斯语教授叶奕良，法语教授王文融，波斯语教授王一丹，历史学教授荣新江、朱玉麒，考古学教授齐东方、林梅村，清华大学美术史教授尚刚，以及中国人民大学国学院教授孟宪实。考察时间：2011年12月29日至2012年1月8日。

尸罗夫港

尸罗夫（Siraf）今称“塔赫里”（Tāhiri），位于伊朗布舍尔省东南海滨。古波斯帝国至白衣大食（阿拉伯帝国倭马亚王朝）统治时期，一直是波斯湾最重要的对外贸易口岸之一。历经中国先秦至晚唐五代，不幸毁于北宋太平兴国二年（977）波斯湾发生的一场大地震（图一）。

在德黑兰考察期间，我们在伊朗国家考古博物馆见到一件卢里斯坦出土的新埃兰风格的裂瓣纹青铜钵，年代不晚于公元前650年（图二：3）。在山东、江苏、安徽西汉墓、广州南越王墓发现过此类风格的裂瓣纹银盒（图二：1、2），在云南西汉滇王墓还发现过裂瓣纹青铜盒。以前学界一直以为这些异域风格的工艺品是西汉年间的波斯舶来品，可是山东青州西辛齐国大墓出土了风格相同的裂瓣纹银盒，盒底写有战国

图一　尸罗夫古海港遗址

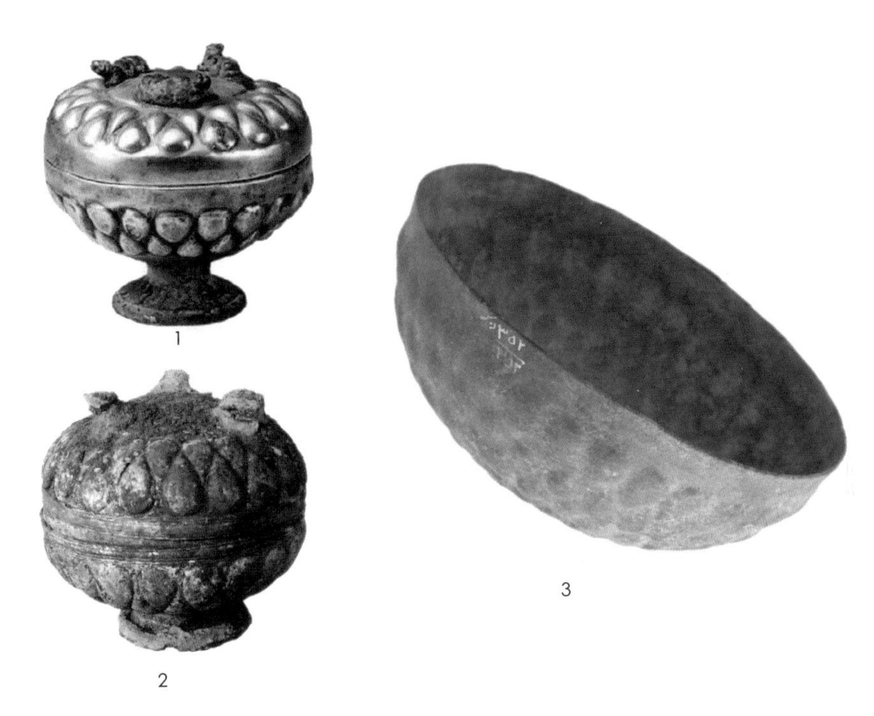

图二　山东出土战国时期波斯裂瓣纹银盒与卢里斯坦出土新埃兰裂瓣纹青铜钵

文字，故知其年代当在战国时期。我们认为，这些波斯舶来品与齐国方士渡海求仙有关。[①]这些波斯艺术品就是从尸罗夫港远渡重洋，辗转印度、东南亚各地古港口，最后输入中国东南沿海地区的。

伊朗国家考古博物馆陈列了许多孔雀翠蓝釉陶器，其一肩部饰镂空花纹，属于帕提亚时期（图三：1）。1933 年，英国考古学家斯坦因（M. A. Stein）在尸罗夫港口遗址发现一件镂空花纹的孔雀翠蓝釉陶壶残片，当为帕提亚陶壶残片。[②]帕提亚以生产釉陶而著称，尤其流行孔雀翠蓝釉陶器。在叙利亚的杜拉-欧罗普斯（Dura-Europos）遗址，发现过波

---

① 林梅村：《丝绸之路考古十五讲》，北京大学出版社，2006 年，第 103—105 页。

② M. A. Stein, *Archaeological Reconnaissances in North-Western India and South-Eastern Iran*, London, 1937, p.184 and pl. XXVII.

斯釉陶作坊和大量釉陶制品。器型以双耳壶、大口壶、三耳壶、双耳水罐、小水罐为主。这些陶壶口缘翻卷，手工捏制把手，器物造型模仿金属器皿。伊朗国家考古博物馆另一件帕提亚风格的单把孔雀翠蓝釉陶壶值得注意（图三：2），近年广西合浦东汉墓发现了一件几乎相同的帕提亚孔雀翠蓝釉陶壶（图三：3），说明东汉合浦港与波斯湾尸罗夫港之间的海上交通畅通无阻。

公元3世纪初，萨珊波斯王在尸罗夫港正北130公里法尔斯省的古尔兴建了一座都城，今称菲鲁扎巴德（Firuzabade），意为“卑路斯城”（图四）。实际上，该古城建于萨珊波斯王阿尔达希尔一世时期。公元208年，阿尔达希尔将兄弟处死后，号称法尔斯（Fars）统治者，自封“众王之王”，迁都波斯南部新落成的阿尔达希尔-花拉（Ardashir-Khwarrah），也即菲鲁扎巴德。这座萨珊波斯古都平面呈圆形，直径约2公里，外城采用双层城墙，并挖有很深的护城壕。外城开有四座城门，北门曰霍尔木兹，南门曰阿尔达希尔，东门曰密特拉，西门曰巴赫兰。城内中央耸立着一座高达30米的高塔，用于祭祀萨珊波斯国教——拜火教神灵。这座圆形古城北部有一座萨珊早期王宫，遗迹至今尚存。

图三　伊朗国家考古博物馆藏帕提亚翠蓝釉陶壶与广西合浦汉墓出土波斯釉陶壶

图四　尸罗夫港北约 130 公里菲鲁扎巴德古城及 2012 年考察路线

伊朗朋友本来没安排考察菲鲁扎巴德，在我们要求下才列入考察项目。从我们下榻的设拉子宾馆到菲鲁扎巴德，直线距离 85 公里，大约 1 个多小时车程。限于时间，我们只能重点考察这座圆形古城北郊的萨珊波斯早期王宫（图五），便从密特拉门进城，至高耸入云的拜火教高塔，又自南向北经过一座萨珊晚期王宫，出霍尔木兹门不久，抵达古城北郊早期王宫遗址。王宫内有三个火祆教神庙和开阔的庭院，宫殿附近有一处泉水汇成的蓝色小湖。10 多米高的王宫大门令人震撼，伊朗人谓之“伊万”。据说就连伊朗国家考古博物馆，也模仿帕提亚王宫，采用“伊万”式大门（图六）。

大唐天宝年间，襄阳人杜环随镇西节度使高仙芝远征中亚，不幸于怛逻斯之役被大食人俘获。杜环与唐军战俘一起被掠入波斯，周游中东十余载后，从波斯湾乘海船归国。杜环著有《经行记》一书介绍中东见闻，并为杜佑《通典 · 边防典》引用。杜佑在该书《西戎总序》写道：“族子环随镇西节度使高仙芝西征，天宝十载（751）至西海，宝应初

图五　萨珊王朝圆形古城北郊的早期王宫大门

图六　德黑兰伊朗国家考古博物馆

(762)，因贾商船舶自广州而回，著《经行记》。”黑衣大食哈里发阿蒲茶拂（Abu Jafar al-Mansur）先后两次派阿拉伯使团访华，据《唐会要》和《册府元龟》记载，一次在宝应元年五月，另一次在同年十二月。学者张日铭认为，杜环似乎跟随宝应元年黑衣大食使团归国。[①]

关于中国与波斯之间的海上交通，贞元宰相贾耽《皇华四达记》有详细记录，名曰“广州通海夷道”。原书久佚，但《新唐书·地理志》抄录了该书。这条远洋航线的最后行程是：

> 又北四日行，至师子国（今斯里兰卡），其北海岸距南天竺大岸百里。又西四日行，经没来国（今印度马拉巴尔），南天竺之最南境。又西北经十余小国，至婆罗门西境。又西北二日行，至拔飐国（印度西海岸坎贝湾东面 Broach）。又十日行，经天竺西境小国五，至提飐国（印度西北岸卡提阿瓦半岛南部 Diudul），其国有弥兰太河，一曰新头河（今印度河），自北渤崑国（Bakkar）来，西流至提飐国北，入于海。又自提飐国西二十日行，经小国二十余，至提罗卢和国（Djerrarah），一曰罗和异国（Larwi）。国人于海中立华表，夜则置炬其上，使舶人夜行不迷。又西一日行，至乌剌国（Obolla），乃大食国之弗利剌河（今幼发拉底河），南入于海。小舟溯流二日至末罗国（今阿马拉），大食重镇也。又西北陆行千里，至茂门王所都缚达城（今伊拉克巴格达）。

杜环反其道而行之，从巴格达陆行千里至阿马拉，乘小舟顺流二日到幼发拉底河口乌剌国。又东行一日至波斯湾夜航灯塔所在地提罗卢和国。马苏第《黄金草原》称之为“杰拉赖”（Djerrarah），是乌布拉附近海域一处旋涡名称。[②]《黄金草原》第 242 节记载：

① 〔法〕张日铭著，姚继德、沙德珍译：《唐代中国与大食穆斯林》，宁夏人民出版社，2002 年，第 123 页。

② 陈佳荣、解方、陆峻岭：《古代南海地名汇释》，中华书局，1986 年，第 936 页。

> 我们同样还详细地描述了波斯湾面对巴士拉和乌布拉方向一方的最末端，同时还描述了以杰拉赖（Djerrarah）之名而著名的旋涡。后者是指乌布拉附近的一个大陆凹入处，大海进入了那里，这就引起了巴士拉大部分运河中很高的含盐度。正是为了这一旋涡而在停泊港的进口处，在乌布拉和阿巴丹的一侧建立了3个木架，于夜间在上面点起了火。它们矗立在那里如同3个位于海中的大沙洲，警告来自安曼、锡拉夫与其他地方的船舶勿在这一旋涡和其他旋涡中抛锚，因为它们在那里肯定会受到损失。[①]

公元9世纪，阿拉伯商人苏来曼访问过波斯湾。他在游记中写道："货物从巴士拉、阿曼以及其他地方运到尸罗夫，大部分中国船在此装货。"[②]

考古发现表明，唐朝出口中东的货物主要是长沙窑外销瓷，其次是越窑青瓷，只有少量邢窑或巩义窑白瓷。英国考古学家斯坦因1933年在尸罗夫遗址收集的陶瓷碎片中，就有唐代长沙窑产品和越窑青瓷片。[③]1966—1972年以来，英国考古学家怀特豪斯（D. Whitehouse）在尸罗夫遗址进行了六次大规模发掘，并且在五个地点发现长沙窑外销瓷。[④]这些发现为我们研究唐代中国与波斯之间的海上交通提供了重要实物（图七）。

1059年，阿拉伯史家哈桑·白哈济（Muhammad ibn al Husain Baihaki）留下这样一段记载：忽罗珊总督阿里·伊本·伊萨（Ali ibn Isa），向哈里发哈隆·拉史德（Caliph Harun al-Rashid）贡奉礼品。计有：中国官窑陶瓷（Chini faghfuri）20件，其中包括碗、杯子和小杯，

---

① 〔古阿拉伯〕马苏第著，耿昇译：《黄金草原》，青海人民出版社，1998年，第137页。

② 穆根来、汶江、黄倬汉译：《中国印度见闻录》，中华书局，1983年，第7页。

③ M. A. Stein, *Archaeological Reconnaissances in North-Western India and South-Eastern Iran,* London, 1937, pl. XXVII.

④ D. Whitehouse, "Excavations at Siraf: First Interim Report," *Iran*, Vol. 6, 1968, pp.1–22; D. Whitehouse, "Excavations at Siraf: Third Interim Report," *Iran*, Vol. 6, 1970, pp.1–18; D. Whitehouse, "Excavations at Siraf: Forth Interim Report," *Iran*, Vol. 9, 1971, pp.1–17; D. Whitehouse, "Excavations at Siraf: Fifth Interim Report," *Iran*, Vol. 9, 1972, pp.62–87; D. Whitehouse, "Some Chinese and Islamic Pottery from Siraf," *Pottery and Metalwork in Tang China*, London, 1972, pp. 30–34.

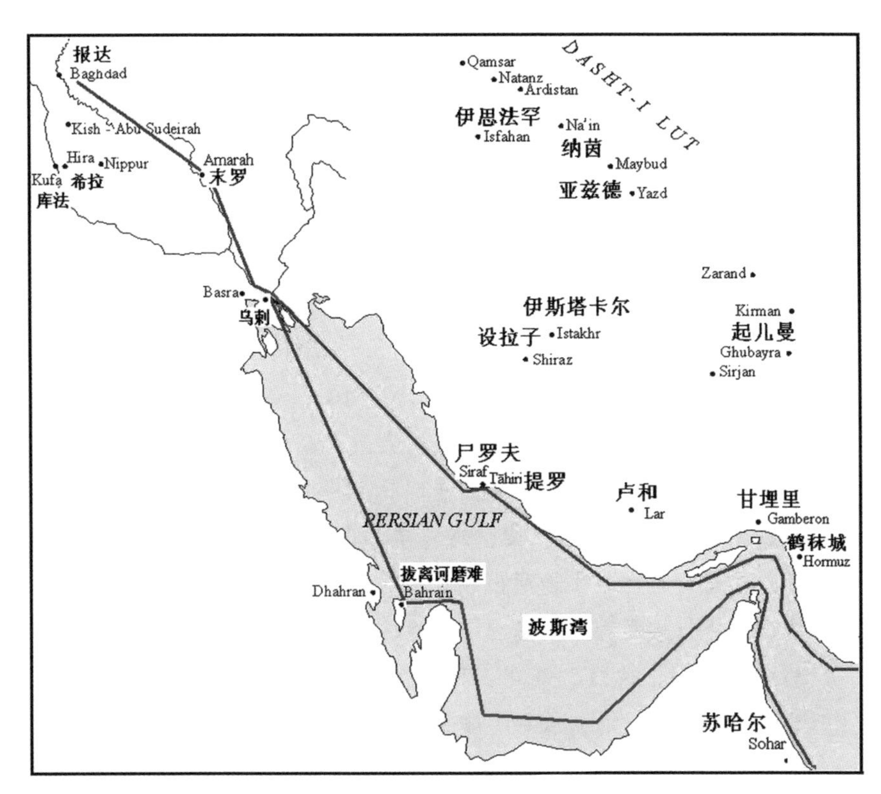

图七　晚唐五代波斯湾航线示意图

皆哈里发宫廷前所未见之物。此外，这批礼品还包括2000件其他瓷器。① 2000多件中国瓷器无法从陆路运输，当从海路运到尸罗夫港，然后运往巴格达宫廷。阿拔斯王朝哈里发哈隆·拉史德约786—809年（唐德宗贞元二年至唐宪宗元和四年）在位，那么2000件晚唐瓷器当为扬州运到尸罗夫港的长沙窑瓷器，而20件中国官窑陶瓷可能是定窑白瓷或越窑青瓷。据考古发现，晚唐五代定窑白瓷底部有的刻有“官”或“新官”款，可能是太官署定制的瓷器。呼罗珊总督进献哈里发的官窑

① 〔日〕三上次男著，李锡经、高喜美译：《陶瓷之路》，文物出版社，1984年，第99页。

陶瓷应为“官”或“新官”款定窑白瓷。[1]

尸罗夫港废弃后，一些尸罗夫商人流亡到中国，并在泉州定居。北宋赵汝适《诸蕃志》记载：

> 大食在泉之西北，去泉州最远。番舶艰于直达，自泉发船四十余日，至蓝里博易住冬，次年再发，顺风六十余日方至其国。本国所产，多运载与三佛齐（今苏门答腊）贸易，贾转贩以至中国。其国雄壮，其地广袤。民俗侈丽，甲于诸番，天气多寒，雪厚二三尺，故贵氈毯。国都号蜜徐篱（Misr，今开罗），或作麻啰拔（Murbat）。据诸蕃冲要。……国有大港，深二十余丈，东南濒海，支流达于诸路。港之两岸皆民居，日为墟市，舟车辐凑，麻、麦、粟、豆、糖、麪、油、柴、鸡、羊、鹅、鸭、鱼、虾、枣圈、蒲萄、杂菓皆萃焉。土地所出，真珠、象牙、犀角、乳香、龙涎、木香、丁香、肉豆蔻、安息香、芦荟、没药、血碣、阿魏、腽肭脐、鹏砂、琉璃、玻瓈、砗磲、珊瑚树、猫儿睛、栀子花、蔷薇水、没石子、黄蜡、织金软锦、駞毛布、兜罗绵、异缎等。番商兴贩，系就三佛齐（印尼苏门答腊旧港）、佛啰安（今泰国南部）等国转易。麻啰抹（麻啰拔之误）、施曷（苏哈尔）、奴发（今佐法儿）、哑四包闲（伊斯法罕）、啰施美、木俱兰（Makran，今伊朗与巴基斯坦交界地带）、伽力吉（Qalhat，今阿曼哲朗）、毗喏耶、伊禄（伊拉克）、白达（巴格达）、思莲（苏邻国，今伊拉克库法）、白莲（巴林）、积吉、甘眉（元代称“甘埋里”）、蒲花罗（今布哈拉）、层拔（今桑给巴尔）、弼琶啰（柏培拉）、勿拔、瓮篱（瓮蛮之误，今阿曼）、记施（基什岛）、麻嘉（今麦加）、弼斯罗（今巴士拉）、吉甆尼（今阿富汗的加兹尼）、勿斯离（今摩苏尔），皆其属国也。……元祐（1086—1094）、开禧（1205—1207）间各遣使入贡。有番商曰施那帏（Siraf，今伊朗塔赫里），大食人也。蹻寓

① 权奎山：《唐五代时期定窑初探》，《故宫博物馆院院刊》2008 年第 4 期，第 48—53 页。

泉南，轻财乐施，有西土气习，作丛冢于城外之东南隅，以掩胡贾之遗骸。提舶林之奇记其实。[①]

南宋赵汝适时代，波斯在阿拉伯帝国阿拔斯王朝统治下，旗帜尚黑，史称“黑衣大食”。据桑原骘藏考证，《诸蕃志》所述“施那帏”即 Siraf 音译，意为“尸罗夫人”。[②]

霍尔木兹旧港

北宋太平兴国二年（977），波斯发生了一场大地震。波斯湾对外贸易口岸起初迁至基什岛（Kish Island），后来迁至霍尔木兹旧港（今伊朗东南境米纳布），西距伊朗霍尔木兹甘省阿巴斯港约 80 公里。其名源于波斯萨珊第四位国王 Hormoz（或 Ormuz），在波斯语中意为“光明之神”，唐代文献称作“鹤秣城”。《大唐西域记》卷十一记载：

波剌斯国周数万里。国大都城号苏剌萨傥那，周四十余里。川土既多，气序亦异，大抵温也。引水为田，人户富饶。出金、银、鍮石、颇胝、水精、奇珍异宝。工织大锦、细褐、氎毹之类。多善马、橐驼。货用大银钱。人性躁暴，俗无礼义。文字语言异于诸国。无学艺，多工技，凡诸造作，邻境所重。婚姻杂乱。死多弃尸。其形伟大，齐发露头，衣皮褐，服锦氎。户课赋税，人四银钱。天祠甚多，提那跋外道之徒为所宗也。伽蓝二三，僧徒数百，并学小乘教说一切有部法。释伽佛钵，在此王宫。

国东境有鹤秣城，内城不广，外郭周六十余里。居人众，家产富。[③]

---

① （宋）赵汝适著，杨博文校释：《诸蕃志校释》，中华书局，2000 年，第 89—91 页。

② 〔日〕桑原骘藏著，陈裕菁译：《蒲寿庚考》，上海中华书局，1929 年，第 140—141 页。

③ 玄奘、辩机原著，季羡林等校注：《大唐西域记校注》，中华书局，2004 年，第 938—941 页。

图八　霍尔木兹旧港（今伊朗米纳布）废墟

苏剌萨傥那，《新唐书·西域传》称作“苏剌萨傥那城”，源于梵语 surasthāna（神之居所），[①] 即巴格达附近忒息封（Ctesiphon）古城的别称。最初为帕提亚帝国首都，萨珊波斯王朝建立后，亦定都于此。《大慈恩寺三藏法师传》也提到“鹤秣城”。其文曰：“国东境有鹤秣城，西北接拂懔国，西南海岛有西女国，皆是女人，无男子，多珍宝，附属拂懔，拂懔王岁遣丈夫配焉，其俗产男，例皆不举。”鹤秣即霍尔木兹之别称，而拂懔则为阿拉伯对欧洲人的称谓，可见欧洲商人亦活跃于霍尔木兹旧港。

1933 年，斯坦因在米纳布调查了 27 个遗址（图八），从中发掘出大批伊斯兰时期文物。在米纳布附近的喀拉敦（Kalatun）遗址，斯坦

① 敦煌唐写本《老子化胡经》提到“苏邻国”，源于波斯语 Suristan，指波斯在叙利亚建立的行省。唐代为西亚景教圣地，与苏剌萨傥那并非一地。

因发现许多宋代瓷片和一枚北宋政和通宝，[1]说明北宋年间波斯湾贸易港已从基什岛转移到霍尔木兹旧港。

霍尔木兹旧港是中世纪波斯湾最主要的海港之一，在伊利汗国合赞汗时期达到鼎盛。1293年，威尼斯商人马可·波罗造访霍尔木兹旧港。《马可波罗行纪》记载：

> 抵此坡下，又见一平原，甚丽，名曰福鲁模思（Formose）平原。广二日程，内有美丽川流。出产海枣及其他果物不少，并有种种美鸟无数，皆为吾辈国中所未见者。骑行二日，抵于大洋，海边有一城，名曰忽鲁模思（Ormus）。城有港，商人以海舶运载香料、宝石、皮毛、丝绸、金锦与夫象牙暨其他货物数种，自印度来此，售于他商，转贩世界各地。此城商业极其繁盛，盖为国之都城。所属村落不少。国王名称鲁墨耽阿合马（Ruomedam Ahomet）。阳光甚烈，天时酷热。城在陆上，外国商人殁于此者，国王尽取其资财。[2]

1292年，马可·波罗和父亲、叔叔受忽必烈大汗的委托，护送蒙古新娘阔阔真下嫁波斯大汗。他们随来华请婚的波斯使团，从泉州乘船到忽鲁谟斯旧港。1941年，杨志玖在《永乐大典》保存的元代史料《经世大典·站赤》中发现一条记载。文中说：至元二十七年（1290）八月"十七日，尚书阿难答、都事别不花等奏，平章沙不丁上言：'今年三月奉旨，遣兀鲁觯、阿必失呵、火者，取道马八儿，往阿鲁浑大王位下。同行一百六十人，内九十人已支分例，余七十人，闻是诸官所赠遗及买得者，乞不给分例口粮。'奉旨：'勿与之！'"三位波斯使者与《马可波罗行纪》所述波斯使团三位使者的名字完全一致。由此可证，马可·波

---

① M. A. Stein, *Archaeological Reconnaissances in North-Western India and South-Eastern Iran*, London, 1937, p.183.

② 冯承钧译:《马可波罗行纪》，上海书店出版社，2001年，第58页。

罗是1291年初离开泉州赴波斯湾的，而非以前认为的1292年初。[①]据黄时鉴考证，1293年2—3月间，马可·波罗抵达霍尔木兹旧港；3—4月到讨来思（今大不里士）觐见伊利大汗乞合都；1293年4—5月，到波斯东境阿八哈耳，送蒙古新娘阔阔真下嫁阿鲁浑之子合赞汗；1295年，返回威尼斯。[②]

据威尼斯圣马可图书馆藏马可·波罗遗嘱，他们从中国带回威尼斯的东方物品，有中国丝绸、瓷器和蒙古大汗赏赐的乘驿金牌等。[③]马可·波罗生前家私万贯，号称Il Milione（百万富翁），如今只有一件中国瓷罐保存下来。1931年，英国东方陶瓷学家拉菲尔（Oscar C. Raphael）和收藏家大维德爵士（Sir Percival David）到威尼斯考察实物，这件瓷罐高约12.38厘米（4.875英寸），最大腹径约8.26厘米（3.25英寸），上有蕉叶、缠枝花卉等四层印花纹，沙底未施釉。据拉菲尔考证，这是德化窑烧造的一种青白釉瓷罐，其年代并非以前认为的12世纪，而是13世纪末。当时威尼斯只有马可·波罗一家到过中国，所以这件瓷器被认定为马可·波罗从中国带回家乡的，今称"马可·波罗罐"。[④]2009年5月，我们到威尼斯圣马可博物馆考察实物（图九：1），发现展品说明仍把这件瓷罐当作十字军东征所获之物。

1987年，广州救捞局和英国潜水打捞公司在广东台山上川岛附近海域发现一条南宋沉船，今称"南海1号"。国家博物馆水下考古中心和广东省考古所联合考古队从这条沉船中打捞出数千件南宋瓷器，计有：青白釉六方执壶、青白釉四系罐、青白釉印盒、青白釉花瓣口卷草

① 杨志玖：《关于马可·波罗离华的一段汉文记载》，《文史杂志》（重庆）第1卷第12期，1941年12月（收入杨志玖：《元史三论》，人民出版社，1985年，第89—96页）。

② 黄时鉴：《关于马可·波罗的三个年代问题》，中外关系史学会编：《中外关系史论丛》第1辑，世界知识出版社，1985年，第60—62页。

③ 刘清华：《威尼斯圣马可教堂图书馆藏马可波罗遗嘱》，罗丰主编：《丝绸之路上的考古、宗教与历史》，文物出版社，2011年，第312—319页。

④ Oscar C. Raphael, "Chinese Porcelain Jar in the Treasury of San Marco, Venice," *TOCS*, Vol.10, 1931-1932, pp.13-15.

1

2

图九　圣马可教堂藏马可・波罗罐与南海 1 号沉船出水德化窑青白瓷罐

纹碟等。这些瓷器主要来自南宋四大名窑，包括福建德化窑青白瓷、磁灶窑瓷器、江西景德镇影青瓷以及浙江龙泉窑青瓷。据估计，整船文物可能多达 6 万至 8 万件。目前这条南宋沉船已经整体迁入广东阳江新落成的南海 1 号博物馆。我们感兴趣的是，南海 1 号沉船发现的德化窑青白釉瓷罐（图九：2），与马可・波罗罐非常相似。值得注意的是，南海 1 号沉船出水南宋德化窑四系罐，与菲律宾出土元代德化窑四系罐纹样略有不同。南宋瓷罐外壁为二或三排花纹，而元代瓷罐外壁则为四排花纹。马可・波罗罐外壁亦为四排花纹。由此可证，马可・波罗罐烧造于元代初年（约 13 世纪末），绝非 12 世纪十字军东征的战利品。①

20 世纪 90 年代初，牛津大学考古学家摩根（Peter Morgan）再次赴米纳布古海港进行考古调查，从中发掘出大批宋元时期（13—14 世

① 林梅村：《威尼斯“马可波罗罐”调查记》，罗丰主编：《丝绸之路上的考古、宗教与历史》，文物出版社，2011 年，第 198—203 页。

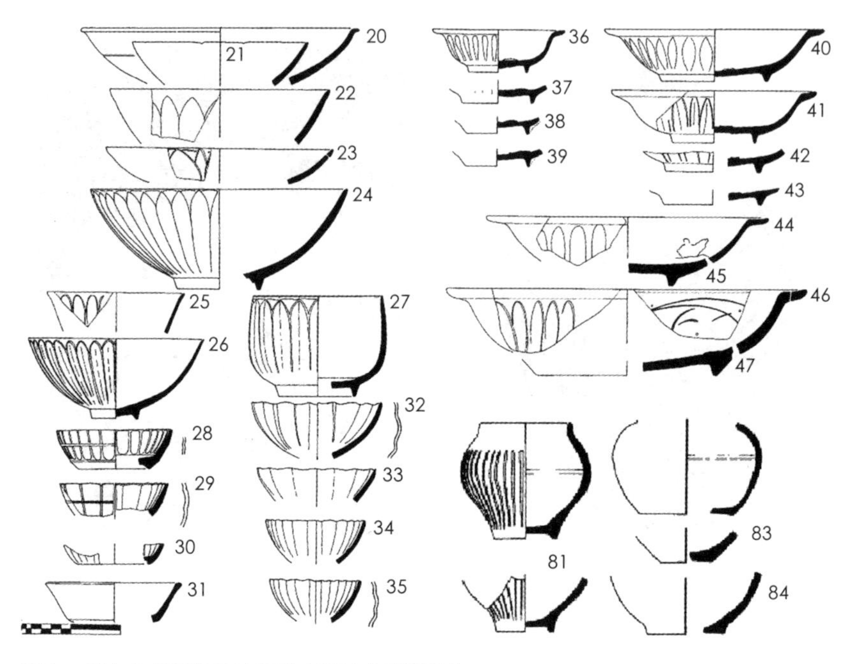

图十 霍尔木兹旧港米纳布出土宋元龙泉窑瓷片

纪）龙泉窑瓷片（图十），但是不见元青花。[①] 由此可见，1296—1301年霍尔木兹旧港废弃以前，元青花尚未产生。

霍尔木兹新港

据英国学者史迪费（A.W. Stiffe）考证，霍尔木兹港重大变迁发生在元成宗元贞二年（1296）。这年阿亚兹（Amir Baha-al-Din Ayaz）谋杀了霍尔木兹王诺思洛特（Nosrat），登上第15代霍尔木兹王的宝座。不料，突厥人摧毁了起儿曼（Kerman）王国，又将霍尔木兹王国洗劫一空。霍尔木兹人被迫离开陆地，亡命海岛。他们来到波斯湾口一座荒

① Peter Morgan, "New Thoughts on Old Hormuz: Chinese Ceramics in the Hormuz Region in the Thirteenth and Fourteenth Centuries," *Iran* 29, 1991, pp.67–83.

图十一　波斯湾口的霍尔木兹岛

芜的海岛，亚历山大东征到过这座海岛，希腊远征军称为“奥加诺岛”（Organa），伊斯兰时期更名“加隆岛”（Jarun）。阿亚兹与该岛主人基什岛国王纳茵（Neyn）谈判后，霍尔木兹人便在这座荒无人烟的海岛建立了新的家园（图十一），而第15代霍尔木兹王阿亚兹则成了新王国第一代国王。史迪费所据史料，是1347—1378年霍尔木兹王图兰沙（Turan Shah）的记录。①

突厥入侵者当来自中亚察合台汗国。1295年（元成宗元贞元年），伊利汗合赞即位，察合台第九代大汗笃哇与海都军队乘虚侵入呼罗珊。1297年，笃哇侵入北印度拉合尔（在今巴基斯坦），把其子忽都鲁火者封于印度和呼罗珊之间。据波斯史料《瓦撒夫史》记载，察合台军队摧

① A. W. Stiffe, “The Island of Hormuz (Ormuz),” *Geographical Magazine*, Vol.1, London, 1874, pp. 12–17.

毁霍尔木兹旧港发生在1301年。其文曰：

> 回历699年（1299），都哇之子忽都鲁·火者在出征印度的归程中死去，察合台汗国向自己的西邻伊利汗国的扩张政策，并未随着忽都鲁·火者之死而结束。回历700年（1301），忽都鲁·火者的部下对波斯的法儿思（Fars）和起儿曼（Kerman）发动袭击，镇守呼罗珊的是后来的伊利汗合儿班答。结果，察合台汗国军队的统将兵败阵亡。[①]

无论如何，霍尔木兹人从陆地迁往海岛不晚于1301年（元成宗大德五年）。忽鲁谟斯岛坐落在波斯湾出口处，与阿拉伯半岛的阿曼犄角相对，雄踞波斯湾和印度洋的交会点，具有军事和商业枢纽意义。霍尔木兹新港落成后，商业更为繁盛。伊利汗国与元朝使者频繁往来于忽鲁谟斯，史不绝书。

继马可·波罗之后，罗马天主教圣方济各会修士鄂多立克（Friar Odoric）周游东方各国。他生于意大利弗里乌黎省波登隆埃县诺瓦村，早年效忠方济各教会，过着清苦的托钵僧生活，赤足步行，退隐荒野，造就了坚忍不拔、吃苦耐劳的精神。1318年，鄂多立克从威尼斯启程，开始东方之旅。经君士坦丁堡、特拉比松、埃尔兹伦、大不里士、孙丹尼牙、喀山、耶兹特、百世玻里，经由设拉子，到巴格达。1321年离开巴格达，前往波斯湾。在霍尔木兹登船，驶往印度、东南亚各地，最后在广州登陆，1322年（元英宗至治二年）抵达元朝首都汗八里（今北京）。鄂多立克在中国各地周游多年，1328年取道西藏回国。1331年，他在威尼斯病榻上口述东游经历，由他人笔录为《鄂多立克东游录》一书。关于霍尔木兹港，鄂多立克介绍说：

> 于是从那里出发，我来到印度内地，一个遭到鞑靼人极大蹂躏的地区……离此印度并经过很多地方，我来到大洋海（Ocean

① 刘迎胜：《察合台汗国史研究》，上海古籍出版社，2006年，第309页。

Sea)，我抵达海岸上的第一座城市是忽鲁模子（ORMES），这是个壁垒坚固，奢华商品充斥的城市。（该城系在距大陆约五英里远的岛上。其上不生长树木，亦无淡水，确实盛产面包、鱼和肉。但它不是个卫生的地方，生命无保障，热得难以置信。男人和女人都很高大……）①

所谓“遭到鞑靼人极大蹂躏的地区”，指1296年或1301年被突厥人毁灭的起儿曼王国和霍尔木兹王国。那个“距大陆约五英里远”的海岛，就是阿亚兹建立新王国的霍尔木兹岛，《元史·地理志·西北地附录》称作“忽里模子”。

据14世纪初《瓦萨甫史》记载，元成宗大德元年（1297），合赞汗遣波斯使者阿合马和伊尔济二人，往东方大汗（元成宗）朝廷，献珍珠异物、虎豹等兽。合赞给使者重金，俾在中国购买物品。抵大都后，大汗命给波斯汗以旭烈兀离东后所积40余年之岁赐，优待诸使，赐贵族之女。使者居大都四年，大德六年（1302）满载而归。②

《经世大典·站赤》又载，大德五年（1301）十二月，“江浙等处行中书省言：杭州路在城驿近承接使臣答术丁等，钦赍圣旨悬带虎符，前往马合答束（今索马里摩加迪沙）番国征取狮豹等物，往回应付二年分例……又爱祖丁等使四起，正从三十五名，前往刁吉儿（今摩洛哥丹吉尔）取豹子希奇之物，往回应付三年分例”。③元代摩洛哥与阿尔及利亚、突尼斯等地统称“马格里布”。14世纪初摩洛哥旅行家伊本·白图泰（Ibn Battūta）在游记中说：“瓷器价格在中国，如陶器在我国一

① 何高济译：《鄂多立克东游录》，中华书局，2019年，第38—39页。

② 英译文参见H.M. Elliot and John Dowson (trans.), *The History of India as Told by its Own Historians*, New York: AMS Press,1966,Vol.3, pp.45-47. 汉译文参见冯承钧译《多桑蒙古史》第4卷引《瓦萨甫史》。其文曰：“查摩尔对丁之子法克尔对丁于1297年，以波斯伊利汗合赞汗使者的身份，由海路到中国。拜谒元成宗，受赐贵族之女。滞留中国多年，并于1305年复由海路归国。”

③ 收入《永乐大典》第19419卷，转引自陈得芝主编：《中国通史》第八卷上册，上海人民出版社，1997年，第684—685页。

样或更为价廉。这种瓷器运销印度等地区，直至我国马格里布。这是瓷器种类中最美好的。”[①] 爱祖丁使团到摩洛哥为元廷购买珍禽异兽和奢侈品，霍尔木兹岛无疑是必经之地。

1953 年，泉州出土一方《大德三年奉使波斯碑》。碑文曰：“大元进贡宝货，蒙圣恩赐赉。至于大德三年（1299）内，悬带金字海青牌面，奉使火鲁没思田地勾当。蒙哈赞大王，特赐七宝货物，呈献朝廷，再蒙旌赏。自后回归泉州本家居住，不幸于大德八年十……（下残）”[②] 从时间看，火鲁没思即霍尔木兹新王国，在波斯湾口霍尔木兹岛。

元统年间黄溍撰《松江嘉定等处海运千户杨君墓志铭》，记述了元成宗大德年间杨枢两次奉使波斯。其文曰：“君讳枢，字伯机……大德五年，君甫十九，致用院俾以官本船浮海至西洋，遇亲王合赞所遣使邮怀等如京师，遂载之以来。邮怀等朝贡事毕，请仍以君护送西还。丞相哈剌哈孙答剌罕如其请，奏授君忠显校尉、海运副千户，佩金符，与俱行。以八年（1304）发京师，十一年（1307）乃至其登陆处，曰忽鲁模思云。是役也，君往来长风巨浪中，历五星霜。凡舟楫糗粮物器之须，一出于君，不以烦有司。既又用私钱市其土物白马、黑犬、琥珀、蒲萄酒、蕃盐之属以进。”[③] 杨枢大德八年（1304）抵达忽鲁谟斯，登陆地当在霍尔木兹新港。

1330 年，摩洛哥旅行家伊本·白图泰再次踏上旅程。这次，他首先沿红海南下，经过埃塞俄比亚，到达也门的亚丁，然后借季风沿东非海岸一路往南，相继访问了摩加迪沙、蒙巴萨、桑给巴尔和基尔瓦。随着季风转为南风，白图泰往北回到了亚丁，1331 年向北访问了阿曼，直到今天的霍尔木兹海峡。1332 年，伊本·白图泰结束东非之旅，回到麦加，为下一次旅行做准备。关于霍尔木兹新港，《伊本·白图泰游

① 马金鹏译：《伊本·白图泰游记》，宁夏人民出版社，2000 年重印本，第 540 页。

② 吴文良原著，吴幼雄增订：《泉州宗教石刻（增订本）》，科学出版社，2005 年，第 643 页。

③《全元文》卷九七四，凤凰出版社，2004 年，第 293—294 页。

记》写道：

> 后来，我从阿曼地区去霍尔木兹地区，霍尔木兹（今米纳布）是一沿海城市，对面海里是新霍尔木兹（今霍尔木兹岛），两者相距为三法尔萨赫。不久，我们到达新霍尔木兹，这是一个岛屿，城名哲牢。是一座美丽城市，有热闹的市场，是印度信德的船只停泊口，从此将印度货物运往两伊拉克、波斯和霍腊散。素丹驻节于此。城所在的岛，为一日行程，多是沼泽地。山是食盐岩山，称做达拉尼盐，岩盐可雕制装饰、器皿和灯台。当地的食物是鱼和从巴士拉、阿曼运来的椰枣。水在岛上较为稀贵，岛上虽有泉水和积存雨水的水池，但离城较远，人们带来水袋装满后，背到船上运往城内。我在清真大寺门与市场之间曾看到了一座奇怪的建筑，那是一个像小山冈一样大的鱼头，两眼像座大门，人们可以从一眼进去另一眼出来。在这里我会见了游方清廉谢赫阿布·哈桑·吴格绥拉尼，他原是罗姆人，承他款待和拜访我，并赠我衣服。离城六米里有一祠堂，据说是为先知海堆尔和先知伊德勒斯修建的，并说他们曾在此做过礼拜，而且显现灵迹。当地有一道堂，由一谢赫居住，供应过往行人，我在那里住了一日。我从此去拜访一位远在岛之尽端的清廉人士，他自己开凿了一个山洞居住，洞内有一道堂，一间小屋，屋内有一婢女，洞外有他的一批奴隶为他牧放牛羊。该人原系巨商，朝圣后断绝一切关系，在此静修，而将其钱财交其弟兄从事贸易。我在此住了一夜，承他善意款待。[①]

霍尔木兹岛与新疆库车盐水沟和克孜尔石窟的地貌相似，到处是火山喷发形成的多彩沉积岩山。当地向导告诉我们，霍尔木兹岛总面积 42 平方公里。山上的野鹿、海滨的海龟、沼泽地的海鸟，以及岛民饲养的羊群，构成了霍尔木兹岛的动物世界。这位向导先带我们去“寂

① 马金鹏译：《伊本·白图泰游记》，宁夏人民出版社，2000 年重印本，第 217—218 页。

图十二　霍尔木兹岛的赤铁矿盐岩山

静山谷”探幽，两边山脉就是伊本·白图泰说的“达拉尼盐岩山”（图十二）与火山喷发形成的赭石山，红白相间，美不胜收。当地向导后来带我们去“多彩山谷”。两边山脉的颜色多达17种，除了赭石、白盐岩之外，还有黄色的硫黄、黑色的铬铁矿、绿色的孔雀石等，如同在外星球一般。

霍尔木兹岛无宾馆，晚上要回阿巴斯港宾馆。这座港口城市历史悠久。有学者认为，元代汪大渊《岛夷志略》提到的“甘埋里”指霍尔木兹旧港，[①] 不一定正确。汪大渊将霍尔木兹港称作“班达里”，其名源于阿拉伯语bandar（港口）。《岛夷志略》记载：“（班达里）地与鬼屈、波思（波斯）国为邻，山峙而石盘，田瘠谷少。气候微热，淫雨

① 〔德〕廉亚明、〔德〕葡萄鬼著，姚继德译：《元明文献中的忽鲁谟斯》，宁夏人民出版社，2007年。

间作。俗怪，屋傍每有鬼夜啼，如人声相续，至五更而啼止。次日酋长必遣人乘骑鸣锣以逐之，卒不见其踪影也。厥后立庙宇于盘石之上以祭焉，否则人畜有疾，国必有灾。男女丫髻，系巫仑布，不事针缕纺绩。煮海为盐。地产甸子、鸦忽石、兜罗绵、木绵花、青蒙石。贸易之货，用诸色缎、青白瓷、铁器、五色烧珠之属。”[①] 正如研究者指出的，这个“与波斯为邻”班达里才是霍尔木兹港。[②] 12 世纪阿拉伯地理学家伊第利斯绘有一部世界地图集，名曰《浪迹天涯》(*Kitāb nuzhat al-mushtāq fī ikhtirāq al-āfāq*)。该地图集的波斯湾图在阿曼湾标有一个海港城市，名曰 al Hammer，位于祖法儿与马斯喀特之间（图十三）。我们认为，这座名叫 al Hammer 的海滨城市才是南宋赵汝适《诸蕃志》所谓“甘眉”，以及元代汪大渊《岛夷志略》提到的“甘埋里”。

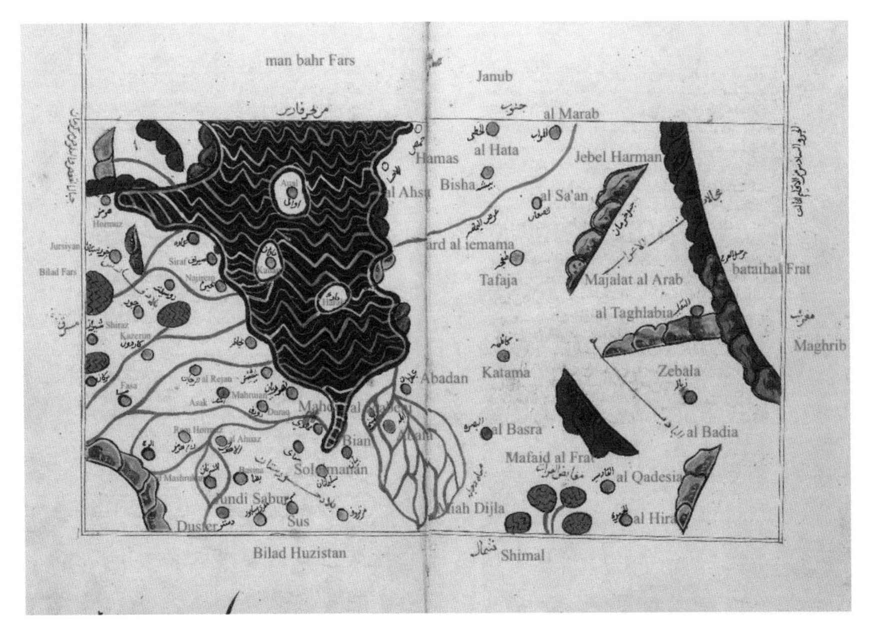

图十三 《浪迹天涯》之波斯湾图

① （元）汪大渊著，苏继庼校释：《岛夷志略校释》，中华书局，1981 年，第 253—254 页。

② 宋岘：《郑和航海与穆斯林文化》，《回族研究》2005 年第 3 期，第 6 页。

元泰定四年（1327），汪大渊首次搭乘泉州远洋商船出海，这次航行经海南岛、占城、马六甲、爪哇、苏门答腊、缅甸、印度、波斯、阿拉伯、埃及、摩洛哥，再返回埃及，出红海到索马里，折向南直到莫桑比克，再横渡印度洋回到斯里兰卡、苏门答腊、爪哇、加里曼丹岛，又经菲律宾群岛，元文宗至顺二年（1331）返回泉州。汪大渊《岛夷志略》曰：

> （甘埋里）其国迩南冯之地，与佛郎相近。乘风张帆二月可至小唄喃。其地船名为马船，大于商舶，不使钉灰，用椰索板成片。每舶二三层，用板横栈，渗漏不胜，梢人日夜轮戽水不使竭。下以乳香压重，上载马数百匹，头小尾轻，鹿身吊肚，四蹄削铁，高七尺许，日夜可行千里。
>
> 所有木香、琥珀之类，均产自佛郎国来，商贩于西洋互易。去货丁香、豆蔻、青鞋、麝香、红色烧珠、苏杭色缎、苏木、青白花器、瓷瓶、铁条，以胡椒载而返。椒之所以贵者，皆因此船运去尤多，较商舶之取，十不及其一焉。[①]

我们认为，《浪迹天涯》标示的 al Hammer 当即汪大渊所谓“甘埋里”，故址在今阿曼半岛祖法儿（Julfar）与马斯喀特（Masqat）之间。那么，《岛夷志略》的“南冯之地”指阿拉伯半岛南端。

人们不禁要问：汪大渊在甘埋里所见“青白花器”是元青花吗？据我们研究，元青花最初是专供波斯伊利大汗、印度德里苏丹的奢侈品，珍贵稀少，不可能出现在海外民间贸易市场。元顺帝至正年间，景德镇民窑开始烧造低档元青花，并行销东南亚、中东各地民间市场。汪大渊于元文宗至顺二年（1331）归国，他在甘埋里港所见“青白花器”绝非元青花，而是江西景德镇民窑或福建德化窑烧造的暗花青白瓷。说到元青花，不能不提到美国东方艺术史家波普（John A. Pope）。1952 年，

---

① （元）汪大渊著，苏继庼校释：《岛夷志略校释》，中华书局，1981 年，第 364 页。

他以英国大卫基金会藏至正十一年铭青花象耳瓶为标准器，深入调查了伊朗阿尔德比勒清真寺和土耳其伊斯坦布尔城托普卡比王宫收藏的中国青花瓷，并将原来划归明代的数十件青花瓷定为元青花，开创了元青花科学研究之先河。①

阿尔德比勒清真寺收藏的中国青花瓷，是萨菲王朝阿巴斯大帝（1569—1629）在伊朗各地搜罗的元明青花珍品。为了妥善保存，巴列维国王将阿尔德比勒大部分青花瓷运回德黑兰，入藏伊朗国家考古博物馆；少部分青花瓷运到伊斯法罕四十柱宫保管，阿尔德比勒瓷器宫只保留了小部分藏品。②伊朗国家考古博物馆分考古和伊斯兰两个展馆，元青花在伊斯兰馆展出和收藏。阿克巴扎德馆长告诉我们，伊朗国家考古博物馆大概有 900 多件中国青花瓷。据伊朗国家考古博物馆专家雷拉·喀墨什（Leila Khamoshi）统计，该馆共藏有 32 件元青花，包括大盘 19 件、梅瓶 5 件、大碗 2 件、大罐 3 件、四系扁壶 2 件、葫芦瓶（残）1 件。其中大盘数量最多。③我们访问德黑兰时，伊斯兰馆因大规模装修而闭馆。为了满足我们观赏元青花的热切愿望，馆长特许我们到伊斯兰馆库房内观摩元青花实物。我们亲历的五件青花瓷中，有四件确为元青花，包括两个青花大盘、一件梅瓶、一件四系扁壶（图十四），另一件当系明宣德青花天球。

据日本学者三杉隆敏调查，伊斯法罕四十柱宫有 42 件明代青花瓷和龙泉窑青瓷。④这次伊朗之行，我们专程到伊斯法罕四十柱宫进行考察。这座波斯花园式宫殿是萨菲王朝阿巴斯二世于 1647 年建造的，专为接见和宴请外宾之用。宫殿前面是一个巨大的门廊，门廊由 20 根柏木

---

① John Alexander Pope, *Chinese Porcelains from the Ardebil Shrine*, Washington: Smithsonian Institution, Freer Gallery of Art, 1956.

②〔日〕三上次男著，李锡经、高喜美译：《陶瓷之路》，文物出版社，1984 年，第 103 页。

③ 杨俊艳：《议伊朗阿迪比尔寺元青花》，《收藏家》2010 年第 8 期，第 16 页。

④〔日〕三杉隆敏：《海のシルクロード 中国磁器の海上運輸と染付編年の研究》，东京：恒文社，1976 年，第 152 页。

图十四 伊朗国家考古博物馆藏元青花

做的独木巨柱支撑。门廊前有一长 110 米、宽 16 米的长方形水池，水从安放在塘底的四头狮子口中喷出。水池波光粼粼，清澈见底。木柱倒映在水中，便有 20 根柱子的倒影浮现，故称“四十柱宫”（图十五）。

我们在伊斯法罕四十柱宫考察时，在一个展室见到许多阿巴斯大帝时代的青花陶瓷。绝大多数是模仿中国青花瓷的波斯青花陶器，只有一件为景德镇民窑烧造的克拉克瓷大盘（图十六）。这件万历年间烧造的青花大盘，大概是葡萄牙人殖民霍尔木兹岛时期从江西景德镇运到波斯湾的。1622 年（明熹宗天启二年），阿巴斯大帝在英国人帮助下，夺回霍尔木兹岛。这件克拉克瓷盘或许是他从葡萄人手中缴获的战利品。

图十五　伊斯法罕四十柱宫

图十六　伊斯法罕四十柱宫藏景德镇民窑克拉克瓷大盘

霍尔木兹岛历尽沧桑，14世纪以后的历史更为引人入胜。15世纪初郑和七下西洋，在该岛建大明海军基地，印度洋成了中国的内海。人类进入大航海时代后，葡萄牙殖民者在霍尔木兹岛兴建巨大的石构城堡，从而取代阿拉伯、波斯海商，完全控制了中国与中东的海上贸易…… 本文仅是2012年伊朗考察记的一章，我们将根据实地考察，陆续介绍在伊朗高原的所见所闻。

第二章

天涯若比邻——中国与波斯的最初交往

在西方各国主流媒体的大肆渲染之下，伊朗被人为妖魔化，成为当今世界保守、愚昧、独裁、邪恶、扼杀人权的“流氓国家”。2012年，在美国、欧盟和以色列咄咄逼人的威胁下，伊朗上空阴云密布，战争一触即发。当朋友得知我们要去伊朗考察，都大惊失色，劝我们不要贸然行事。然而，境外丝绸之路考察是我一直追寻的梦想。以前过于小心谨慎，不仅错过了去阿富汗，而且错过了去巴基斯坦的机会。这次不能再错过伊朗，一定要赶在西方政客把中东彻底搞乱之前，实地体验这个古老而神秘的国度。

常言道：耳听为虚，眼见为实。尽管伊朗在许多方面不尽如人意，但是伊朗人的幸福感似乎并不差。第一，2012年国际原油市场价格是每桶107.33美元，北京93号汽油价格是每升8.33元人民币，而伊朗市场上的汽油却比瓶装水还便宜。第二，伊朗高速公路设施堪称世界一流，采用德国标准，而收费标准却是1000公里6块钱人民币。第三，伊朗民风淳朴，可谓“夜不闭户，道不拾遗”。我这个人一向马虎，在伊斯法罕逛大街时，不慎把相机忘在商家柜台上了，半个小时后才发现。匆匆赶回那家商铺时，老板正笑眯眯地等我回来取相机。

霍梅尼推翻了巴列维国王以后，美国人对伊朗实施了长达30余年的经济制裁，人们以为伊朗人一定痛恨美国人。其实，伊朗人痛恨的是存心不良的美国政客，对美国人民相当友好。伊朗年轻人反感宗教警察（mutawiyin），喜欢美国香烟、可口可乐、好莱坞电影，经常聚在一起看盗版美国大片。赴美留学是伊朗年轻人追求的时尚，德黑兰大街上随处可见托福、GRE等英文培训班的大幅广告牌。

另一方面，美国人民对伊朗人也相当友好。美国考古学家波普（Arthur U. Pope）毕生致力于波斯考古和艺术史研究，以多卷本《波斯艺术综览》一书而闻名于世。[①]1925年，波普在纽约创立美国波斯考古与艺术研究所，1964年将该研究所迁往伊朗设拉子，改称“亚洲研究所”。这位美国考古学家热爱伊朗，与伊朗艺术史家阿克曼（Phyllis Ackerman）结为伉俪，他人生的最后时光是在伊朗度过的，1969年谢世。为了表彰这位美国学人对波斯古文明研究做出的巨大贡献，伊朗巴列维国王为波普夫妇在他们喜爱的伊斯法罕修筑了一座伊斯兰风格的陵墓（图一）。在伊斯法罕考察时，我们专程到波普夫妇墓前凭吊这位美国考古学家。有报道说，美国另一位毕生致力于古代波斯语研究的学术大师、美国哈佛大学教授费耐生（Richard N. Frye）也是生为美国人，死做伊朗鬼：他生前立下遗嘱，死后要安葬在伊朗。2010年，伊朗政府将伊斯法罕一栋别墅赠予费耐生教授，以表彰他对伊朗学研究做出的巨大贡献。

---

① Arthur U. Pope, *A Survey of Persian Art from Prehistoric Times to the Present.* 6 Vols., London and New York: Oxford University Press, 1938–1939.

图一　伊斯法罕街心花园美国考古学家波普夫妇的伊斯兰式陵墓

伊朗的前生今世

伊朗古称“波斯”，是世界著名古文明发源地之一。在漫长的历史长河中，伊朗人民饱受外族入侵和强权统治，如亚历山大东征、阿拉伯帝国统治、蒙古西征、塞尔柱突厥王朝和中亚帖木儿帝国的强权统治。公元前 333 年 10 月，希腊雄主亚历山大发动伊苏斯河（今土耳其伊斯肯德伦以北）之役，击败大流士三世所率 13 万波斯大军，打开了通往叙利亚、埃及的门户。意大利庞培古城遗址出土的一幅马赛克地板画（图二），再现了亚历山大与大流士在伊苏斯河决战的惨烈场景，现藏那不勒斯国家考古博物馆。

公元前 331 年，希腊远征军洗劫波斯王宫——波斯波利斯（今伊朗设拉子市东北 51 公里古城遗址），然后纵火焚烧，这座古代东方最宏伟的宫殿建筑群被付之一炬（图三）。然而，“野火烧不尽，春风吹又生”，

图二　庞培城出土伊苏斯河之役马赛克地板画

图三　毁于亚历山大东征的波斯波利斯王宫

伊朗历史上有四大帝国使波斯文化绝地逢生，不断发扬光大，一直传承至今。它们是古波斯帝国、安息王国（或称“帕提亚帝国”）、萨珊波斯王朝，以及伊斯兰教什叶派创立的萨菲王朝。当今伊朗传承的是萨菲王朝文化，在种族上与中东、中亚伊斯兰教什叶派阿拉伯人、土耳其人迥然不同；在教派上与中东、中亚伊斯兰教逊尼派穆斯林分庭抗礼，从而自立于世界民族之林。

2012年我们在伊朗访问期间，波斯湾风云再起。美国“林肯号”航母战斗群打算从霍尔木兹海峡驶过，与正在阿拉伯海游弋的美国航母“卡尔·文森号”会师。伊朗当局警告美国人不要再派航空母舰穿越具有战略意义的要道霍尔木兹海峡，否则将封锁波斯湾石油通道。伊核问题更是雪上加霜，英法为首的欧盟各国纷纷撤回驻伊朗大使，对伊朗实行石油禁运等严厉的经济制裁。以色列更是扬言要炸毁伊朗核设施。不知伊朗人这次是否还能“逢凶化吉”，脱离危机？

胡姬貌如花

至少从战国时代，中国就开始与波斯进行文化交流，汉唐时代达到鼎盛。阿拉伯帝国灭亡萨珊波斯后，波斯末代君主卑路斯携家眷到长安城避难。波斯王以火祆教为国教，而波斯王后信仰景教，于是火祆教和景教在中国广为传播。唐代长安堪称国际大都市，不仅活跃着大批波斯商人、工匠和僧侣，而且还有许多波斯胡姬前来献艺。李白《少年行》有诗曰：“五陵年少金市东，银鞍白马度春风。落花踏尽游何处？笑入胡姬酒肆中。”

百闻不如一见，伊朗街头的女孩儿确实如花似玉。我们在伊斯法罕市阿里卡普宫，与一位楚楚动人的伊朗女画师不期而遇（图四）。一路陪伴我们的伊朗女导游哈比比（Saye Habibi），更是“天生丽质难自弃”“回眸一笑百媚生”。难怪李白在《前有樽酒行二首》其二中这样形容长安城的胡姬：“琴奏龙门之绿桐，玉壶美酒清若空。催弦拂柱与君饮，看朱成碧颜始红。胡姬貌如花，当垆笑春风。笑春风，舞罗衣，君

图四 伊斯法罕市阿里卡普宫的伊朗女画师

今不醉将安归!”

丝绸之路开通后，波斯语成为中国与海外交往的国际交际语，许多波斯语词汇被借入古汉语。例如：汉语“狻猊”一词源于波斯语 šagr（狮子）；汉语“玻璃”一词来自波斯语，相当于婆罗钵语 belur 或 bylwl（水晶）；汉语“珊瑚”源于婆罗钵语 xrōhak（珊瑚）；汉语“祖母绿”源于婆罗钵语 zumuburd，相当于新波斯语 zumurrud；汉语“塔里牙”源于波斯语 tārīg（鸦片）；汉语“纳石失”源于波斯语 nasīj（织金锦）；汉语“喇哒”源于波斯语 nakhoda（船长）。而汉语“木乃伊”源于波斯语 mumiai（沥青）。投桃报李，中国丝绸、瓷器、造纸术相继传入伊朗，而元青花最初就是为伊利汗国波斯大汗烧造的。因此，中国学人对伊朗人一直有着一份特殊的感情。在伊朗考察的日子里，我们就是怀着这份“特殊的感情”，游走于这个古老而神秘的国度，寻找两大文明古国昔日的辉煌与梦想。

蜻蜓眼玻璃珠

现代考古学兴起以后，伊朗成为世界著名考古圣地之一。19 世纪以来，欧美考古队在伊朗各地如苏萨、波斯波利斯、苏丹尼耶、大不里士等地发掘的美索不达米亚、亚述、波斯、伊斯兰文物，堆满了世界各大博物馆。伊朗独立后，出土文物大都留在国内，主要收藏在德黑兰伊朗国家考古博物馆、波斯地毯博物馆、伊朗玻璃与陶瓷博物馆(图五)，以及伊朗各地的博物馆中。

在德黑兰伊朗玻璃与陶瓷博物馆参观时，我的同事齐东方教授异常兴奋，因为这里陈列的许多萨珊波斯或伊斯兰玻璃器似曾相识，与之类似的器物以前在中国发现过。然而，我们感兴趣的却是一条不太起眼的玻璃项链，上面有几颗蜻蜓眼玻璃珠（图六：1)。日本考古队在公元前 5 世纪波斯古墓中发现过几乎完全相同的蜻蜓眼玻璃珠项链（图六：2)。蜻蜓眼玻璃珠是埃及人的一大发明，最早的标本为埃及公元前

图五　伊朗玻璃与陶瓷博物馆外景

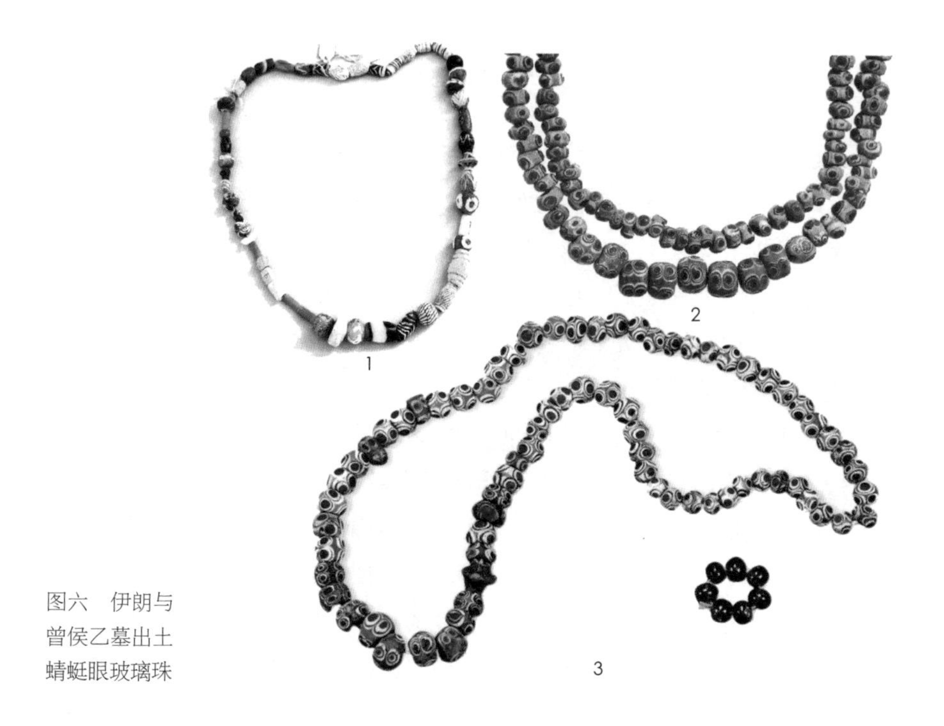

图六　伊朗与曾侯乙墓出土蜻蜓眼玻璃珠

1400—前 1350 年的玻璃珠项链。这项技术后来被腓尼基人和波斯人掌握，地中海东岸和伊朗西部吉兰发现过许多蜻蜓眼玻璃珠，时代在公元前 5—前 3 世纪。

1978 年，在湖北随县曾侯乙墓发掘出土了 173 颗蜻蜓眼式玻璃珠项链（图六：3），每颗玻璃珠直径约 1 厘米，在蓝色玻璃球上嵌有白色及棕色玻璃花纹。据化学成分检测，曾侯乙墓出土玻璃珠项链的化学成分十分接近新疆克孜尔古墓出土的玻璃成分，那么这件异国情调的玻璃珠项链是经过丝绸之路沙漠路线传来的波斯之物。

埃及蓝与中国紫

值得注意的是，伊朗玻璃与陶瓷博物馆展出的玻璃珠项链上有几颗管状埃及蓝料珠。2006 年，甘肃省马家塬战国古墓发现许多异国情调的蓝色料珠（图七：2）和一件相同材料烧造的斜壁杯。后者通体饰淡蓝色釉，腹下部装饰七排乳丁纹，敞口小平底（图七：4）。有研究者认为，这些料珠和斜壁杯属于早期玻璃器，说明公元前300年马家塬古代居民就与西亚地区有联系和交往。

殊不知，马家塬战国墓出土蓝色料珠和斜壁杯的材质并非玻璃，而是公元前3500年古埃及人发明的一种类似玻璃的人工合成物质，主要成分为硅酸铜钙（$CaCuSi_4O_{10}$），通称“费昂斯”（faience）或“埃及蓝”（Egyptian blue）。美国纽约大都会艺术博物馆藏有一件公元前7世纪埃及古墓出土埃及蓝料珠项链（图七：1）。除制作项链和护身符之外，古埃及人还用埃及蓝制作酒杯，如埃及新王朝和罗马时期费昂斯斜壁杯（图七：3、5）。此外，古埃及人还用费昂斯做陶器釉色和壁画颜料。古埃及人发明这种人工合成物质的初衷，是用来替代波斯的绿松石或阿富汗的青金石。这两种天然宝石依赖进口，在埃及早王朝乃至古王国时期

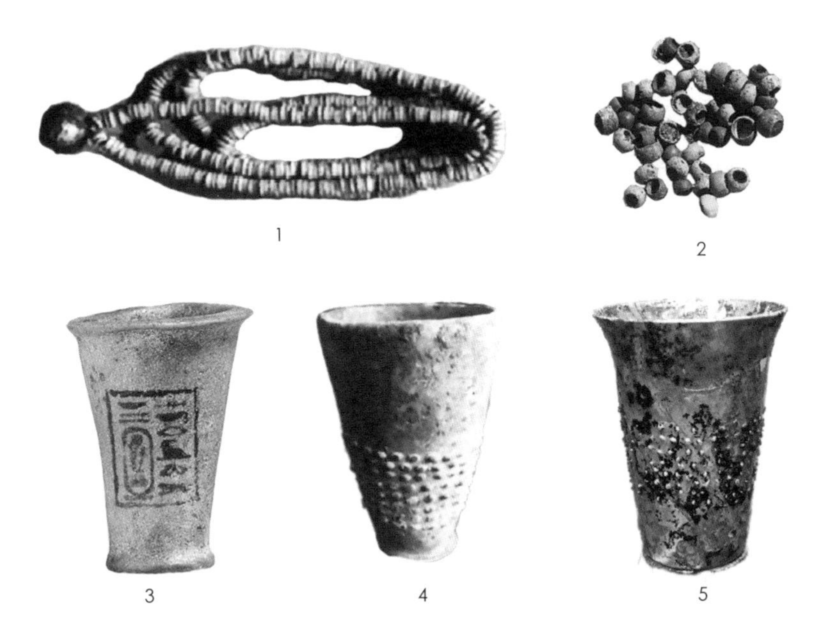

图七　马家塬战国墓与古埃及和罗马时期料珠、斜壁杯

埃及蓝的价格堪比黄金。埃及费昂斯工艺成熟、造价低廉，很快成为重要商品远销美索布达米亚、伊朗、努比亚乃至苏格兰。

1983 年，美国弗利尔美术馆的科学家分析了该馆所藏汉代青铜器表面的彩绘颜料和部分汉代陶器颜料，从中意外发现一种人工合成物质。其化学成分为硅酸铜钡（$BaCuSi_4O_{10}$），与埃及蓝大同小异，只是用化学元素“钡”置换了埃及蓝中的化学元素“钙”。不过，美国科学家执意认为这是一种中国古代人工合成的蓝色颜料，故命名为“中国蓝”（Chinese blue）或“汉蓝”（Han blue）。此后，秦始皇兵马俑博物馆研究员周铁与德国科学家合作，在秦俑彩绘颜料中发现了中国蓝；甘肃省博物馆研究员马清林与美国盖提文物保护研究所和瑞士苏黎世大学研究人员合作，在春秋战国时期的料珠和料器中也发现中国蓝。

在上述研究过程中，中外科学家还发现另一种人工合成的紫色颜料，主要化学成分为硅酸铜钡（$BaCuSi_2O_6$），故命名为“中国紫”（Chinese purple）或“汉紫”（Han purple）。由于中国紫比中国蓝少两分子的 SiO_2，所以它的稳定性不如中国蓝。中国古代人工合成物质的研究刚刚起步，目前尚不清楚中国蓝合成技术是否来自埃及费昂斯。马家塬战国墓出土的斜壁杯不仅化学成分与埃及蓝相似，而且器型也与古埃及流行的斜壁杯如出一辙，很可能是从丝绸之路传来的舶来品。不过，中国紫不见于埃及文物，当即中国先民独立发明的“高科技”人工合成物质。

史上最早的“人权宪章”

2003 年 10 月 10 日，挪威诺贝尔委员会在奥斯陆宣布，将诺贝尔和平奖授予伊朗女律师希林·伊巴迪（Shirin Ebadi），以表彰她为“民主和人权”，尤其是为“妇女和儿童的权益”做出的努力。她在颁奖仪式上发表获奖感言说：“我是伊朗人，伟大的居鲁士的后代。”这位伊朗女律师还说：“若是想要了解伊朗的真面目，就去读读居鲁士圆柱上的碑文吧。”她这番话是提醒世人注意，人类历史上最早的“人权宪章”并非古希腊人的发明，而是居鲁士大帝创建的，比英国大宪章要早将近两千年。

居鲁士是波斯帝国的缔造者，约公元前 559—前 530 年在位。他创建的帝国幅员辽阔，从爱琴海到印度河，从尼罗河到里海和黑海，堪称古代世界最强大的帝国之一。居鲁士大帝的治国之道反映出美索不达米亚的悠久传统，他对战败国和被流放人民的做法史无前例。居鲁士说：“我的统治，从不依靠战争。”他建立的国度被称作世界上第一个实行宗教和文化宽容政策的大帝国，最终接纳了至少 28 个国家或民族，并在波斯波利斯王宫建“万国之门”（图八），象征波斯帝国幅员辽阔，西至巴尔干半岛色雷斯（今保加利亚）、南至努比亚（今埃及）、北至黑海北岸的斯基泰（今乌克兰）、东至犍陀罗（今巴基斯坦北部）和大夏（今阿富汗）。各国人民在波斯中央集权统治下和平共处。这是伊朗人引以

图八　波斯波利斯王宫前的万国之门

为自豪的精神财富。

公元前539年，居鲁士攻占巴比伦后，制作了著名的居鲁士圆柱（Cyrus Cylinder），上刻阿卡德语楔形文字向世界宣称："我，居鲁士，世界之王，伟大的王……"将以仁爱慈悲对待战败国人民，容许当地宗教自由。这道大赦令使在巴比伦之囚中沦为奴隶的犹太人重获自由，返回耶路撒冷。居鲁士还捐钱重修犹太圣殿，故《圣经》誉之为"神的受膏者"。居鲁士"人权宪章"黏土圆柱于1879年被发现，之后一直收藏在伦敦大英博物馆，纽约联合国总部大楼有一个复制品。

在伊朗当局的强烈要求下，2010年9月11日，居鲁士圆柱被送到伊朗首都德黑兰展出4个月，受到伊朗广大民众的热烈欢迎。此前，由于大英博物馆没能在伊朗提出的时间内将居鲁士圆柱借给伊朗展览，伊朗方面于2010年2月宣布断绝与大英博物馆所有关系与合作，并要求对方赔偿30万美元损失。几经周折，事件终于得到解决。我们到伊朗国家考古博物馆参观时，原物已经归还大英博物馆，只在该博物馆见到这件珍贵文物的复制品（图九）。

图九　居鲁士黏土圆柱，伊朗国家考古博物馆藏复制品

狻猊入华

在古代波斯艺术中，波斯波利斯王宫大型石雕令人震撼，而波斯王觐见厅前雄狮噬牛大型石雕给人留下深刻印象（图十）。汉语“狮子”一词，先秦文献称作“狻猊”。其名源于波斯语 šagr（狮子）。《穆天子传》卷一曰：“狻猊□野马走五百里。”郭璞注：“狻猊，师（狮）子，亦食虎豹。”凡此表明，中国古代艺术和古典文学中的狮子最初来自波斯。

公元前 530 年，居鲁士亲率大军攻打中亚锡尔河东岸斯基泰部落——马萨格泰人，擒杀马萨格泰王子。随后波斯大军与马萨格泰主力军的决战异常惨烈，有天时地利之优的马萨格泰人赢得最后胜利，波斯人几乎全军覆没。居鲁士阵亡后，他的头颅被马萨格泰女王割下来，

图十　波斯波利斯王宫觐见大厅前的雄狮噬牛石浮雕

放在盛满血的革囊里。不过，居鲁士之子冈比西斯二世最终打败马萨格泰女王，夺回父亲遗体。居鲁士遗体归葬波斯故都——帕萨尔加迪(Pasargade)，而斯基泰人则编入了波斯军队。200年后，亚历山大大帝从希腊东征到帕萨尔加迪，不仅没有毁坏居鲁士陵墓，相反还下令加以修葺。这次伊朗之行，我们途经伊朗法尔斯省帕萨尔加迪，并专程到居鲁士陵前凭吊这位伟大的波斯君主。

就在这个时期，古波斯艺术传入中亚草原斯基泰部落。20世纪50年代，苏联考古学家鲁金科在阿尔泰山巴泽雷克发掘了大批斯基泰古墓，出土了许多波斯风格的艺术品，其中一件波斯地毯绣有列狮图案（图十一：1)，与伊朗国家考古博物馆藏古波斯王宫的列狮浮雕（图十一：2）如出一辙。

在波斯火祆教中，狮子是火祆教女神阿纳希塔的坐骑，因此波斯或中亚火神庙往往供奉狮子。阿纳希塔本为美索不达米亚万神殿的丰育女神，中亚大夏人、粟特人称作“娜娜女神”。据希腊作家阿瑞安《自然的本质》记载，在帕提亚时代晚期，美索不达米亚女神和波斯女神相互融合，而伊朗高原西南部埃兰王国阿纳希塔女神庙中，供养了一头狮子，可知阿纳希塔的坐骑狮子有时代表这位女神本人。大月氏银币沙帕德比茨钱背面的狮子，就有大夏文旁注“娜娜女神”。

中国境内最早的狮子艺术品，是1977年在新疆乌鲁木齐市南山矿区阿拉沟战国墓发现的。这座斯基泰人木椁墓共出土动物纹金饰片凡40余件，轻薄如纸。其中一件为雄狮纹样（图十二：1)，后蹄呈180°翻转，属于中亚草原公元前5—前3世纪流行典型的动物纹样。阿拉沟战国墓还出土了一件青铜承兽祭坛，祭坛上有一对带翼青铜狮子（图十二：3)。1962年，内蒙古准格尔旗速机沟征集到一件战国晚期狻猊竿头，通长9.5厘米、銎长10厘米，现藏内蒙古自治区博物馆。狻猊四足收拢立于圆筒形銎的一端。头微昂，张嘴，双目前视，短尾。后肢下蹲，形似准备向前猛扑状。腹体中空。銎上部稍细微弯，两侧有钉孔，用以固柲（图十二：2)。

1

2

图十一　巴泽雷克五号墓出土列狮纹地毯与波斯波利斯王宫列狮纹石浮雕

图十二 西域和鄂尔多斯出土战国晚期的狮子

总之，狮子的艺术形象最初是斯基泰人从波斯引入中亚草原的，后来经阿尔泰山、天山和鄂尔多斯传入中原地区。

波斯熏香之俗的东传

自古以来，美索不达米亚就有熏香的传统，熏香炉很早就在西亚广泛使用。带盖的熏香炉首先在亚述帝国出现，随后是古波斯阿契美尼德王朝。我们在德黑兰伊朗国家考古博物馆参观时，见到一块原在波斯波利斯王宫国库的大型浮雕。这块浮雕上有一位米底武士，正站在两个波斯熏香炉前，觐见波斯王薛西斯（图十三）。这位波斯王是公元前486—前475年波斯帝国的统治者。

中国古代使用茅香（或称“蕙草”）熏香，也就是将茅香放在豆式香炉中直接点燃，虽然香气馥郁，但是烟气太大。西方使用乳香等树脂

图十三　伊朗国家考古博物馆藏波斯波利斯王宫浮雕上的波斯香炉

类香料，下置炭火，用炭火将树脂类香料点燃，香味浓厚，基本上无烟气。战国以来，西域树脂类香料和西方熏香之俗传入中国，广州南越王墓发现过来自中东的乳香。波斯熏香之俗改变了中国传统熏香方法，新型熏香炉应运而生。

1995 年，陕西凤翔雍城遗址西部姚家岗宫殿遗址附近出土了一件战国时期凤鸟纹镂空熏香炉，由覆斗形底座、空心斜角方柱和带衔环凤鸟的椭球形炉体三部分组成（图十四：1）。覆斗形底座纹饰为一次铸成的镂空高浮雕图案，四个正立面纹饰相同，构图可分上下两层，每面有三只虎纹。高 34 厘米，底座边长 18.5 厘米，盖上有一立鸟，现藏凤翔区博物馆。土耳其安纳托利亚的吕底亚古墓发现过一件波斯风格的熏香炉（图十四：2），盖上也有一只立鸟，年代约在公元前 6—前 5 世纪，现藏安卡拉市安纳托利亚文明博物馆。在香炉盖上塑造立鸟的习俗一直沿用到东汉，如保利艺术博物馆收藏的东汉老人柱凤钮盖博山炉上就塑

图十四　战国雍城、吕底亚古墓与巴基斯坦西部所出熏香炉

有一只立鸟，东西方古代熏香炉造型艺术之间的联系是显而易见的。

巴基斯坦西部出土过一件斯基泰风格的立鹿青铜熏炉盖（图十四：3），年代在公元前1世纪。阿尔泰山巴泽雷克古墓出土波斯地毯上，织有斯基泰女王使用波斯香炉熏香的图案（图十五）。牛津大学墨顿学院杰西卡·罗森（Jessica Rawson）教授以此为据，认为汉代博山炉的产生受波斯香炉影响，而斯基泰人充当了中国与波斯之间文化交流的媒介。[1]这个说法无疑是正确的，只是博山炉的艺术造型源自中国“海中有蓬莱仙山”的神话传说，当系中国工匠对波斯熏香炉进行脱胎换骨改造的产物。

① 〔英〕杰西卡·罗森著，邓菲、黄洋、吴晓筠等译：《祖先与永恒：杰西卡·罗森中国考古艺术文集》，生活·读书·新知三联书店，2011年。

图十五　巴泽雷克地毯上的波斯香炉

海内存知己，天涯若比邻。尽管中国与伊朗远隔千山万水，但两国人民的友谊源远流长。就在欧盟各国纷纷驱赶伊朗外交官，相继关闭伊朗使馆的危难关头，一群北大、清华教授却冒天下之大不韪，到伊朗考察，自然受到当地人民热情欢迎。在伊朗考察的日子里，我们不仅实地体验了古老的文明、优美的自然风景、淳朴的民风，而且深深感受到伊朗人民的真情厚谊。

第三章

中国与近东文明的最初接触

尽管中国与伊朗远隔千山万水，但是两大古文明之间很早就发生了经济文化交流。我们 2012 年 1 月的伊朗之行最大的收获，就是实地考察了伊斯法罕省锡亚勒克山（Tepe Sialk）、设拉子附近波斯波利斯王宫和帝王之谷（Naqsh-e Rustam）等世界文化遗产级别的考古圣地，并在德黑兰伊朗国家考古博物馆目睹了与中国文化密切相关的伊朗文物，从而发现天山康家石门子宗教舞蹈岩画与伊朗高原锡亚勒克文化相关，甘肃灵台百草坡西周墓出土的异形兵器实际上模仿亚述王的“镰形剑”（sickle sword），而中国旅游标志“马踏飞燕”青铜马的造型取材于萨珊波斯艺术。许多千古之谜，一朝冰释。

锡亚勒克山的通灵塔

锡亚勒克山是人类文明最重要的发源地之一，位于伊朗中部伊斯法罕省卡尚市近郊。锡亚勒克山以世界上最早的通灵塔而闻名，其名源于阿卡德语 Ziggurat（通天塔）。锡亚勒克山通灵塔

图一　伊朗伊斯法罕省锡亚勒克山通灵塔

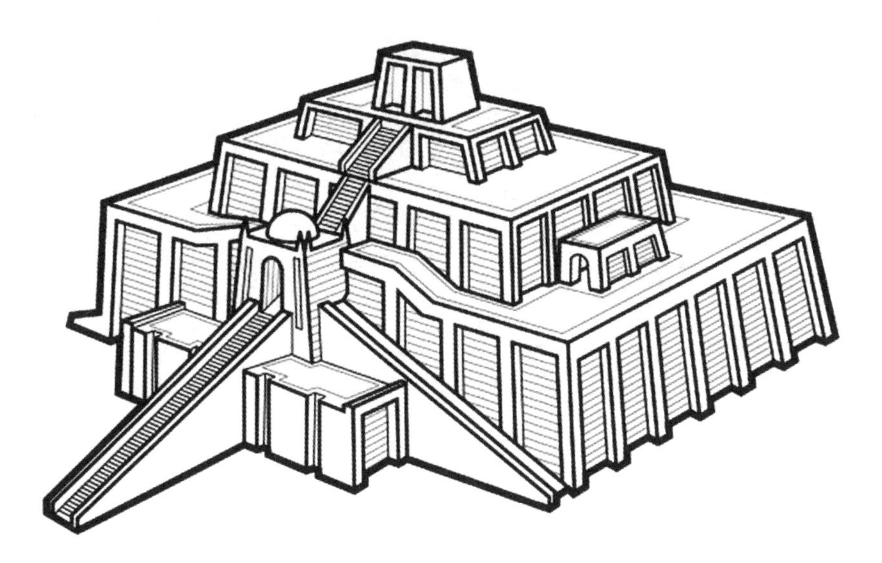

图二　锡亚勒克山通灵塔复原图

属于前埃兰时期（Proto-Elamite，约前3200—前2700），[①] 2007年被联合国教科文组织列入世界文化遗产名录（图一和图二）。

锡亚勒克山通灵塔建于公元前2900年，属于埃兰文明四大通灵塔之一。其他三个皆在伊朗胡齐斯坦省境内，分别为楚恰·赞比勒通灵塔，建于公元前1250年（图三）；苏萨通灵塔，建于公元前1800年；哈夫特山通灵塔，建于公元前1375年。三者时代均晚于锡亚勒克山通灵塔。伊拉克的乌尔通灵塔建于公元前2100年，不过，现存遗址是萨达姆·侯赛因后来重建的，重建时在塔上用砖砌筑了萨达姆的名字。

图三 伊朗胡齐斯坦省楚恰·赞比勒通灵塔

① M. Roaf, *Cultural Atlas of Mesopotamia and the Ancient Near East*, Oxford, 1990, pp.104–105; S. M. Shahmirzadi, *The Ziggurat of Sialk, Sialk Reconsideration Project, Report*, No.1, Tehran, 2004.

20 世纪 30 年代，法国考古学家罗曼·葛什曼（Roman Ghirshman）首次发掘锡亚勒克山。[①] 于是，这里成了世界最著名的考古圣地之一，所出文物相继入藏卢浮宫、纽约大都会艺术博物馆、大英博物馆和伊朗国家考古博物馆。法国考古队曾经在锡亚勒克山通灵塔下发掘了一个距今 7500 年的墓地，说明公元前 5500 年当地已有人定居。我们到锡亚勒克考察时，入口处有一个遗址内发现的 1 米高的帕提亚大陶瓮，说明该遗址一直沿用至帕提亚时代（前 247—前 226）。

锡亚勒克山是两河流域彩陶文化的发源地之一。法国考古队在这里发现的残陶片及彩陶碗上绘有锡亚勒克第三期文化的舞蹈图、人马共舞图，现藏卢浮宫（图四：1、2）。一件锡亚勒克彩陶壶上还绘有古代印欧人崇祀的双马神（图四：3），创作于公元前 10—前 9 世纪，亦为卢浮宫藏品。[②]

图四　锡亚勒克山出土彩陶壶上的舞蹈图与双马神图

① R. Ghirshman, *Fouilles de Sialk près de Kashan, 1933, 1934, 1937*, 2 Vols., Paris: Paul Geuthner, 1938–1939.

② R. Ghirshman, *The Art of Ancient Iran,* New York: Golden Press, 1964, pp. 15–16.

天山岩画所见近东文明宗教舞蹈

1988年，新疆文物考古研究所在天山康家石门子岩画上发现生殖崇拜岩画，面积达100多平方米（图五）。调查者认为这幅岩画属于塞人遗迹，完成的绝对年代在公元前1000年的前半期，但不会早到距今3000年以前。[①]根据岩画上两幅双马神像，我们判断这幅岩画实乃印欧人祖先——吐火罗人祭神遗址（图六：1—2）。双马神是古代印欧人万神殿中最早的神祇之一，始见于公元前1400年米坦尼协议（Mittani Treaties）泥版文书的雅利安神名表；双马神的艺术形象见于晚商青铜器，说明其至少在公元前11世纪就传入中国（图六：6）。[②]值得注意的是，康家石门子岩画与锡亚勒克彩陶壶所绘舞蹈人物和双马神相同，再次证明这幅宗教舞蹈岩画由来已久，不晚于公元前10—前9世纪。[③]

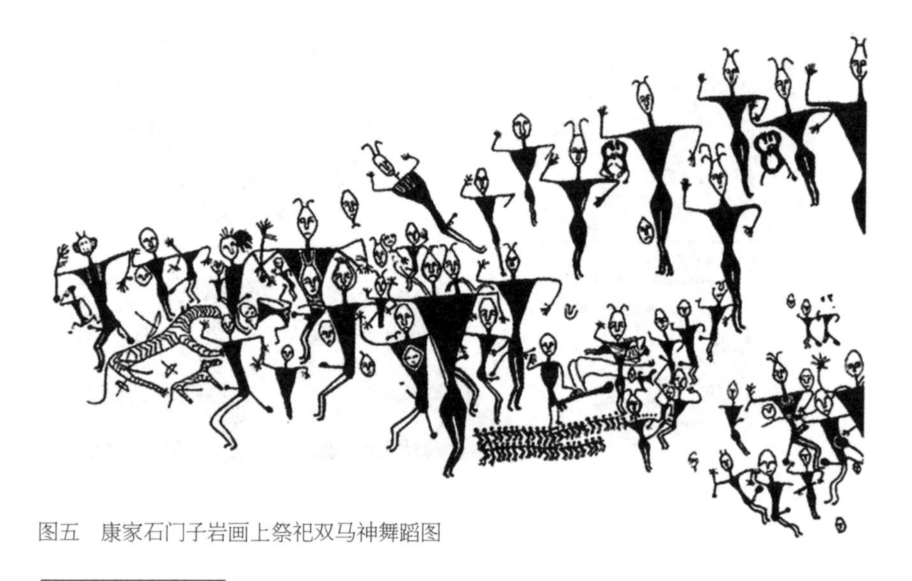

图五　康家石门子岩画上祭祀双马神舞蹈图

① 王炳华：《新疆天山生殖崇拜岩画初探》，新疆维吾尔自治区文物考古研究所主编，王炳华编著：《新疆天山生殖崇拜岩画》，文物出版社，1990年，第32—33页。

② 林梅村：《吐火罗神祇考》，袁行霈主编：《国学研究》第5卷，北京大学出版社，1998年，第1—26页。

③ 郭物：《新疆史前晚期社会的考古学研究》，上海古籍出版社，2012年，第411页。

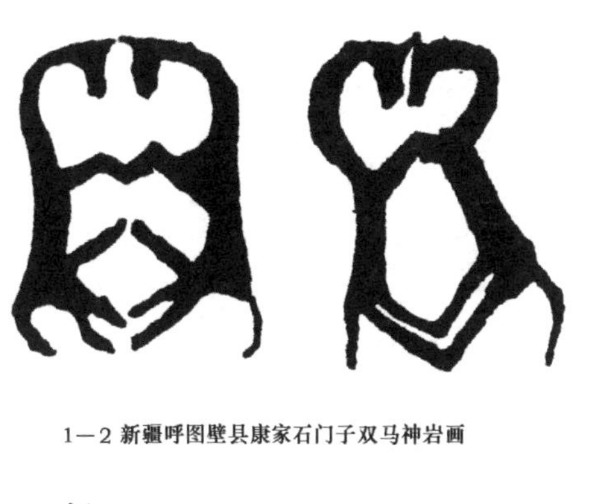

1—2 新疆呼图壁县康家石门子双马神岩画

3 新疆巴里坤石人沟双马神岩画

4—5 内蒙古阴山双马神岩画

6 晚商青铜器的双马神像，公元前11世纪

图六　新疆、内蒙古岩画和中原晚商青铜器上的双马神

古代印欧人崇奉的双马神还见于新疆巴里坤石人沟岩画、内蒙古阴山岩画，以及中原地区晚商青铜器（图六：3—6），[①] 说明近东文明宗教舞蹈很早就对中国文明产生了重要影响。

亚述文明的天籁之音

在伊朗加兹温浴室博物馆考察时，我们见到一个展室内陈列着两河流域古乐器——箜篌（图七：1），其艺术造型与伊拉克出土的亚述浮

① 林梅村:《吐火罗神祇考》，袁行霈主编:《国学研究》第5卷，北京大学出版社，1998年，第1—26页。

图七 伊朗加兹温浴室博物馆藏竖箜篌与伊拉克出土亚述卧箜篌浮雕画板

雕画板上乐师演奏的箜篌（图七：2）如出一辙。这种古老的西亚乐器后来经伊朗高原传入中亚、印度，乃至新疆天山。中国与近东文明的最初交往就从箜篌开始。汉武帝年间，箜篌从西域传入中原，《汉书·郊祀志》、东汉应劭《风俗通》皆有记述。《隋书·音乐志》则说：“今曲项琵琶、竖头箜篌之徒，并出自西域，非华夏旧器。”①

箜篌是西方最古老的弹拨乐器之一，源于两河流域苏美尔文化，历经古埃及、亚述、古波斯几个发展阶段，传入欧洲后称为 harp（竖琴）。箜篌传入中国与亚述帝国密切相关，汉语“箜篌”一词即源于亚述语 cank（竖琴）。②亚述人在两河流域的历史分为早期亚述、中期亚述和亚述帝国（亦称“新亚述”）三个时期，称雄美索不达米亚近 300 年（前 10—前 7 世纪），那么箜篌传入中国不晚于公元前 7 世纪。大英博物馆藏有一件亚

① 《隋书·音乐志》，中华书局，1973 年，第 378 页。

② 林梅村：《丝绸之路考古十五讲》，北京大学出版社，2006 年，第 122—123 页。

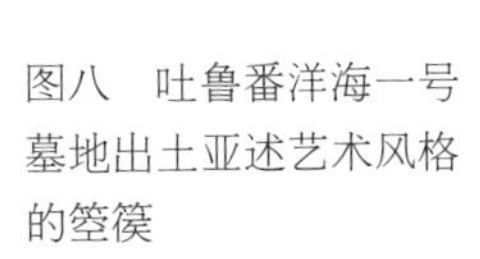

图八　吐鲁番洋海一号墓地出土亚述艺术风格的箜篌

述王阿顺希尔帕勒二世时期（前865—前850）创作的《庆贺猎牛图》浮雕画板，上面有两位亚述乐师弹奏卧箜篌图像（图七：2）。[①]

2003年，新疆文物考古研究所在吐鲁番洋海一号墓地发掘出一件亚述风格的卧箜篌（图八），[②]属于苏贝希文化早期（约前9世纪）。这件箜篌实物与大英博物馆藏亚述帝国乐师弹奏的卧箜篌如出一辙。可谓亚述文明传来的天籁之音。

鄂尔多斯青铜器之近东文化来源

19世纪末以来，我国北方长城沿线不断出土以动物纹为特征，具有浓郁的游牧文化特征的金银器和青铜器，尤其以内蒙古鄂尔多斯发现的数量最多、分布最集中、最具特征性，故称“鄂尔多斯青铜器”。因斯基泰人喜用动物纹青铜器，西方学者又称其为“斯基泰青铜器”，而日本学者则以分布地点称之为“北方系青铜器”。[③]

---

① 〔英〕科提斯、〔英〕里德主编：《艺术与帝国：大英博物馆藏亚述珍品》，上海书画出版社，2006年，第49页。

② 新疆吐鲁番学研究院、新疆文物考古研究所：《新疆鄯善洋海墓地发掘报告》，《考古学报》2011年第1期，第99—149页。

③ 田广金、郭素新：《鄂尔多斯式青铜器》，文物出版社，1986年； P. R. S. Moorey, *Ancient Bronzes from Luristan*, British Museum: London, 1974； S. J. Fleming, V. C. Pigott, C.P. Swann, and S.K. Nash, “Bronze in Luristan: Preliminary analytical evidence from copper/bronze artifacts excavated by the Belgian mission in Iran,” *Iranica Antiqua*, 2005；〔日〕高滨秀：《东京国立博物馆藏中国北方系青铜器》，东京国立博物馆，2005年。

众所周知，近东是人类文明的重要发源地，动物纹造型艺术亦不例外。[①] 1920 年起，从伊朗东扎格罗斯山地的哈尔辛、霍拉巴德、阿里什塔尔，尤其是锡亚勒克山等地古墓中陆续发现大批游牧文化特征的青铜器，时代约在公元前 1200—前 700 年。有些年代可能更早一些，以公元前 9—前 7 世纪的遗物为主。[②] 挖掘工作是无组织进行的，大部分器物流入许多国家的博物馆和个人手中。所出青铜器组合主要为：车饰、马具、武器、工具、容器、首饰、别针、仪式用具等。最富特征的器物是饰动物纹样的马具、神像、别针等。这些青铜器主要出自墓地，周围未见居住址；多为车马器，相当一部分属于后来入主伊朗高原的米底人和波斯人的祖先。

公元前 1200 年，欧亚草原的雅利安人掀起新一轮迁徙浪潮，在美索不达米亚相继建立米底帝国和古波斯阿契美尼德王朝。他们的后裔就是今天的伊朗人，而“伊朗”之名就是从 Aryan（雅利安）一词演变而来。公元前 1500 年，另一支雅利安人远征北印度，摧毁了印度河古文明；随即向恒河流域征伐，形成所谓“印度雅利安人”。

米底人与波斯人有共同的祖先，皆属于伊朗语民族。早在公元前 1200 年，他们就从高加索或中亚入侵两河流域，散居伊朗高原西部扎格罗斯山，开始了两河流域“雅利安化”的历史。这些入居伊朗高原的雅利安人熟知冶金术、驯马术，驾驭马车作战；后来逐渐分化，产生许多操不同方言的部落。其中一部分人接受近东文明，走向农业定居；另一部分仍保持游牧传统，尤以米底部落和波斯部落最为著名。公元前 843 年，米底人始见于亚述文献。这份亚述文书提到波斯人当时有 27 个小部落。据亚述学家列文（L.D. Levine）研究，这些伊朗语部落主要

① Guitty Azarpay, “Some Classical and Near Eastern Motifs in the Art of Pazyryk,” *Artibus Asiae*, Vol. XXII–4, 1959, pp. 313–339; Anne Roes, “Achaemenid Influence upon Egyptian and Nomad Art,” *Artibus Asiae*, Vol. XV, 1952, pp. 17–30.

② A. U. Pope, “Dated Luristan Bronzes,” *BAIPAA*, Vol. VII, 1934, pp. 19–20.

分布于扎格罗斯山中部。[1]

公元前612年，米底人联合巴比伦人推翻亚述帝国，随后灭亡吕底亚（前585），建立了以和椟城（今伊朗哈马丹市埃克巴坦那［Ecbatana］）为中心的庞大帝国。近年研究表明，卢里斯坦青铜器与阿富汗的大夏-马尔吉纳文化（Bactria-Margiana Culture）和土库曼斯坦的纳马兹加文化（Namazga Culture）关系密切，如两地青铜战斧、柳叶剑、权杖头、动物纹装饰非常相似。卢里斯坦的带流陶器（前1000—前800）也可在大夏-马尔吉纳文化找到“祖形”，那么米底人和波斯人祖先可能是从中亚西迁伊朗扎格罗斯山的。[2]

早在公元前11世纪，古代印欧人的双马神像就传入中国，分别见于新疆天山康家石门子、巴里坤石人沟、内蒙古阴山岩画。内蒙古博物馆为五原县韩乌拉山双马神岩画做了一个复制品（图九：1），同时展出了一件赤峰市宁城县征集的双马神铜牌（图九：2）。晚商青铜器族徽上的双马神中间皆有人物，与法国赛努奇博物馆藏卢里斯坦青铜器双马神的艺术造型相同（图十）。

伊朗卢里斯坦与鄂尔多斯青铜器的联系还表现在欧亚草原出土的各类青铜羊首刀剑，如南西伯利亚青铜时代晚期卡拉苏克文化、新疆塔城和巴里坤以及河南安阳殷墟妇好墓出土羊首刀剑（图十一：2—5）。这些青铜器的动物纹以卢里斯坦青铜器年代最早，如美国圣巴巴拉艺术博物馆藏卢里斯坦青铜羊首权杖头（图十一：1）。[3]

---

① L. D. Levine, “Geographical Studies in the Neo Assyrian Zagros,” *Iran* 11, 1973, p. 105.

② F. T. Hiebert, *Origins of the Bronze Age Oasis Civilization in Central Asia, with Foreword by C.C. Lamberg-Karlovsky*, Cambridge: Peabody Museum of Archaeology and Ethnology, Harvard University, 1994.

③ 新疆塔城出土羊首剑，参见祁小山、王博编著：《丝绸之路・新疆古代文化》，新疆人民出版社，2008年，第233页，图7；新疆巴里坤出土羊首刀，参见新疆文物局等主编：《新疆文物古迹大观》，新疆美术摄影出版社，1999年，第114页，图0268；妇好墓出土羊首刀，参见中国社会科学院考古研究所安阳工作队：《安阳殷墟五号墓的发掘》，《考古学报》1977年第2期，图版拾伍。

图九　内蒙古博物馆藏五原县韩乌拉山双马神岩画复原与宁城县采集双马神铜牌

图十　法国赛努奇博物馆藏卢里斯坦青铜器双马神

1972 年，甘肃省灵台县文化馆、平凉地区展览馆及甘肃省文物考古队联合对白草坡古墓进行考古发掘，清理了 8 座西周墓，均为长方形竖穴土坑，其中有两座小型墓，6 座中型墓，中型墓有腰坑，坑内殉狗

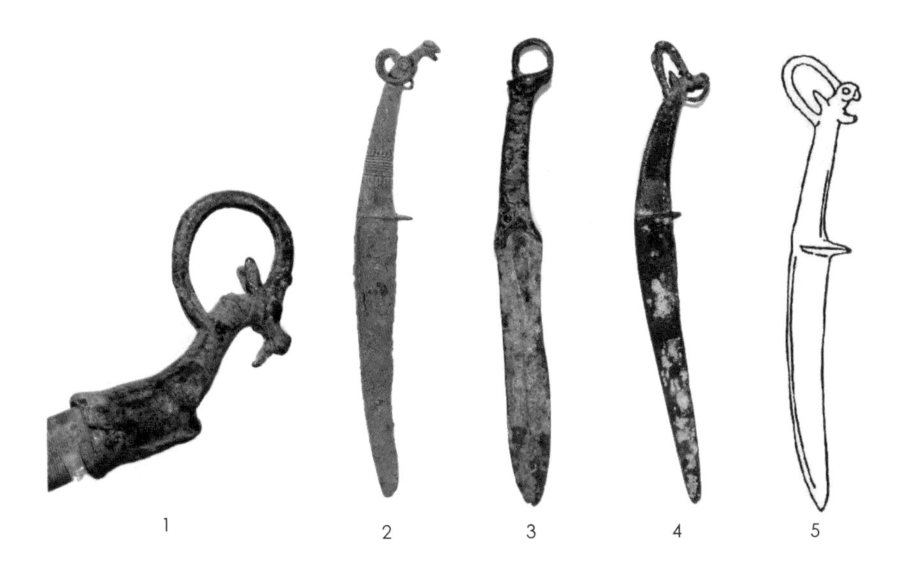

图十一　卢里斯坦青铜羊首权杖头与南西伯利亚、新疆和殷墟妇好墓出土羊首刀

一只。其中，M7 号墓最大，有棺椁，与 M2 号墓皆在腰坑内殉狗。而 M1 号墓与 M2 号墓形制相同，结构复杂，随葬品丰富。发掘者认为，这批西周墓有早有晚，同一墓的出土物也有早晚的差别。M1 号墓和 M2 号墓出土文物，属于墓主人自作或墓中最晚的器物，皆为康王时期（前 875—前 860），至迟不晚于昭王。[①]

我们感兴趣的是 M1 号墓出土亚述风格的异形兵器（考古简报称作“钺”）以及 M2 号墓出土青铜戈上的胡人头像。后者与波斯波利斯王宫 28 国贡使浮雕中米底人像如出一辙。米底人原为伊朗北方游牧民族，当时正和亚述人征战不休，后来联合巴比伦人灭亡亚述帝国。鄂尔多斯青铜器卷曲动物纹始见于米底人活动区兹维耶（Ziwiye）遗址，公元前 8—前 7 世纪陆续传入阿尔泰山、天山及河西走廊，后来成为鄂尔

① 初仕宾：《甘肃灵台白草坡西周墓》，《考古学报》1977 年第 2 期，第 99—110 页。

图十二 伊朗兹维耶至中国河西走廊沙井文化卷曲动物纹牌饰

多斯青铜器的重要艺术题材之一（图十二）。[①]

1993年，新疆文物考古研究所在吉木萨尔县大龙口发掘了一处苏贝希文化早期墓地，其中8号墓（图十三：1）与灵台白草坡7号墓（图十三：2）的形制相同，皆有木棺椁和殉狗腰坑。[②]大龙口墓地采用圆形墓坑，与吐鲁番洋海一号墓地的墓葬型制及其出土文物相同，年

① 关于兹维耶至河西走廊的各种动物纹青铜牌饰，参见 R. Ghirshman, *The Art of Ancient Iran,* New York: Golden Press, 1964, pp. 116–117；林梅村：《丝绸之路考古十五讲》，北京大学出版社，2006年，第45页；祁小山、王博编著：《丝绸之路·新疆古代文化》，新疆人民出版社，2008年，第203页，图10；图12：4是沙井文化动物纹青铜牌，为甘肃省博物馆展品。

② 新疆文物考古研究所：《新疆吉木萨尔县大龙口古墓葬》，《考古》1997年第9期，第39—45页。

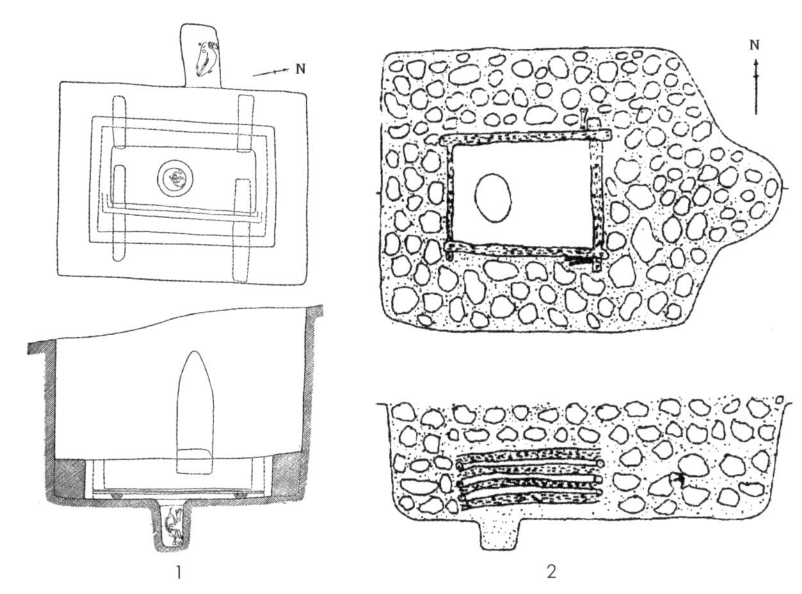

图十三　新疆吉木萨尔县大龙口 8 号墓与甘肃灵台县白草坡西周 M7 号墓

代约在公元前 9 世纪。[①] 灵台白草坡西周墓 M1 和 M2 号墓均在殉狗腰坑内随葬玉人，而在墓中随葬人俑正是苏贝希文化的典型特征。

商代末年，周武王与商王朝西土八国联合伐纣。《尚书 · 牧誓》记武王誓言："嗟！我友邦冢君御事，司徒、司马、司空，亚旅、师氏，千夫长、百夫长，及庸、蜀、羌、髳、微、卢、彭、濮人。称尔戈，比尔干，立尔矛，予其誓。"西土八国中的卢国是商王朝西北方国，或称"卢方"，曾经向商王武丁献玉戈。殷墟妇好墓出土大玉戈，上刻"卢方皆入戈五"字样。[②] 西汉经学家孔安国根据《尚书 · 牧誓》的记载，认为卢、彭二族在汉长安西北，也就是泾渭流域西北。这一带毗邻周人老

① 新疆文物考古研究所、吐鲁番地区文物局:《鄯善县洋海一号墓地发掘简报》,《新疆文物》2004 年第 1 期，第 1—27 页；新疆吐鲁番学研究院、新疆文物考古研究所;《新疆鄯善洋海墓地发掘报告》,《考古学报》2011 年第 1 期，第 99—149 页。

② 中国社会科学院考古研究所安阳工作队:《安阳殷墟五号墓的发掘》,《考古学报》1977 年第 2 期，第 76—77 页。

家周原，那么卢方与周人和西戎关系密切。有学者认为，古文“潶”与“卢”通假，那么灵台白草坡西周墓的墓主潶伯就是卢方首领。[①]灵台白草坡西周墓地 M1 和 M2 号墓的主人或为卢方从西域招来的雇佣军。他们从天山大龙口起兵，与西土八国一起追随周武王伐纣，灭商之后在灵台白草坡定居。

公元前 11 世纪，近东文明就传入天山东麓和吐鲁番盆地。洋海一号墓地发现了公元前 9 世纪亚述风格的箜篌，那么灵台白草坡西周墓出土的亚述风格异形兵器（图十四：1）很可能来自吉木萨尔大龙口、吐鲁番洋海等地苏贝希文化分布区。从器型看，这件异形兵器源于美索不达米亚古兵器——镰形剑。这是两河流域著名古兵器之一，屡见于埃及、赫梯和亚述遗址或墓葬。埃及人称为 kopesh，如卢浮宫藏古埃及的镰形剑（图十五：1 左），西方学者则称 sickle sword（镰形剑）。大英博物馆藏新亚述王那西尔帕勒二世造像就手持镰形剑，年代为公元前

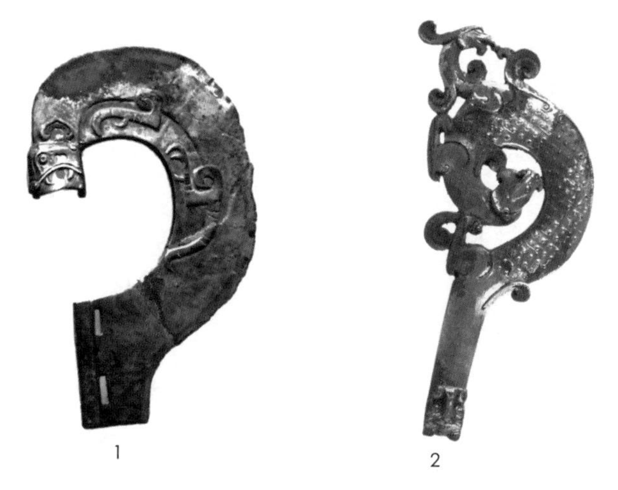

图十四　灵台白草坡西周墓出土镰形剑与南俄草原萨尔马提亚镰形剑

① 曹定云：《殷代的“卢方”——从殷墟“妇好”墓玉戈铭文论及灵台白草坡“潶白”墓》，《社会科学战线》1982 年第 2 期，第 121—127 页。

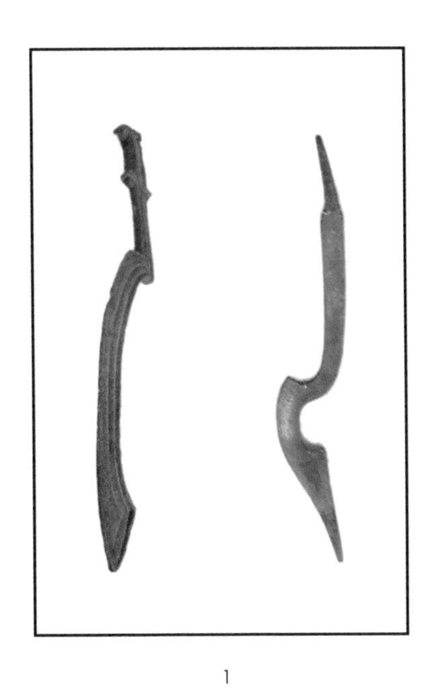

1　　　　2

图十五　古埃及、卢里斯坦青铜镰形剑与亚述王那西尔帕勒二世雕像

875—前 860 年（图十五：2）。大英博物馆还收藏了一把卢里斯坦游牧人打造的青铜镰形剑（图十五：1 右），亦属于这个时期。欧亚草原古代游牧人还用动物纹装饰镰形剑，如乌克兰的俄罗斯艺术博物馆收藏了一把豹纹铜鎏金镰形剑，据说是南俄草原游牧人——萨尔马提亚人之物。

2000 年，甘肃礼县圆顶山二号秦墓出土了一件铜柄铁剑，其上有鎏金。该剑残存茎及柄，残长 14.6 厘米，茎为长条形，格、首上所饰的双首共体龙纹均鎏金。从刊布的照片看，鎏金亮泽。这座墓共出土铜鼎、簋、壶等青铜器及玉器凡 102 件（组），年代定为春秋中晚期。另一重要发现是，1983 年，甘肃宁县焦村西周墓出土一件铜戈，考古简报介绍这件西周管銎戈援虎头上鎏金色泽光亮。这座墓是当地群众取土破坏后文物部门清理的，仅发现有青铜兵器及车马器，未见陶器。考古简报定此墓为西周晚期。有学者认为，从出土铜兵器看，这件有鎏金的短胡一穿戈及另一件微胡长直援戈，均为典型的西周早期形式，车马器上也未见西周晚期常见的环带纹、重环纹及窃曲纹，那么此墓属于西周早期，极有可能就是西周时期秦人墓。[①] 俄罗斯艺术博物馆收藏的豹纹铜鎏金镰形剑（图十四：2）与灵台白草坡西周墓出土的虎头镰形剑非常相似，也许是公元前 9 世纪之物。

据以上讨论，所谓“北方系青铜器”的定名颇成问题，许多鄂尔多斯青铜器如羊首刀剑、双马神、卷曲动物纹牌饰、镰形剑等，实乃中国北方游牧民族与西域，乃至近东文化交流的产物，与北方草原文化本身无关。

近东文明城垛艺术之东传

公元前 585 年，米底王国末代君主阿斯提阿格斯继位，新王的小公主下嫁米底附庸国波斯贵族阿契美尼德家族冈比西斯一世，后来生下王子居鲁士。公元前 553 年，居鲁士起兵反叛米底；公元前 550 年灭亡米底，建立古波斯帝国。城市和文字是人类进入文明社会的两大标志，古波斯帝国最震撼的建筑是波斯波利斯王宫，而其中城垛纹堪称近东艺术中最富想象力的装饰之一，波斯波利斯王宫御道两旁就以石雕城垛为装饰（图十六）。新疆且末扎滚鲁克刀形墓出土战国时期毛织物残片也装饰有城垛纹图案（图十七）。

近东文明以城垛为装饰由来已久，可以追溯到伊朗西南部克尔曼和塞斯坦公元前 3000 年晚期的吉罗夫特文化（Jiroft Culture）城垛纹石雕盒（图十八：1）。大英博物馆收藏了一个伊朗出土的城垛纹象牙雕刻（图十八：2），年代在公元前 8—前 7 世纪。中国社会科学院考古研究所郭物博士最近发现，吐鲁番洋海 1 号墓地出土立耳彩陶杯用亚述艺术风格的城垛纹作为立耳（图十八：3）。

---

① 高西省：《战国时期鎏金器及其相关问题初论》，《中国国家博物馆馆刊》2012 年第 4 期，第 43—55 页。

图十六　波斯波利斯王宫御道两旁的石雕城垛

图十七　新疆且末扎滚鲁克刀形墓出土战国时期城垛纹毛织物残片

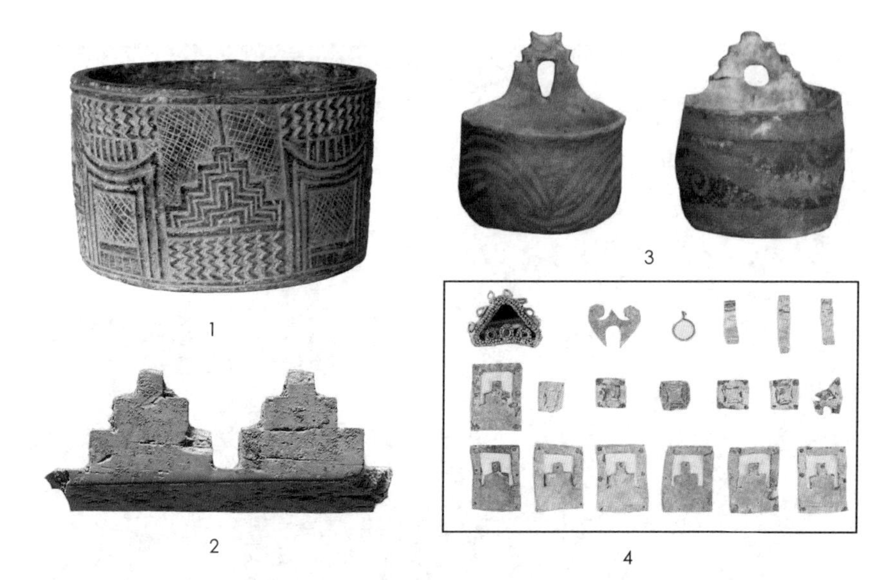

图十八 伊朗与中国新疆城垛纹艺术品

公元前3000—前1800年伏尔加河地区帕塔钵波夫墓葬、哈萨克斯坦北部辛塔什塔文化和中亚大夏-马尔吉纳文化部分陶器也装饰有这种纹样。米底国王用其装饰王冠。阿尔泰山巴泽雷克文化有城垛崇拜。洋海墓地流行的城垛纹彩陶杯流行年代和地域非常明确，主要见于洋海墓地第1—2期墓葬，无疑是对西亚城垛纹的刻意模仿。[①]在新疆和静县拜勒其尔墓地201号墓出土黄金饰物中亦见城垛纹（图十八：4）。从此墓随葬的带柄青铜镜看，年代约在西汉时期。[②]

1909年，奥登堡（S. F. Oldenburg）领导的俄国考察队在吐鲁番吐峪沟千佛洞发现一幅唐代佛教壁画，上绘城垛纹、野猪头纹等萨珊波斯艺术典型纹样（图十九：1）。[③]野猪头的形象代表波斯火袄教十大军神

① 郭物：《新疆史前晚期社会的考古学研究》，上海古籍出版社，2012年，第409—410页。

② 新疆文物局等主编：《新疆文物古迹大观》，新疆美术摄影出版社，1999年，第175页，图0463。

③ Albert Grü nwedel, *Altbuddhistische Kultstatten in Chinesisch-Turkistan. Bericht uber archaologische Arbeiten von 1906 bis 1907 bei Kuca, Qarasahr und in der Oase Turfan,* Berlin: Druck und Verlag von Georg Reimer, 1912, p. 331, fig. 663.

图十九　吐峪沟唐代壁画城垛纹、伊朗国家考古博物馆野猪头纹地板砖及巴达木墓地野猪头纹覆面

之一，屡见于波斯和中亚艺术。我们在伊朗国家考古博物馆见到一件萨珊波斯野猪头纹地板砖（图十九：2），与吐峪沟千佛洞唐代壁画的野猪头大同小异。近年交河古城附近巴达木墓地出土了一件野猪头纹丝绸覆面（图十九：3），属于麴氏高昌国时期（499—640）。[①] 凡此表明，近东

① 李萧主编：《吐鲁番文物精粹》，上海辞书出版社，2006年，第119页下。

文明城垛纹艺术对吐鲁番盆地古代文化的影响长达1700年之久，从公元前9世纪直到公元8世纪。

中国古代艺术中的波斯战马

公元3世纪，萨珊家族崛起于伊朗西南部法尔斯，建立萨珊波斯王朝。该王朝始祖萨珊是一位琐罗亚斯德教祭司，3世纪初萨珊之子帕佩克在其领地伊斯塔赫尔自立为王。224年，帕佩克之子阿尔达希尔一世推翻帕提亚王朝（亦称“安息王国”）；226年在泰西封（巴格达附近）加冕，自称诸王之王。这是波斯人自阿契美尼德帝国之后首次重新统一，堪称波斯史上第二个帝国。萨珊王朝鼎盛时期，多次威胁中亚嚈哒王朝，并与东罗马帝国争战不休。伊朗设拉子西北60公里帝王谷（Naqsh-e Rustam）有一幅罗马皇帝跪拜在萨珊波斯王战马下的大型浮雕，再现了萨珊王朝昔日的辉煌。

萨珊波斯商人还通过丝绸之路，与遥远的中国进行长途国际贸易。1981年，在山西北魏封和突墓发现萨珊波斯王夏普尔二世打造的银盘；[①]1970年，在西安市南郊何家村唐代金银器窖藏内发现了萨珊波斯银币和许多波斯艺术风格的金银器。[②]公元7世纪，阿拉伯帝国的兴起以及两位波斯王相继被刺杀，使不可一世的萨珊波斯帝国终于土崩瓦解，末代君主伊嗣埃三世之子卑路斯流亡长安城，任唐高宗朝右武卫将军，大秦景教流行中国碑就与波斯王室流亡长安有关。

值得注意的是，萨珊波斯艺术还对魏晋时代中国战马的艺术造型产生过重要影响。我们在伊朗南部城市设拉子近郊帝王谷考察时，见到一幅萨珊波斯浮雕上波斯武士和敌方战马头上马鬃皆被扎束起来（图

---

① 马雍：《北魏封和突墓及其出土的波斯银盘》，《文物》1983年第8期。

② 陕西省博物馆革委会写作小组、陕西省文管会革委会写作小组：《西安南郊何家村发现唐代窖藏文物》，《文物》1972年第1期。

图二十 帝王谷波斯王霍尔木兹二世时期波斯武士作战浮雕

二十），这幅浮雕创作于萨珊波斯王霍尔木兹二世在位时期（303—309）。无独有偶，华盛顿赛克勒考古与艺术博物馆藏萨珊波斯银盘上波斯王的坐骑，也把头上马鬃扎起来（图二十一）。此外，法国考古学家葛什曼的名作《波斯艺术》一书著录的萨珊波斯战马银造像，也把马头上马鬃扎起来。[①] 毋庸置疑，这是萨珊波斯艺术表现战马的典型手法。

1969 年，甘肃武威市擂台汉墓出土了 99 件青铜车马仪仗俑，是目前所见数量最多的青铜车马仪仗俑群，其中包括作为中国旅游标志的“马踏飞燕”青铜马。考古学一般根据墓穴里年代最晚的东西来推断文物的年份，当初发掘擂台古墓时，铜器上虽有铭文，但是没有标明年份。

① R. Ghirshman, *Persian Art, Parthian and Sassanian dynasties, 249 B.C.-A.D.*, New York: Golden Press, 1962, pp. 220, fig. 262.

图二十一 萨珊波斯银盘上的波斯战马

于是，发掘者根据墓里出土的五铢钱币推断是东汉墓。后来，北京大学历史系吴荣曾教授在甘肃省博物馆库房内重新检验了擂台墓出土的古钱币，发现大批西晋五铢，并在北京大学百年校庆学术讨论会上公布了这项成果。此后，中国考古界业内人士都把擂台汉墓改为西晋墓。①

问题是，这些西晋五铢钱只能说明擂台墓的年代在西晋，并不能证明墓中青铜车马亦为西晋之物。按照考古学的原则，早期文物可以出现在晚期墓中。《史记·周本纪》记载：武王灭商后，把殷人宗彝和各种宝物分赐有功之臣："封诸侯，班赐宗彝，作分殷之器物。"因此，西周墓有时随葬商代青铜器，甚至良渚文化玉器，当系周初瓜分的殷王室宝物。擂台西晋墓完全可能随葬东汉铜车马，所以美国大都会艺术博物馆举办"走向盛唐"文物展时仍把擂台铜车马称作"东汉铜车马"。②

---

① 杨泓：《骏马奔腾——中国古文物中关于马的艺术造型》，香港历史博物馆编：《天马神骏——中国马的艺术和文化》，香港历史博物馆，2008 年，第 20—21 页。

② James C.Y. Watt, *China: Dawn of a Golden Age, 200-750*, New York: The Metropolitan Msuem of Art, 2004, p.105.

图二十二　武威市擂台西晋墓出土波斯艺术风格的青铜马

这次伊朗考察的一个重要成果，就是发现擂台西晋墓出土“马踏飞燕”青铜马模仿了萨珊波斯艺术，把马头上的鬃毛扎束起来。这一点从甘肃省博物馆展出的擂台西晋墓出土青铜车马可以看得更为清楚，其艺术造型也是把马头上的鬃毛扎起来（图二十二），而汉武帝茂陵霍去病墓前马踏匈奴石马、汉元帝渭陵出土西汉玉马，皆无扎束马头鬃毛的现象（图二十三）。

萨珊波斯王朝存在于公元226—650年（相当于曹魏文帝黄初七年—唐高宗永徽元年），那么甘肃擂台晋墓出土“马踏飞燕”青铜马和青铜车马当即中国与萨珊波斯帝国文化交流的产物。这就从考古学角度首次证明，时下作为中国旅游标志的“马踏飞燕”青铜马是西晋工匠模仿萨珊波斯艺术创作的。

先秦古籍有一本书，名叫《世本》。其书早佚，如今只有辑本流传于世。《世本·作篇》专门收集历代古书说的中国各种发明创造，诸如

“黄帝始蒸谷为饭”（《逸周书》），“蚩尤作五兵：戈、矛、戟、酋矛、夷矛”（《路史·后纪》四注），“苍颉作书”（《尚书序正义》），“相士作乘马”《周礼·校人注》），“鲧作城郭”（《礼记·祭法正义》），“奚仲作车”（《山海经·海内经注》），“杜康造酒”（《尚书序正义》同上），“空侯（即箜篌），空国侯所造”，不胜枚举。[①] 殊不知，世界上许

图二十三　咸阳博物馆藏汉元帝渭陵陪葬坑出土西汉玉马

① 《世本》为先秦重要史籍之一，司马迁曾采摭其中资料编写《史记》；班固、刘向、王充、郑玄、赵岐等两汉学者亦多引证。《汉书·艺文志·春秋类》著录《世本》十五篇，汉以后史志所载《世本》凡七种，始于黄帝，止于春秋（《后汉书·班彪传》）。唐代避太宗李世民讳，改称《系本》或《代本》。该书在唐代已残缺不全，宋代散佚，今有汉宋衷注、清秦嘉谟等辑《世本八种》（商务印书馆，1957 年）传世。

多发明创造皆与中国人无关。据考古发现，小麦最早在西亚人工培育成功；世界上最早的文字、最早的城市皆出现于美索不达米亚；家马是南俄草原游牧人在乌克兰驯化成功的；哈萨克草原辛塔什塔·彼得罗夫斯卡文化的创造者于公元前2000—前1800年率先发明了双轮战车；葡萄酒是希腊人的一大发明，烧酒的发明则归功于阿拉伯人，而古代中国人起初只会做米酒。尽管中国文明有独立的起源，但中国文明的发展却是中国文化与世界各国各民族优秀文化不断交流的历史，中国之所以没有沦为“失落的文明”，与中国人善于学习外来文化，兼容并蓄的文化传统息息相关，我们在伊朗考察的研究成果再次揭示了这一点。

第四章

波斯建筑艺术巡礼

伊朗古称“波斯”。丝绸之路开通后，中国与伊朗进行了长达2000多年的友好交往。在语言方面，波斯语成为丝绸之路上最重要的国际交际语，许多波斯语词汇借入汉语。在宗教方面，波斯火祆教、景教、摩尼教相继传入中国，对中国古代宗教产生重大影响。在工艺美术方面，波斯玻璃、金银器、织金锦（波斯语nasīj）及其制作工艺不断传入中国，极大丰富了中国古代社会物质生活。殊不知，波斯建筑艺术也对中国产生深远影响。我们将结合中国考古发现和2012年在伊朗的实地考察，介绍波斯建筑艺术及其对中国古代建筑之影响。

亚兹德的火祆教寂静塔

在世界五大宗教中，火祆教（Zoroastrianism）是最古老的宗教之一，公元前6世纪起源于波斯。火祆教建筑和艺术成了佛教、基督教、摩尼教和伊斯兰教艺术争相模仿的对象。火祆教徒死后禁止火化和土葬，因为火是神圣的，而埋葬尸骸会污染土地。教徒死后，尸体要送到山顶上的寂静塔天葬，让猎狗或鹰鹫啄食，然后把遗骸放入纳骨器存放。公元7世纪中叶，阿拉伯人入侵伊朗高原。波斯火祆教徒大批逃亡印度西海岸，迁居孟买。留在家乡的教徒大部分人改奉伊斯兰教，只有一小部分仍坚持信仰，继续实行天葬。[①] 1979年，伊朗政府颁布法令，禁止天葬。此后，所有火祆教徒的遗体均葬在寂静塔前墓地里。具有数千年文明史的火祆教圣地和寂静塔成了历史文化遗物，吸引了世界各地的游客前来观光。

我们去亚兹德的主要目的，也是造访火祆教圣地。伊朗导游轻车熟路，带我们穿过一座小山下荒芜多年的火祆教村落，然后登上山顶，凭吊火祆教寂静塔(图一)。从外观看，寂静塔颇似欧洲中世纪圆形城堡，塔内中心区域有一口停放遗骸的圆井（图二)。举行葬礼时，先将尸体

图一　亚兹德火祆教寂静塔

①〔美〕戴尔·布朗著，王淑芳译：《波斯人：帝国的主人》，广西人民出版社，2002年，第176页；Mary Boyce, *Zoroastrians: Their Religious Beliefs and Practices*, London: Routledge, 2007。

图二　火祆教寂静塔停放遗骸的圆井

放在塔内石头铺设的地面上，让猎狗或秃鹰啄食尸肉，尸骨经烈日晒干后，再投入圆井内，最后将遗骸装入纳骨器存放。

公元前 247 年，帕提亚部落首领阿萨息斯（Arsacids）在波斯东部起兵，最终杀死塞琉古王朝总督，结束了希腊人对波斯长达百年的统治。帕提亚人以旧尼萨（今土库曼斯坦的阿什哈巴德附近）为都城，全面复兴波斯文化，西方学者谓之“帕提亚帝国”；中国史书则以帕提亚开国君主阿萨息斯之名称之为“安息王国”。

在火祆教寂静塔艺术的影响下，帕提亚帝国的波斯工匠兴建了许多圆厅宫殿。1967 年，苏联学者普加琴科娃（G.A. Pugachenkova）在土库曼斯坦旧尼萨古城发现一座公元前 2 世纪的帕提亚风格的宫殿，内有圆厅遗址（图三），与亚兹德的寂静塔非常相似。[①]

① G. A. Pugachenkova, *Iskusstvo Turkmenistana*, Moscow, 1967, p. 36.

图三　旧尼萨古城帕提亚圆厅遗址

公元前1世纪末，波斯贵族冈底菲斯（Gondophares）入侵中亚，割据犍陀罗（巴基斯坦北部和阿富汗南部），但名义上仍属于帕提亚帝国，史称“印度–帕提亚王朝”或“冈底菲斯王朝”。这个王朝对犍陀罗的统治长达百年，公元1世纪末灭亡于贵霜王朝。帕提亚人统治犍陀罗时，波斯火祆教建筑艺术对中亚乃至新疆佛寺均产生重要影响。英国考古学家马歇尔（G. C. Marshall）在巴基斯坦的锡尔卡普遗址发掘的犍陀罗佛寺，就有帕提亚建筑风格。这座佛寺长约70米，宽约40米，寺中有一帕提亚式圆厅殿堂（图四）。[①]

公元2世纪，帕提亚艺术风格的佛寺沿丝绸之路向东传播，直至塔里木盆地东南缘的米兰绿洲。20世纪初，英国考古学家斯坦因（M.A. Stein）在米兰发现的MII佛寺遗址（图五），就采用帕提亚艺术风格的圆厅形式。此外，米兰MIII佛寺也有帕提亚式圆厅，只是圆厅内未

① J. Marshall, *Taxila*, 3 Vols., Cambridge, 1951.

图四　犍陀罗地区帕提亚艺术风格佛寺圆厅遗址

建佛塔（图六：1），与旧尼萨古城帕提亚圆厅遗址（图六：2）如出一辙。正如斯坦因指出的，米兰佛寺的圆厅源于帕提亚宫廷建筑。[①]米兰壁画的作者用佉卢文书写榜题，那么这位画师应当来自犍陀罗地区。

随着中亚佛教艺术的东传，帕提亚艺术对西域艺术也产生一定影响。20世纪初，英国考古学家斯坦因在塔克拉玛干沙漠腹地尼雅遗址发现过一件帕提亚风格的木雕建筑构件，上有格里芬守护花瓶浮雕图案，[②]现藏新德里印度国立博物馆（图七：1）。纽约大都会艺术博物馆收藏了一件帕提亚风格的石雕构件，上有狮形格里芬守护花瓶，年代约在2—3世纪（图七：2）。尼雅出土的木雕建筑构件年代稍晚，约在3—4世纪，那么这件异国情调的木雕建筑构件显然是在帕提亚艺术影响下产生的。

---

① M.A. Stein, *Serindia, Detailed Report of Explorations in Central Asia and Westernmost China*, Vol.3, Oxford: Clarendon Press, 1921, pp.31–32.

② M.A. Stein, *op. cit*, Vol. 4, Pl. XVIII.

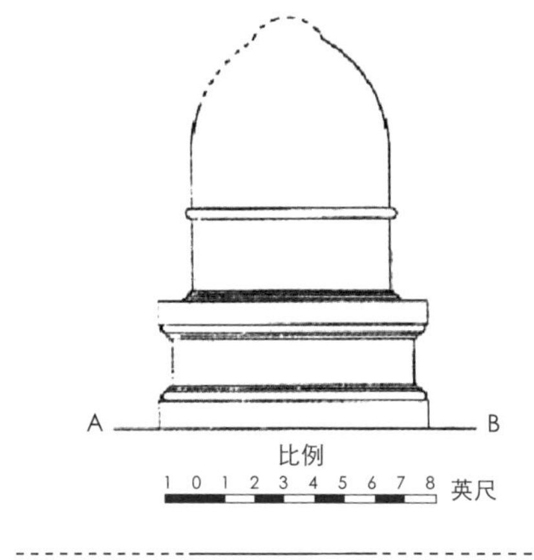

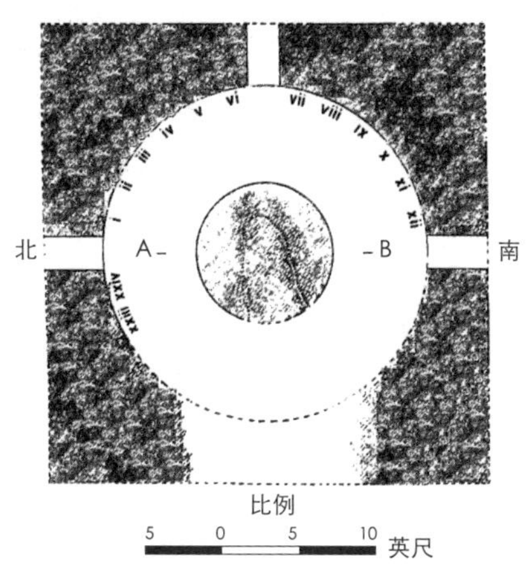

图五　米兰 MII 号佛寺圆厅遗址

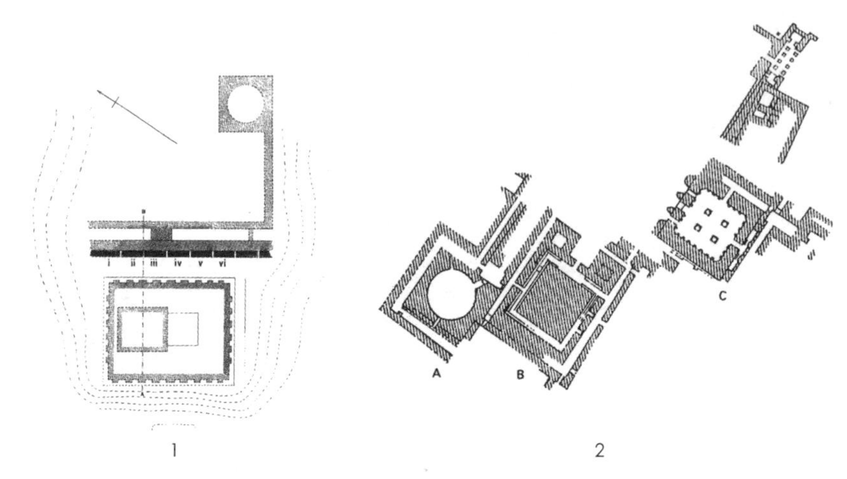

图六　旧尼萨古城帕提亚圆厅遗址与米兰 MIII 号佛寺圆厅遗址

图七　尼雅出土帕提亚风格的木雕构件与帕提亚风格的石雕构件

伊朗高原的坎儿井

古代波斯文明的重要中心在伊朗南部，居鲁士大帝陵墓、波斯波利斯王宫、帝王谷、伊斯法罕城伊玛姆清真寺、波斯诗人哈菲斯陵墓等名胜古迹皆分布于伊朗南部。结束波利斯王宫考察后，我们来到该王宫遗址西北 7 公里的帝王谷（Naqsh-i Rustam）。古波斯阿契美尼德王朝四代君主全在这里的悬崖峭壁开凿陵墓，其中包括大流士、阿塔·薛西斯一世、薛希斯和大流士二世陵墓，故称“帝王谷”。

帝王谷的悬崖呈赭红色，古波斯王陵开凿在面向东方日出方向的山崖上，用楔形文字镌刻赞颂火祆教主神的铭文。其中四座陵墓下方有大型浮雕，或展现薛西斯一世从主神阿胡拉·玛兹达手中得到皇冠的宗教仪式；或描绘波斯王骑在马背上鏖战疆场，得胜而归；还有一幅表现战败的拜占庭皇帝跪在波斯王脚下的受降仪式，给人留下深刻印象。帝王谷半山腰有一座石头砌筑的方形建筑，据说是火祆教圣坛。在这个圣坛下面的山谷中有一排古波斯阿契美尼德王朝的坎儿井（图八），绵延数公里，将远方高山雪水引到谷中。

图八　帝王谷的古波斯坎儿井

从德黑兰到亚兹德考察途中，车窗外经常浮现绵延不断的坎儿井。由于高速公路上无法停车，只能走马观花。在亚兹德水博物馆考察时，终于见识了波斯坎儿井的“庐山真面目”。伊朗地处沙漠干旱地区，绝大多数河流是季节河，不能全年供水。波斯人便在地下挖井渠，名曰 kariz（井渠）。在亚兹德西约 5 公里的喀尔克有伊朗最古老的坎儿井，距今 3000 年，长达 71 公里。伊朗呼罗珊省的冈巴德坎儿井也有 2700 年的历史，主井深达 360 米，全长 45 公里，至今仍为 40000 人供水。[①]

在历史文献中，坎儿井始见于公元前 7 世纪的亚述碑铭。在波斯爆发的一场战争中，亚述王萨尔贡二世（Sargon II）派兵破坏了乌尔图王国的坎儿井，并将这种水利工程推广到亚述帝国全境。[②]近年的新发现表明，坎儿井主要是波斯人发展起来的，但是发源地在阿拉伯半岛，阿拉伯人称作 qanat（井渠）。在阿拉伯联合酋长国发现的阿勒·艾因坎儿井，始建于铁器时代（约前 1250—前 300）。阿拉伯人发明的这项水利工程，首先在伊朗高原生根开花，随着波斯人的扩张，传入中亚粟特（今乌兹别克斯坦）、大夏（今阿富汗）和犍陀罗（今巴基斯坦）。中亚伊朗人谓之 kariz（井渠）。尔后，坎儿井又沿丝绸之路传入新疆喀什和吐鲁番。维吾尔人称坎儿井为 kariz，来自波斯语，说明新疆坎儿井属于波斯系统。在西方，坎儿井随罗马人的扩张，传入约旦、叙利亚和北非。后来，随着阿拉伯人的扩张，传入西班牙和摩洛哥；最后，随西班牙人的殖民活动传入美洲。[③]

波斯人还在坎儿井下建冰窖（波斯语 Yakhchal），上建通风孔和风塔。我们在亚兹德水博物馆参观了坎儿井下一处冰窖，在地下第三层，冰窖中心有一蓝色釉陶砖砌筑的水窖（图九）。在我们下榻的亚兹德宾

① 参见维基英文百科 qanat 词条（http://en.wikipedia.org/wiki/Qanat#Iran，访问时间：2022 年 1 月 10 日）。

② Paul Ward, “The Origin and Spread of Qanats in the Old World,” *Proceedings of the American Philosophical Society*, Vol.112, no. 3, 1968, pp. 170–181.

③ 关于坎儿井的最新研究，参见维基英文百科 qanat 词条（http://en.wikipedia.org/wiki/Qanat#Iran，访问时间：2022 年 1 月 10 日）。

图九　亚兹德水博物馆坎儿井下的八方冰窖

馆（Moshir al Mamlik Hotel Garden），有一个从坎儿井通风孔导入冷气的空调设备——风塔，充分显示了波斯人的聪明才智。

早在汉代，中国就有坎儿井，《史记·河渠书》称作“井渠”。《汉书·西域传》记载：汉宣帝时，“遣破羌将军辛武贤将兵万五千人至敦煌，遣使者案行表，穿卑鞮侯井以西，欲通渠转谷，积居庐仓以讨之。”三国孟康注曰：“（卑鞮侯井）大井六通渠也，下泉流涌出，在白龙堆东土山下。”换言之，这项水利工程有六口竖井，井下通渠引水。王国维评述说：“今新疆南北路通凿井取水，吐鲁番有所谓卡儿水者，乃穿井若干于地下，相通以行水。伯希和教授以为与波斯之地下水道相似，疑此法自波斯传来。余谓此中国旧法也。”[①] 伯希和在《评王国维遗书》一文中承认，公元前2世纪末西安一带有坎儿井之类的渠井。又说：王国维“谓为纯粹汉人发明，似乎言之太早”。[②] 如前所述，早在公元前1000年，阿拉伯人就发明了坎儿井，随后由古波斯人推广到伊朗高原。公元前4世纪，希腊雄主亚历山大东征中亚，曾经下令在撒马儿干城兴建坎儿井。中亚是古波斯帝国东方行省，当地人称坎儿井为karēz，说明属于波斯系统。这项古代水利工程技术显然不是从中国引入中亚的。

吐鲁番现存坎儿井多为清代以来修筑（图十），目前未见汉唐时代的坎儿井。不过，吐鲁番出土文书提到高昌古城附近有“胡麻井渠”。《武周载初元年（690年）西州高昌县宁和才等户手实》提到“一段壹亩（部田三易），城西五里胡麻井渠；东渠西麹文泽，南渠北曹粟埴”。这件文书还提到“城西五里胡麻井渠，东荒、西荒、南荒，北张阿桃……”说明唐代吐鲁番有“坎儿井”。黄盛璋先生认为，新疆坎儿井与中原关中井渠风马牛不相及，维吾尔人对坎儿井的称谓源于波斯语karēz，说明新疆坎儿井确实属于波斯系统。[③]

① 王国维：《西域井渠考》，《王国维遗书》第2册，上海：上海书店出版社，1983年，第38页。

② 冯承钧编译：《西域南海史地考证译丛》第一卷，商务印书馆，1995年影印本，第66页。

③ 黄盛璋：《新疆坎儿井的来源及其发展》，《新疆社会科学》1981年第5期，第3—8页。

图十 吐鲁番的坎儿井

唐代洛阳端门外擎天柱

中国人对波斯的认识是从鸵鸟开始的，晋人郭义恭《广志》记载："安息国贡大雀。雁身驼蹄，苍色，举头高七八尺，张翅丈余，食大麦，其卵如瓮，其名驼鸟。"鸵鸟是非洲和阿拉伯地区的特产，经波斯传入中国。唐代列为帝陵神道石像生之一，史称"鸾鸟"（图十一）。《新唐书·西域传》记载，吐火罗国于高宗"永徽元年（650）献大鸟，高七尺，色黑，足类橐驼，翅而行，日三百里，能噉铁，俗谓驼鸟"。高宗遣献于昭陵（《旧唐书·高宗本纪》）。这一年，萨珊波斯亡国，末代君主伊嗣俟三世于651年在木鹿被一个磨坊主谋杀。其子卑路斯逃亡至长安城，任右武卫将军。波斯残余势力在吐火罗国（今阿富汗西北）

图十一　乾陵神道石像生中的石鸵鸟

建流亡政府，试图复兴萨珊波斯。

武周天册元年（695），波斯景教徒阿罗憾在洛阳宫城端门外主持铸造了一个地标性建筑——天枢。《阿罗憾墓志》记载：“族望波斯国人也。显庆年中（659），高宗天皇大帝以功绩可称，名闻□□（西域），出使召来至此，即授将军……又为则天大圣皇后召诸蕃王，建造天枢。”洛阳出土唐代景教徒墓志说的“阿罗憾”，就是《大秦景教流行中国碑》上的僧首“罗含”。从时间看，这位显庆年间来华的波斯景教僧实际上来自吐火罗国的波斯流亡政府。[①]

关于唐代洛阳城天枢的兴建，《资治通鉴》卷二〇五记载：“武

① 林梅村：《洛阳出土唐代波斯侨民阿罗憾墓志跋》，《学术集林》卷四，上海远东出版社，1995年，第284—299页。

三思帅四夷酋长请铸铜铁为天枢，立于端门之外，铭纪功德，黜唐颂周。……诸胡聚钱百万亿，买铜铁不能足，赋民间农器以足之。”天册万岁元年（695）“夏四月，天枢成。高一百五尺，径十二尺，八面，各径五尺。下为铁山，周百七十尺，以铜为蟠龙、麒麟萦绕之。上为腾云承露盘，径三丈，四龙人立捧火珠，高一丈。工人毛婆罗造模，武三思为文，刻百官及四夷酋长名。太后自书其榜，曰‘大周万国颂德天枢’”。刘肃《大唐新语》卷八有所不同。其文曰：“长寿三年（694），则天征天下铜五十万余斤，铁三百三十余万，钱两万七千贯，于定鼎门内铸八稜铜柱，高九十尺，径一丈二尺，题曰‘大周万国述德天枢’。纪革命之功，贬皇家之德。天枢下置铁山，铜龙负载，狮子、麒麟围绕。上有云盖，盖上施盘龙以托火珠，珠高一丈，围三丈，金彩荧煌，光侔日月。”唐尺有大小两种，礼仪建筑用小尺（约 0.30 厘米），[①]那么这座青铜八棱“天枢”，直径 3.6 米，高 31.5 米（或 27 米），底座为周长 51 米的铁山，环绕青铜蟠龙和麒麟，堪与古波斯帝国波斯波利斯百柱宫的擎天石柱（图十二：1）相媲美。

关于唐代洛阳天枢的艺术来源，1999 年山西太原发现的隋代虞弘墓提供了一条重要线索。墓主人姓虞名弘，字莫潘，鱼国人，在北朝年间一度“检校萨保府”，执掌祆寺及西域诸国事务，卒于并州，隋开皇十三年（592）下葬。据我们考证，墓主人应该是魏晋隋唐时期活跃于山西太原一带的稽胡，或称“步落稽”。[②]墓中汉白玉石椁采用仿木结构建筑形式，由椁顶、椁壁、椁座构成。椁顶歇山顶形制，三开间。椁座下四周各垫两个兽头，面部朝外，背负椁座。椁壁上浮雕刻有墓主宴饮、狩猎、出行、宗教仪式等内容。石椁浮雕图案中的人物服饰、器皿、乐器、舞蹈，以及花草树木颇具波斯火祆教艺术色彩。在墓室中出

---

① 丘光明：《中国古代计量史图鉴》，合肥工业大学出版社，2005 年，第 112 页。

② 林梅村：《稽胡史迹考——太原新出隋代虞弘墓志的几个问题》，《中国史研究》2002 年第 1 期，第 71—84 页。

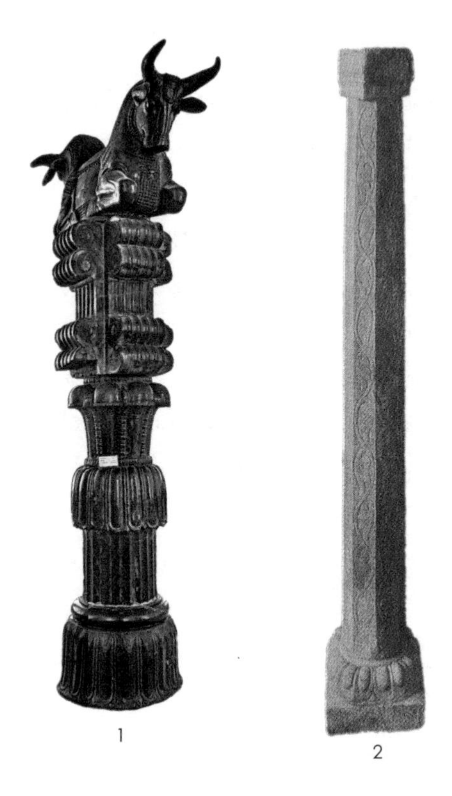

图十二　波斯波利斯“万国之门”附近波斯石柱与山西隋代虞弘墓出土八棱石柱

土2根完整的八棱石柱（图十二：2）和3根残八棱石柱，4根有浮雕花卉，1根仅有彩绘，花纹相同，可与墓中出土的五个莲花石柱础相配。石柱高131—132厘米，石柱础高15—16厘米。[①]

2006年5月，洛阳市洛龙区李楼乡城角村发现一块唐代景教经幢残石，起初落入文物贩子手中，在公安机关介入下，才回归文物部门（图十三）。这个石经幢与山西太原虞弘墓出土八棱石柱相仿，仅存原经幢的一半，碑文刻于八棱石柱上。棱柱残高为60—80厘米，每面宽为14—16厘米不等。经幢上刻有飞天守护十字架图案、《大秦景教宣元至本经》和《经幢记》。《经幢记》记述了经幢的来龙去脉：唐元和九年（814），景教僧人清素与从兄少诚、舅安少连及义叔等人，在保人参与下在洛阳县感德乡柏仁里买了一块地，为死去的母亲修墓，并在墓前立此经幢。与立《大秦景教流行中国碑》的波斯景教徒不同，洛阳景教石经幢的竖立者是从中亚布哈拉和撒马儿干来华的粟特景教徒，如洛阳“大秦寺寺主法和玄应，俗姓米；威仪大德玄庆，俗姓米；

① 山西省考古研究所、太原市考古研究所、太原市晋源区文物旅游局：《太原隋代虞弘墓清理简报》，《文物》2001年第1期，第27—52页。

图十三　洛阳出土景教石经幢

九阶大德志通，俗姓康”。[①]此外，这两个大型景教纪念碑的造型截然不同，长安景教碑采用中国传统石碑的艺术造型，而洛阳景教碑则模仿波斯景教僧阿罗憾在洛阳宫城端门外主持铸造的八棱青铜天枢。

神龙元年（705）以来，中宗、睿宗兄弟相继当政，恢复唐朝国号，朝廷从洛阳迁回长安。睿宗之子唐玄宗即位后，才大刀阔斧地解决武则天时期遗留问题，并于开元二年（714）销毁天枢。这座纪念碑式建筑矗立洛阳城长达20年之久，尽管一朝化为乌有，但是对唐代建筑艺术的发展产生了重要影响。[②]

① 张乃翥：《一件唐代景教石刻》，《中国文物报》2006年10月11日；葛承雍：《西安、洛阳唐两京出土景教石刻比较研究》，《文史哲》2009年第2期，第17—23页。

② 郭绍林：《大周万国颂德天枢考释》，《洛阳师范学院学报》2001年第6期，第72—73、76页。

唐开元年间，中国佛教寺院突然出现一种新型纪念碑式建筑——石经幢。一般由幢顶、幢身和基座三个部分组成，主体是幢身，刻经文、佛像等。例如：福建漳州石雕经幢建于唐咸通四年（863）；浙江海宁盐关镇安国寺有三座唐代石经幢，分别建于唐会昌二年（842）、四年（844）和咸通六年（865）。上海松江石经幢建于唐大中十三年（859）。山西五台山佛光寺有两座石经幢，一座建于唐大中十一年（857），另一座建于唐乾符四年（877）。河南郑州开元寺有一座尊胜陀罗尼石经幢，唐僖宗中和五年（885）六月十日立。江苏无锡慧山寺山门前，有唐乾符三年（876）所立陀罗尼石经幢。

就目前所知，中国最早的石经幢是唐开元十五年（727）天护陀罗尼经幢，立于石家庄市井陉矿区天户村（图十四）。这些唐代石经幢普遍刻有陀罗尼经咒，显然与唐代密宗在中国各地的传播直接相关。由于印度和中亚不见这类石经幢，其艺术来源一直不十分清楚。东汉墓前始见神道石柱，如东汉幽州书佐秦君神道柱、东汉桓帝永兴二年芗他君石柱。后者原立于祠堂内，柱身呈正方形，高 119.2 厘米，宽 33.5 厘米；石柱四面刻人物、动物画像，前面上半部刻文字，现藏故宫博物院。江苏丹阳六朝帝陵流行圆形神道石柱，如梁文帝建陵神道石柱，柱身略带收分，刻瓦楞纹，柱头石额上刻文字。洛阳出土景教石经幢首次揭示，唐开元以来突兀兴起的佛教八棱石经幢受波斯景教艺术影响，模仿武周天册元年（695）波斯景教僧阿罗憾在洛阳宫城端门外主持铸造的八棱青铜天枢。

波斯是伊斯兰教诞生后最早传播的地区之一。阿拉伯人入侵伊朗高原后，直接采用波斯帝国建筑传统和方法，甚至在很多方面可以说是波斯建筑艺术的扩展和进一步演变。一些城市如巴格达，是以萨珊波斯王宫菲鲁扎巴德为范例而建设的。实际上，曼苏尔雇用来设计这座城市的两个工程师努巴克特（Naubakht）和马沙尔赫（Mashallah）分别为波斯琐罗亚斯德教教徒和来自伊朗呼罗珊的犹太人。波斯艺术风格的清真

图十四　天护陀罗尼经幢

寺采用八面体砖柱、大拱廊，以及砖券顶“伊万”式拱门。[1]

从伊斯法罕赴亚兹德途中，我们参观了这样一所清真寺，名叫“纳茵清真寺”。据伊朗导游介绍，这是一所公元8世纪由火祆教堂改建的清真寺，寺内建有地下室和方形庭院。从外观看，这座伊斯兰建筑下半部分呈正方体，上半部分呈八面体，顶为穹隆式。寺内有八面体、圆柱体两种石柱，前者是原来火祆教堂之旧物（图十五），后者为伊斯兰时期改建的。我们在亚兹德还参观了另一所火祆教堂改建的清真寺（图十六），外观与纳茵清真寺相同。

众所周知，美索不达米亚是人类文明的发源地，波斯火祆教、景教和后来兴起的伊斯兰建筑传承了近东古文明，那么唐代洛阳城端门外的八棱青铜“天枢”、洛阳景教八棱石经幢皆肇源于具有千年文明史的美索不达米亚造型艺术，并对唐开元年间兴起的中国佛教石经幢产生重要影响。

图十五 纳茵清真寺的火祆教八棱石柱

① Cf. “Islam,” *The New Encyclopedia Britannica*, 2005.

图十六　亚兹德火祆教堂改建的清真寺

元上都的“忽必烈紫殿”

1307年2月10日，元成宗暴病身亡，中华文明经历了一次重大危机。据《元史·秃剌传》记载，“秃剌，太祖次子察合台四世孙也，少以勇力闻。大德十一年（1307）春，成宗崩，左丞相阿忽台等潜谋立安西王阿难答，而推皇后伯岳吾氏称制，中外汹汹。仁宗归自怀孟，引秃剌入内，缚阿忽台等以出，诛之，大事遂定。武宗即位，第功，封越王，锡金印，以绍兴路为其分地”。如果安西王阿难答政变成功，登上皇帝宝座，那么中国以后的历史将朝着完全不同的方向发展。

元成宗的两个侄子皆掌兵权。一个是海山汗，镇守阿尔泰山的北部；另一个是爱育黎拔力八达，驻戍怀孟（今河南境内）。成宗死后，爱育黎拔力八达赶至大都，自称监国。他们迎立海山汗为帝，是为元武宗（1308—1311在位）。伯岳吾氏皇后卜鲁罕、阿难答、明里铁木儿等

图十七　元上都附近的“忽必烈紫堡”

人被簇拥到大都（今北京），刚称摄政，还没有称帝就被擒获。随后，阿难答被从元大都押解到元上都附近斩首，伯岳吾皇后在政变失败后亦被处死。

20世纪初，西方考察队在元上都附近发现一座元代初年的清真寺，故称“忽必烈紫堡”（图十七）。潘谷西主编《中国建筑史》第四卷介绍说：

> 约在元世祖忽必烈时代（1260—1295），上都附近建有一座形制颇奇的砖砌穹顶无梁殿。从西方学者本世纪初所摄一张珍贵图片上，可以观察到这座建筑的主要特征：方形平面的砖砌体，中空，墙面正中辟有凹廊拱门，其上檐高于墙体其余部分的檐口；拱门为双心圆类券；穹顶较低，穹冠上有砖饰如塔刹状；墙面有拼砖饰带，但未见琉璃瓷砖镶嵌痕迹。显而易见，这些特征都是10—13世纪中亚伊朗——突厥式伊斯兰教殿堂的典型形态所特有。这座建筑被称为“忽必烈紫堡（The Violet Tower of Kubilai Khan）”，推测为元初的一座皇家礼拜殿或某色目权贵的玛扎。忽必烈紫堡可能是迄今所知我国境内最早的伊斯兰教建筑实例。[①]

---

① 潘西谷主编：《中国古代建筑史》第四卷《元明建筑》，中国建筑工业出版社，2001年，第377—378页，图6-177。

元上都在内蒙古东部正蓝旗和多伦县之间，附近并无元代清真寺遗迹。不过，距离元上都不远的河北沽源县有一座伊斯兰风格的建筑，当地人称为“萧太后梳妆楼”（图十八）。从西方学者绘制的草图看，他们所谓“忽必烈紫堡”就是沽源县的“萧太后梳妆楼”。

1999 年，河北省文物研究所会同沽源县文化广播电视局，对萧太后梳妆楼遗址进行考古发掘，发现这个遗址竟然是一个长 140 米，宽 74 米的元代陵园。梳妆楼内是一座元代古墓，在地下 2 米左右发现一长体竖穴砖石墓，墓内并列三具棺木，中间棺木极其独特，从整体看像半截松木横卧其中，在三分之一处竖立锯开，内挖与人体相当的凹槽，死者置于凹槽中。东西两个棺木与现代棺木类似，但是西边棺木出土后仍崭新如初，棺底有两层，上层有与北斗星类似的七个圆点。棺底全用青砖砌成，上铺一层枕木，棺与棺之间均用砖墙相隔，并有木条相衬，然后用铁条箍紧，上覆大青石（图十九）。三名死者为一男二女。死者服饰华丽，身穿元代蒙古族特色的质孙服和织金锦，腰挎等级很高的龙纹鎏金银带，还

图十八　河北沽源县“萧太后梳妆楼”

图十九 梳妆楼下的蒙古皇族墓

发现了朱梵文咒语及其图案。墓中还出土铁剑、古钱币、铜印等珍贵文物。

我们在《松漠之间》一书首次提出，这座与众不同的蒙古皇族墓实乃元朝历史上风云人物——阿难答之墓。[①]阿难答在上都被斩首后，按照穆斯林礼仪，葬在元上都附近。我们之这样认为有三个证据：

第一，该墓葬具采用蒙古皇族才能使用的独木棺。明初叶子奇也说："元朝官（棺）裹，用梡木二片，凿空其中，类人形大小合为棺。置遗体其中，加髹漆毕，则以黄金为圈，三圈定。"[②]显然，萧太后梳妆楼内元代大墓的独木棺就是史书所言蒙古皇族葬具。

第二，这座元代大墓地面建筑采用伊斯兰艺术风格的拱北建筑，而蒙古皇族中信仰伊斯兰教的只有阿难答一人。

---

① 林梅村：《松漠之间——考古新发现所见中外文化交流》，生活·读书·新知三联书店，2007年，第266—269页。

② （明）叶子奇：《草木子》，中华书局，1959年，第60页。

第三，这座元代大墓的墓主身穿颇有皇家气息的织金锦五爪龙袍。2011 年夏，我们在沽源元代大墓考察时，所有文物已送到河北博物馆保存，只见到墓主人所穿织金锦龙纹辫线袄、同穴陪葬墓出土织金锦鸟纹辫线袄，以及织金锦顾姑冠桦树皮残片的照片。后者当与纽约大都会艺术博物馆藏元代缂丝上蒙古皇妃的顾姑冠相似。[①]

据说这座元代大墓男性独木棺内还发现一件龙纹鎏金银带饰，亦表明墓主人身份非同寻常。阿难答死于至大元年（1308），其墓上拱北建筑是中国境内目前所见最早的伊斯兰建筑之一。

元大都的"伊万式"城门

2012 年伊朗之行，最令人震撼的是古代波斯王宫砖券顶大门（图二十）。波斯人称之为"伊万"（Iwan），源于巴列维语 Bān。伊万是萨珊波斯王朝建筑的一个重要标志，后来被引入到伊斯兰建筑中。中国古代城门采用"过梁式"木质结构，也即门洞顶部为粗大木梁，门洞呈方形，如张择端《清明上河图》所绘汴梁城门。古波斯宫殿大门则完全不同，采用砖券顶拱门。

元末农民起义风起云涌，为安全起见，元顺帝诏令大都各城门外增筑瓮城。《元史·顺帝纪八》记载至正十九年（1359）"冬十月庚申朔，诏京师十一门皆筑瓮城、造吊桥"。1969 年拆除北京西直门箭楼时，发现其中包筑元大都和义门瓮城门（图二十一）。据门洞内元代题记，这座瓮城门建于至正十八年，说明元顺帝诏建元大都各门瓮城以前，这座城门已动工修建。这座瓮城门残高 22 米，门洞长 9.92 米，宽 4.62 米。瓮城墙体表面敷以小砖；城顶地面铺砖，估计毁于明初徐达筑城。瓮城顶部正中偏西有两个小型蓄水池，池上覆盖凿有五孔的石板，是向水池注水的入口。水池旁有一流水沟，分三个漏水孔，穿过瓮城顶部而向下

① James C.Y. Watt, *When Silk was Gold: Central Asian and Chinese Textiles*, New York: The Metropolitan Museum of Art, 1997, p. 140, fig. 69.

图二十　菲鲁扎巴德波斯王宫“伊万”式砖券顶拱门

到达木质城门扇之上，这是防止敌人焚烧城门的灭火设施。瓮城土台上原有砖砌门楼，平面类似于明清北京城东直门方形瓮城门楼，其他城门则为半圆形瓮城。[①]

遗憾的是，元大都和义门没有保存下来，如今只有北城垣一线残留元大都北门的瓮城土台。傅熹年为元大都和义门绘制过一张复原图，但他按照瓮城门洞的形制，将和义门也复原作砖券顶门洞，[②] 则不一定正确。据考证，“元大都城门洞仍为唐宋时期的‘过梁式’木制结构，即门洞顶部为粗大木梁，门洞呈方形。瓮城门洞因建于元末，工程技术

① 中国科学院考古研究所元大都考古队、北京市文物管理处元大都考古队：《元大都的勘查和发掘》，《考古》1972 年第 1 期；于德源：《北京历代城坊、宫殿、苑囿》，首都师范大学出版社，1997 年，第 140—141 页。

② 傅熹年：《北京古代建筑概述》，《傅熹年建筑史论文集》，文物出版社，1998 年，第 381 页。

图二十一　元大都和义门砖券顶瓮城门

水平已有较大发展，所以门洞结构是‘砖券式’与明清北京城门洞大致相仿。但门洞顶部砌的四层砖券，只有一层半与左右支重墙衔接，说明当时技术还不够熟练。可以认为，元代正处于中国城市建筑史上由唐宋向明清的转变时期”。[①] 那么，元大都和义门应与张择端《清明上河图》中的汴梁城门相似（图二十二）。

① 于德源：《北京历代城坊、宫殿、苑囿》，首都师范大学出版社，1997 年，第 143 页。

图二十二　张择端《清明上河图》所绘汴梁城门

图二十三　元上都明德门遗址

2011 年，我们与中国人民大学魏坚教授一起到元上都考察。他在元上都考古调查长达 17 年，近年发表了相关考古报告。[①] 据魏坚介绍，元末红巾军纵火焚烧了元上都明德门，现存遗迹是焚烧后重新修筑的（图二十三）。这座城门修筑得十分草率，利用了伊斯兰墓碑和废弃的宫殿建筑石构件，一展元朝残兵败将之穷途末路。元代明德门采用唐宋时代“过梁式”木质结构，故被红巾军纵火焚烧。有鉴于此，明清北京城改用“伊万”式城门，极大增强了城门防火能力。波斯建筑艺术之东传，由此可见一斑。

总之，中国与波斯建筑分属于不同文化体系，古波斯建筑以石块和琉璃砖为主，采用圆形城圈、圆形建筑结构、穹隆屋顶；中国古代建筑以土木结构为主，采用方形城圈、方形建筑、三角屋顶。从考古发现

---

① 魏坚编著:《元上都》(上、下卷)，中国大百科全书出版社，2008 年。

看，中国与波斯建筑艺术的交流，主要是围绕佛教、景教、伊斯兰教东传而展开的。波斯建筑艺术借助中亚佛教艺术的东传，对新疆佛寺产生过间接影响。唐代波斯景教僧阿罗憾仿效波斯艺术在洛阳宫城端门外主持铸造的八棱青铜“天枢”，与山西隋代虞弘墓出土波斯艺术特色的八棱石柱、唐代洛阳景教八棱石经幢如出一辙，成为唐开元以来的中国佛教石经幢争相模仿的对象。蒙元帝国开创了中西文化交流又一个黄金时代，波斯人的建筑理念又随伊斯兰教东传中国。河北沽源阿难答伊斯兰式陵墓、元大都和义门“伊万”式瓮城门，为我们研究波斯建筑艺术传入中国提供了诸多重要实例。

第五章

波斯文明的洗礼

正如陈垣《元西域人华化考》指出的："凡考一代之美术，必兼考其建筑遗物，顾吾国言建筑者向无专书，而元西域人建筑之存于今者尤罕。"[①] 13世纪中叶，蒙古西征，劫掠了大批波斯工匠。他们在蒙古汗国首府哈剌和林兴建伊斯兰教清真寺、土耳其浴室（hammām），并用波斯艺术风格的蓝琉璃砖装点万安宫，从而将波斯建筑艺术传入蒙古高原。中统元年（1260）和至元四年（1276），波斯建筑师也黑迭儿丁相继参与元上都和元大都的规划设计，波斯人的建筑理念进而传入中国内地。本文将以哈剌和林和元故宫的土耳其浴室为切入点，结合2012年伊朗实地考察，探讨波斯建筑艺术对蒙元帝国皇家艺术之影响。

波斯文化的遗产

公元7世纪中叶，阿拉伯帝国兴起，伊斯兰教在中东各

---

① 陈垣著，陈智超导读：《元西域人华化考》，上海古籍出版社，2000年重印本，第98页。

地广为传播。随着清真寺的大规模兴建，伊斯兰艺术风格的浴室亦在两河流域生根开花。“在穆格台迪尔的时代（908—932），巴格达有澡堂二万七千所；在其它的时代，增加到六万所，这两个数字，象阿拉伯文献中其他数字一样，显然是被夸大了的。叶儿孤比在他所著的地方志里提到，巴格达建成后不久，澡堂达到一万所。”据说“当日的澡堂，象现代的澡堂一样，是由几个房间构成的，地上铺着花砖，内墙上镶着大理石板，那些房间，环绕着一个居中的大厅，大厅上面，罩着一个圆屋顶，屋顶周围镶着许多圆形的小玻璃窗，让光线透进来。大厅中部，有一个水池，水池中央，有一股喷泉，喷出的热水，放射着蒸汽，把整个大厅变得暖和和的。外部的房间，作为休息室，顾客们可以在那里享受各种饮料和茶点”。①

众所周知，波斯是伊斯兰教诞生后最初传播的地区之一。阿拉伯人占领伊朗高原后，直接采用波斯帝国的建筑传统和方法，阿拉伯建筑艺术甚至在很多方面可以说是波斯建筑艺术的扩展和进一步演变。一些城市如巴格达，是以萨珊波斯王宫菲鲁扎巴德为范例建设的。实际上，曼苏尔雇用来设计巴格达城的两个工程师努巴克特（Naubakht）和马沙尔赫（Mashallah）分别为波斯琐罗亚斯德教教徒和来自伊朗呼罗珊的犹太人。伊朗各地清真寺采用穹隆顶、八棱砖柱、大拱廊和砖券顶拱门，②说明伊斯兰建筑传承的是古老的波斯文化传统。

2012 年伊朗之行，我们在加兹温考察了一座伊斯兰风格的浴室。和清真寺礼拜堂一样，这个浴室采用穹隆顶，房顶中心有一个通风孔；室内中心区域是蓝色釉陶砖砌筑的浴池（图一），室内墙壁也砌有高约 1 米的蓝色釉陶砖，显然用来防水。16 世纪，希腊裔的奥斯曼建筑师希南（Mimar Sinan）将伊斯兰建筑艺术推向巅峰。1584 年，奥斯曼帝国女苏丹哈斯吉·忽伦（Haseki Hürrem Sultan）下令希南在伊斯坦布尔

---

①〔美〕希提著，马坚译：《阿拉伯通史》上册，商务印书馆，1979 年，第 395 页。

② Cf. “Islam,” *The New Encyclopedia Britannica*, 2005.

图一 加兹温博物馆的波斯浴室

图二 奥斯曼苏丹后宫忽伦浴室

城设计建造一座皇家浴室，今称“忽伦浴室”（图二）。哈斯吉·忽伦是乌克兰人，本名 Roxelana（罗克塞拉娜）。希南一生设计建造了无数伊斯兰建筑，仅在土耳其伊斯坦布尔城就有 335 座，包括土耳其伊斯坦布尔城的苏莱曼清真寺和印度的泰姬陵，堪称伊斯兰世界的“米开朗基罗”。[1]

穆斯林在清真寺做礼拜前，要小净（洗手）或大净（洗澡）。伊斯兰浴室通常由清真寺师傅专门管理，配有汤瓶、吊罐等沐浴用具。汤瓶是穆斯林传统洗浴用具，除了礼拜用汤瓶小净之外，平常也用来洗手洗脸。汤瓶种类有金银、黄铜（鍮石）或陶制，造型如高腰水壶，加盖有柄，壶颈长，有出水的小嘴。平时盛水贮存，用时持壶进行冲洗，如伊斯坦布尔城托普卡比宫收藏的奥斯曼苏丹的银汤瓶。

中东穆斯林还使用一种黄铜浴盆，如 14 世纪初波斯工匠制作的嵌金银黄铜浴盆，现为科威特私人藏品（图三：1）。[2] 19 世纪法国画家让·莱昂·热罗姆（Jean Léon Gérôme）创作的《摩尔人沐浴》（A Moorish Bath），生动描绘了中东穆斯林苏丹后宫的洗浴用具，包括银制汤瓶、双耳白陶壶、红陶罐、黄铜浴盆（图三：2）。

哈剌和林的“混堂”

1253—1255 年，法国使臣鲁布鲁克（William of Rubruk）出访蒙古高原，在哈剌和林觐见蒙古大汗蒙哥。他在游记中写道：

> 关于哈剌和林，你须知道的是，且不说汗的宫室（指万安宫），它并不比圣丹尼斯村大，而圣丹尼斯的修道院都比那座宫殿

① Godfrey G. Goodwin, *A History of Ottoman Architecture*, London: Thames & Hudson Ltd., 1971 (reprinted 2003)；罗世平、齐东方：《波斯和伊斯兰美术》，北京：中国人民大学出版社，2004 年，第 244—245 页。

② Nasser D. Khalili, *Islamic Art and Culture*, New York: The Overlook Press, 2005, p. 115

1

2

图三 波斯风格的嵌金银黄铜浴盆与法国画家热罗姆的名作《摩尔人沐浴》

> 要大十倍。它有两个城区；一个是有市场的撒拉逊人（指穆斯林）居住区，那里有大量的鞑靼人，因为那里有一直接近该（城）区的宫廷，也因为那里有许多使臣。另一个是契丹人的城区，他们全是工匠。这两个区外，还有供宫廷书记使用的大宫室（指万安宫）。有十二座各族的偶像寺庙（指佛寺），两座清真寺，念伊斯兰教的经卷。城的尽头有一座基督徒的教堂。城四周是泥土墙，有四道门。东门卖粟及其他种类的谷物，不过这些很难运到那里；西门卖绵羊和山羊；南门卖牛和车；北门卖马。①

据考古调查，哈剌和林城始建于唐代，中国度量衡在宋元之际有较大变化，而和林土城墙尺度采用唐宋制度。②和林城历经辽金两代、蒙古汗国、元朝不断修补，但是从未扩建，明初毁于战火。2006 年夏，我们在和林城考察时，德国波恩大学考古队正在万安宫遗址进行发掘，并发现宫内大面积铺设伊斯兰艺术风格的孔雀蓝釉铺地砖（图四），与伊朗加兹温的波斯浴室铺地砖如出一辙。正如陶宗仪《元氏掖庭记》所言："元祖肇建内殿，制度精巧。题头刻螭形，以檀香为之。螭头向外，口中衔珠，下垂珠皆五色，用彩金丝贯串，负柱融滚霞沙为猊，怒目张牙，有欲动之状。瓦滑琉璃，与天一色。"③

20 世纪 60 年代，苏联考古学家吉谢列夫（Sergei V. Kiselev）在蒙古国的哈剌和林城遗址发现一件波斯艺术风格的黄铜浴盆，口沿外侧有波斯文美术字（图五：1）。④吉谢列夫在哈剌和林遗址还发掘出一件伊斯兰艺术风格的银匜，直径 19.5 厘米，高 5.5 厘米，⑤与乌克兰发现的

---

① 〔美〕柔克义译注，何高济译：《鲁布鲁克东行纪》，中华书局，1983 年，第 292 页。

② 据日本考古学家白石典之调查，西夏 1 尺＝29.6 厘米，西夏 1 里＝1800 尺（与唐代尺度相同）；元代 1 尺＝31.6 厘米，元代 1 里＝1200 尺。白石典之：《モンゴル帝国史の考古学的研究》，东京：同成社，2002 年，第 130 页。

③ （清）虫天子编《香艳丛书》，人民文学出版社，1992 年，第 657 页。

④ Sergei V. Kiselev (ed.), *Drevniye Mongol'skiye Goroda*, Moscow: Nauka, 1965, p.281, fig.143.

⑤ Ibid., p.282, fig.144.

图四　万安宫遗址孔雀蓝釉铺地砖

金帐汗国银匜（图五：2）如出一辙。明初曹昭《格古要论》记载："古人……饮酒用盏，未尝把盏，故无劝盘。今所见定器劝盘，乃古之洗。古人用汤瓶、酒注，不用壶、瓶。及有嘴折盂、茶钟、台盘，此皆胡人所用者，中国人用者始于元朝，古定官窑俱无此器。"[①]有嘴折盂，即和林城出土银匜之类，也用作洗浴用具，如大英博物馆藏马木鲁克王朝嵌金银黄铜匜（图五：3）。

《鲁布鲁克东行纪》提到哈剌和林有两所清真寺，这个波斯艺术风格的黄铜浴盆或许是清真寺浴室之物。不过，据波斯史官拉施特《史集·旭烈兀传》记载，阿拔斯王朝哈里发王宫沦陷后，旭烈兀劫掠了阿拉伯帝国积累了600多年的珍宝。"从那些珍贵的礼物和财富中，旭烈兀汗将一部分送去给蒙哥合罕陛下，并送去了胜利和光荣的喜讯。"[②]

① （明）曹昭撰，王佐补：《新增格古要论》，浙江人民美术出版社，2011年，第255页。
② 〔波斯〕拉施特主编，余大钧译：《史集》第三卷，商务印书馆，1986年，第72页。

图五 哈剌和林城遗址出土黄铜浴盆、乌克兰出土金帐汗国银匜、马木鲁克嵌金银黄铜洗浴用器

和林城出土黄铜浴盆与14世纪初波斯工匠制作的嵌金银黄铜浴盆如出一辙，或许是旭烈兀送给大汗蒙哥的战利品，后来成为蒙古大汗浴室之物。

周密《癸辛杂识续集》提到蒙古高原有一个土耳其浴室。该书引“焦达卿云：鞑靼（指蒙古）地面极寒，并无花木。草长不过尺，至四月方青，至八月为雪虐矣。仅有一处，开混堂。得四时阳气，和暖能种柳一株，土人以为异卉，春时竞至观之”。蒙古高原地处塞北高寒地带，唯有哈剌和林所在地——鄂尔浑河流域的地理环境较好，成为草原文明的发源地（图六）。蒙古帝国首府哈剌和林城建于唐代回鹘公主城旧基，附近有回鹘公主沐浴的汤泉池。《宋史》卷四九〇《外国六·高昌》北宋太平兴国六年（981），王延德从汴梁出使高昌（今新疆吐鲁番），途经鄂尔浑河流域。他在游记中写道：“次历拽利王子族，有合罗川（今哈剌和林河），唐回鹘公主所居之地。城基尚在，有汤泉池。”2006年夏，我们到和林城考察，在城南额尔德尼昭寺庙内找到了汤泉池遗址，从谷歌地图上可以清楚地看到轮廓。显然，蒙古大汗的“混堂”亦在此地。

图六　鄂尔浑河之夏

我们怀疑，“混堂”之名可能译自波斯语 garm-ābag（浴室），或波斯语和阿拉伯语中的突厥语借词 hammām（澡堂）。[①] 后者源于突厥人对浴室的称谓，亦称“土耳其浴室”。这个词来源不明，可能和维吾尔语 hor（蒸气）、乌兹别克语 hewir（蒸气）和裕固语 hor（蒸气）有关。[②] 土耳其人祖先突厥人是草原游牧民族，逐水草而生，以帐篷为居。因此，土耳其浴室还是来自古老的波斯艺术传统，菲鲁扎巴德城的波斯王宫（Qal'a-ye Dukhtar）就采用这种上圆下方的穹隆顶建筑（图七）。[③]

---

① D.A. Mackenzie, *A Concise Pahlavi Dictionary,* London: Oxford University Press, 1971, p.35；〔美〕希提著，马坚译：《阿拉伯通史》上册，商务印书馆，1979 年，第 944 页。

② 陈宗振：《中国突厥语族语言词汇集》，民族出版社，1990 年，第 376 页。

③ Dietrich Huff, “Qal'a-ye Dukhtar bei Firuzabad. Ein Beitrag zur sasanidischen Palastarchitektur,” *AMI*, N.S. 4, 1971, pp. 136.

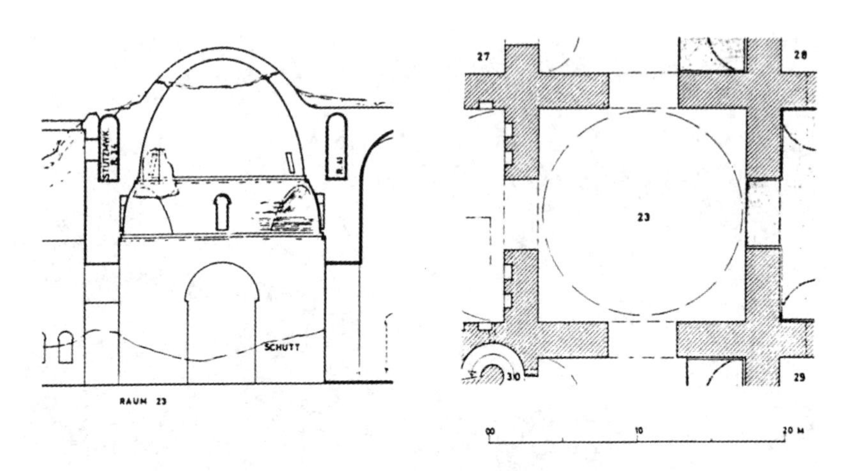

图七　菲鲁扎巴德波斯王宫遗址

蒙古西征，劫掠了大批波斯能工巧匠。伊斯兰艺术风格的浴室随之传入蒙古高原，明代普及中国内地。明人郎瑛《七修类稿》记载："混堂，天下有之，杭（今杭州）最下焉。……记云：'吴俗：甃大石为池，穹幕以砖，后为巨釜，令与池通，辘轳引水，穴壁而贮焉，一人专执爨，池水相吞，遂成沸汤。名曰混堂，榜其门则曰香水。男子被不洁者、肤垢腻者、负贩屠沽者、疡者、疕者，纳一钱于主人，皆得入澡焉。'"[①] 这座"混堂"的建筑结构"穹幕以砖"，俨然是一座伊斯兰建筑风格的土耳其浴室。元代初年，杭州就有伊斯兰风格的"混堂"。《马可波罗行纪》记载：杭州城"包围市场之街道甚多，中有若干街道置有冷水浴场不少，场中有男女仆役辅助男女浴人沐浴。其人幼时不分季候即习于冷水浴，据云，此事极适卫生。浴场之中亦有热水浴，以备外国人未习冷水浴者之用"。[②] 法国汉学家谢和耐分析说："这很可能是为穆斯林们提供的，因为他们已习惯了土耳其浴那令人窒闷的热气。"[③]

① （明）郎瑛著，安越点校：《七修类稿》上册，文化艺术出版社，1998 年，第 188—189 页。

② 冯承钧译：《马可波罗行纪》，上海书店出版社，2001 年，第 359 页。

③〔法〕谢和耐：《蒙元入侵前夜的中国日常生活》，江苏人民出版社，1998 年，第 90 页。

蒙古宪宗九年（1259），彰德府宣课使常德奉大汗蒙哥之命，从和林城出发，出访正在西亚征战的旭烈兀。次年冬天回和林城复命。中统四年，刘郁根据常德口述，撰写《西使记》。文中说："又西南行，过孛罗城(今新疆博尔塔拉蒙古自治州达勒特古城)，所种皆麦稻。山多柏，不能株，络石而长。城居肆囿间错，土屋窗户皆琉璃。城北有海，铁山风出，往往吹行人坠海中。……四日，过忽章河（今吉尔吉斯斯坦锡尔河中游），渡船如弓鞋然，土人云：河源出南大山，地多产玉，疑为昆仑山。以西多龟蛇，行相杂，邮亭客舍，甃如浴室，门户皆以琉璃饰之。"①

常德祖先为代州崞县人（今山西原平市），金初迁居真定之平山县。刘郁是真定人（今河北定县）。可知，蒙元时代中国北方浴室用琉璃砖砌筑墙面，而中亚的蒙古驿站像中国北方浴室一样，皆用琉璃砖砌筑墙面。西方考古队在讨来思（今伊朗大不里士）伊利汗国王宫塔克提·苏来曼遗址（Takht-i Sulaiman site）发现过伊利汗国时期的龙凤纹琉璃砖（图八），生动再现了蒙古帝国的辉煌，现藏伦敦维多利亚和艾尔伯特博物馆。

图八　讨来思伊利大汗王宫出土龙凤纹琉璃砖

① 王国维：《古行记四种》，《王国维遗书》第八册，上海书店出版社，1983年，第142页。

元帝国的波斯建筑师

至元八年（1271）八月，波斯建筑师也黑迭儿丁（Ikhtiyar al-Dīn）被忽必烈任命为元大都茶迭儿局诸色人匠总管府达鲁花赤，兼领监宫殿。欧阳玄《圭斋集》卷九载有为也黑迭儿丁之子马哈马沙所撰碑文（文中分别称二人为“也黑迭儿”“马合马沙”）。其文曰：

> 也黑迭儿系出西域，唐为大食国人。世祖……即祚，命董茶迭儿局。……茶迭儿云者，国言庐帐之名也。……至元三年（1266）定都于燕……八月……领茶迭儿局、诸色人匠总管府达鲁化赤，兼领监宫殿。……属以大业甫定，国势方张，宫室城邑非巨丽宏深，无以雄视八表。也黑迭儿受任劳勚，夙夜不遑，心讲目算，指授肱麾，咸有成画。……魏阙端门，正朝路寝，便殿掖廷，承明之署，受厘之祠，宿卫之舍，衣食器御，百执事臣之居，以及池塘苑囿游观之所，崇楼阿阁，缦庑飞檐，具以法。……岁十二月，有旨命光禄大夫安肃张公柔，工部尚书段天祐，暨也黑迭儿同行工部，修筑宫城。乃具畚锸，乃树桢干，伐石运甓，缩版覆篑，兆人子来；厥基阜崇，厥地矩方，其直引绳，其坚凝金。又大称旨。自是宠遇日隆，而筋力老矣。

据陈垣考证，也黑迭儿丁又称“亦黑迭儿丁”，《新元史》有传，误作“也里迭儿”；原为大食国人。元朝开国之前已来华，中统元年（1260）起，在忽必烈潜邸（今内蒙古正蓝旗）掌管茶迭儿局；至元元年（1264），建议修元大都琼华岛（今北京北海公园）广寒殿；同年12月奉命同张柔、段天祐同行工部尚书事；至元三年（1266），任茶迭儿局诸色人匠总管府达鲁花赤，兼领监宫殿；至元四年（1267），以金中都东北残存的大宁宫（今景山公园西门附近）为中心，重新规划建设新都；至元九年（1272），忽必烈将燕京命名为“大都”。

陈垣只是根据《马合马沙碑》说也黑迭儿丁是“大食国人”，没有进一步解释。关于元大都的规划建设，陈得芝主编《中国通史》总结道："大都的规划者是刘秉忠和阿拉伯人也黑迭儿丁。他们按古代汉族传统都城的布局进行设计，但又有新的特点。城的平面接近方形，南北长约 7400 米，东西宽约 6650 米，北面二门，东、西、南三面各三门，城外绕以护城河。皇城位于大城（外郭城）南部的中央地区，皇城中的南部偏东则为宫城，宫城建在全城的中轴线上，大城中的主要干道都通向城门，主要干道之间有纵横交错的街巷，寺庙、衙署和商店、住宅分布在各街巷之间。全城分为六十个坊，但所谓坊，只是行政管理单位，已不是汉、唐长安那样的封闭式里坊。"① 这里有两个问题需要讨论：

第一，目前学界和教科书皆据《中国通史》之说，将也黑迭儿丁定为阿拉伯建筑师。这个说法不一定正确。欧阳玄《马合马沙碑》所谓"大食国人"，源于波斯语 Tāzīk（大食），今译"塔吉克"。唐代以来，中国史书皆称阿拉伯为"大食"，可是后来发生变化，尤其是公元 11 世纪以后，这个名称通常指波斯人。正如英国波斯学家波伊勒（J.A. Boyle）指出的，"Tāzīk 是突厥人用以指称伊朗人的专门名词"。② 浙江大学教授黄时鉴进而指出，"到了蒙元时代，Tāzīk 这个词指的正是伊朗而不是阿拉伯"。③ 时至今日，这个名词仍指伊朗人。中亚塔吉克斯坦的塔吉克人，以及新疆塔吉克自治县的塔吉克人，皆为伊朗语民族。

据《马合马沙碑》记载，也黑迭儿丁之子马哈马沙，袭父职，阶至正议大夫，任工部尚书兼领茶迭儿局、诸色人匠总管府达鲁花赤。马哈马沙有四子，长，密儿沙（欧阳玄作"蜜儿沙"），早卒。次，木八剌沙，阶正议大夫，曾掌管茶迭儿局，为工部尚书。三子，忽都鲁沙，历官余杭、浦江县监，江南、陕西监察御史，云南行省都司，大都路达鲁花赤，户部尚书。四子阿鲁浑沙，其子蔑里沙，任茶迭儿局总管府达鲁

① 陈得芝主编：《中国通史》第八卷上册，上海人民出版社，1997 年，第 831 页。

② J. A. Boyle, *The Successors of Genghis Khan,* trans. from the persian of Rashīd al-Dīn, New York, 1971. p.23, note 51.

③ 黄时鉴：《波斯语在元代中国》，《黄时鉴文集》第 2 册，中西书局，2011 年，第 150 页。

花赤。也黑迭儿丁一家四代，任职工部，掌管茶迭儿局。[①]也黑迭儿丁子孙名字皆带后缀“沙”字，这是典型的波斯人姓氏，译自波斯语 šāh（国王）；[②]也黑迭儿丁名中后缀“丁”字为阿拉伯人姓氏，但是波斯穆斯林名字也用该后缀，如元末在泉州策动“亦思巴奚战乱”的穆斯林什叶派首脑赛甫丁（Saif al-Dīn）、阿迷里丁（Amīr al-Dīn）皆为波斯人。[③]15 世纪波斯细密画大师毕扎德（Kamāl ud-Dīn Behzād）的名作《赫维尔奈格城堡之兴建》，取材于 12 世纪波斯诗人哲马鲁丁·伊勒亚斯·内扎米（Ilyas Jamalddin Nezami）的《五卷诗》（*Khamsa*），生动描绘了波斯建筑师为萨珊波斯王子巴赫兰（Bahram Gur）兴建城堡（图九），现藏大英图书馆。也黑迭儿丁很可能出自波斯建筑世家，所以这个家族四代人被元朝委以重任，建筑设计元上都和元大都宫殿。

第二，《中国通史》说“大都的规划者是刘秉忠和阿拉伯人也黑迭儿丁。他们按古代汉族传统都城的布局进行设计”。这个说法在学界颇为盛行。台湾蒙古学家萧启庆也认为：“大食人也黑迭儿用汉法建筑宫殿城廓，便是顺从蒙古人之意而作。他早岁也曾任事潜邸。欧阳玄撰《马合马沙碑》说他‘世祖居潜，已见亲任……庚申即祚，命董茶迭儿局（Cadir），凡潜邸民匠隶是局者，悉以属之。茶迭儿者，国言庐帐之名也。’燕京的都城及宫殿便是也黑迭儿所建；而它的建造法式全为汉式。”[④]这个说法颇有疑问。

也黑迭儿丁是波斯人，根本不懂汉式建筑，怎么可能按照古代汉族传统都市进行设计？《元史·高智耀传》记载：“至元五年（1268），立御史台，用其议也。擢西夏中兴等路提刑按察使。会西北籓王遣使入

---

① 陈垣著，陈智超导读：《元西域人华化考》，上海古籍出版社，2000 年重印本，第 98—99 页。

② D.A. Mackenzie, *A Concise Pahlavi Dictionary*, London: Oxford University Press, 1971, p.79.

③〔日〕前岛信次：《元末泉州的回教徒》，《东洋文库欧文纪要》第 32 卷，1974 年；陈达生：《泉州伊斯兰教派与元末亦思巴奚战乱性质试探》，《海交史研究》第 4 期，1982 年。

④ 萧启庆：《忽必烈“潜邸旧侣”考》，《内北国而外中国》上册，中华书局，2007 年，第 132—133 页。

图九　波斯细密画大师毕扎德笔下的波斯建筑师

朝，谓：‘本朝旧俗与汉法异，今留汉地，建都邑城郭，仪文制度，遵用汉法，其故何如?’帝求报聘之使以析其问，智耀入见，请行，帝问所答，画一敷对，称旨，即日遣就道。至上京，病卒，帝为之震悼。”[①]虞集《大都城隍庙碑》记载：至元四年，“岁在丁卯，以正月丁未之吉，始城大都”。[②]至元十一年，元大都主体工程宫城和宫殿竣工。《元史·世祖纪五》记载：“十一年春正月己卯朔，宫阙告成，帝（指忽必烈）始御正殿，受皇太子诸王百官朝贺。”[③]西北藩王使者在元大都破土动工第二年批评大都新城千篇一律地采用汉式建筑设计，忽必烈显然听从了这项建议。因此，元大都实际上集世界各民族建筑艺术之大成，既有大明殿、延春阁、钟鼓楼、井亭、城阙等汉式建筑，也有十二皇后斡耳朵、鹰房、皇后酒坊等蒙古本民族建筑，还有波斯艺术风格的观星台、土耳其浴室，乃至西域风格的“畏吾儿殿”。此外，尼婆罗（今尼泊尔）建筑师阿尼哥（Araniko）设计建造了藏传佛教艺术风格的大圣寿万安寺（今北京白塔寺），[④]而罗马教皇使者孟高维诺（Giovanni da Montecorvino）则在皇宫厚载红门外建有欧洲艺术风格的天主教堂。[⑤]据《析津志辑佚·岁纪》记载：每岁正月，僧人游皇城祈福，“自东华门内，经十一室皇后斡耳朵前，转首清宁殿后，出厚载门外”。[⑥]这十一座皇后斡耳朵位于延春阁东侧（今北京景山公园东门内）。也黑迭儿丁官衔中“茶迭儿”乃蒙古语“庐帐”之意，[⑦]那么，元大内十一皇后斡

① 《元史》卷一二五《高智耀传》，中华书局，1976年，第3073页。

② （元）虞集：《大都城隍庙碑》，引自清周家楣、缪荃孙等编：《光绪顺天府志》第1册，北京古籍出版社，1987年，第153页。

③ 《元史》卷八《世祖本纪五》，中华书局，1976年，第153页。

④ （元）陶宗仪：《南村辍耕录》，中华书局，1985年，第250—257页。

⑤ 徐苹芳：《元大都也里可温十字寺考》，《中国考古学研究——夏鼐先生考古五十年纪念论文集》，文物出版社，1986年，第309—316页。

⑥ （元）熊梦祥著，北京图书馆善本组辑：《析津志辑佚》，北京古籍出版社，1983年，第216页。

⑦ 陈垣著，陈智超导读：《元西域人华化考》，上海古籍出版社，2000年重印本，第99页。

耳朵当即也黑迭儿丁的杰作。

元大都的土耳其浴室

元大都太液池琼华岛西坡建有一座“温石浴室”。王士点等编《秘书监志》卷一记载：“至元十年（1237）九月十八日，秘书监扎马剌丁于万寿山（今北海白塔山）下浴堂根底爱薛作怯里马赤奏：‘皇帝委付奴婢与焦大夫一处秘书监里勾当来有。圣旨：画字底再奏者么道。奴婢为住夏勾当上与伴当每商量了，依着钦授，到宣命画字来。兼自焦大夫比奴婢先出气力多年，合在上头。’奉圣旨：‘是有。先出力气来底做长者。’钦此。”①

元故宫延春阁西北也有一座皇家浴室。元故宫皇城北门为厚载门，厚载门南有“舞台”。明初萧洵《故宫遗录》记载：“台（厚载门舞台）东百步有观星台，台旁有雪柳万株，甚雅。台（厚载门舞台）西为内浴室，有小殿在前。由浴室西出内城，临海子。海广可五六里，驾飞桥于海中。”②扎马剌丁又译“札马鲁丁”，是波斯籍穆斯林天文学家，蒙哥汗在位时期入仕中国，制造天文仪器，编纂历法和地志。1959年春，在西安市郊区元代安西王府遗址中发现一

图十　元代安西王府出土波斯文阿拉伯数字幻方

① （元）王士点、商企翁编次，高荣盛点校：《秘书监志》，浙江古籍出版社，1992年，第31页。

② （明）萧洵：《故宫遗录》，北京古籍出版社，1983年，第75页。

批波斯文阿拉伯数字幻方（图十），或称“阿拉伯幻方”(Magic Square)。[①]这批阿拉伯幻方埋在王府三个入口处，一共发现五块，每块放在一个石函里。据考证，这是波斯学者扎马鲁丁1278年为西安王阿难达推算历法期间所作五块铁制《纵横图》。[②]

札马鲁丁日常办公地点在观星台，至元十年写奏折之地“万寿山下浴室”似在距观星台不远的“内浴室”（图十一）。关于这座皇家浴室，《南村辍耕录》记载：“浴室在延华阁东南隅东殿后，傍有盝顶井亭二间，又有盝顶房三间。”至元十年（1273），元大内宫殿尚未落成，忽必烈暂驻万寿山（今北海琼华岛）广寒殿。观星台似乎亦未落成，札马鲁丁在延华阁浴室临时办公。这座浴室前三开间小殿和两间井亭皆为中国式“盝顶”建筑，但是浴室本身当系伊斯兰式“穹隆顶”建筑。

无独有偶，北京崇文门外天庆寺也有一座伊斯兰艺术风格的土耳其浴室。据单士元介绍，“全部用砖制造，工艺极精。传为元代之物。抗战前，据中国营造学社鉴定，认为这座浴室圆顶极似君士坦丁堡圣棱（棱）菲亚寺……是可能为元代建筑（见一九三五年古物保护委员会工作汇报）”。[③]至元十五年（1278），元朝才开始在景德镇设浮梁磁局，[④]那么万寿山下浴室和崇文门外天庆寺浴室一样，采用元大都附近窑场的白琉璃砖瓦，而非景德镇浮梁磁局的白瓷砖瓦。

据我们调查，也黑迭儿丁对元大都宫殿的规划和布局，主要参考了蒙古汗国首府——哈剌和林城。[⑤]和林城正南门建于漠北名泉“汤泉池”之北，而元大都宫城正南门崇天门与之相仿，建在燕京名泉“大庖井”（今北京故宫传心殿内）西北。如前所述，和林城南郊汤泉池是蒙古大

---

① 黄时鉴:《波斯语在元代中国》,《黄时鉴文集》第2册，中西书局，2011年，第149—150页。

② 温玉成:《元安西王与宗教》,《考古与文物》1984年第4期，第95—97页。

③ 单士元:《故宫武英殿浴德堂考》,《故宫博物院院刊》1985年第3期，第47—48页。

④《元史》卷八八《百官志四》，中华书局，1976年，第2227页。

⑤ 林梅村:《元大都形制的渊源》,《紫禁城》2007年第10期，第186—189页。

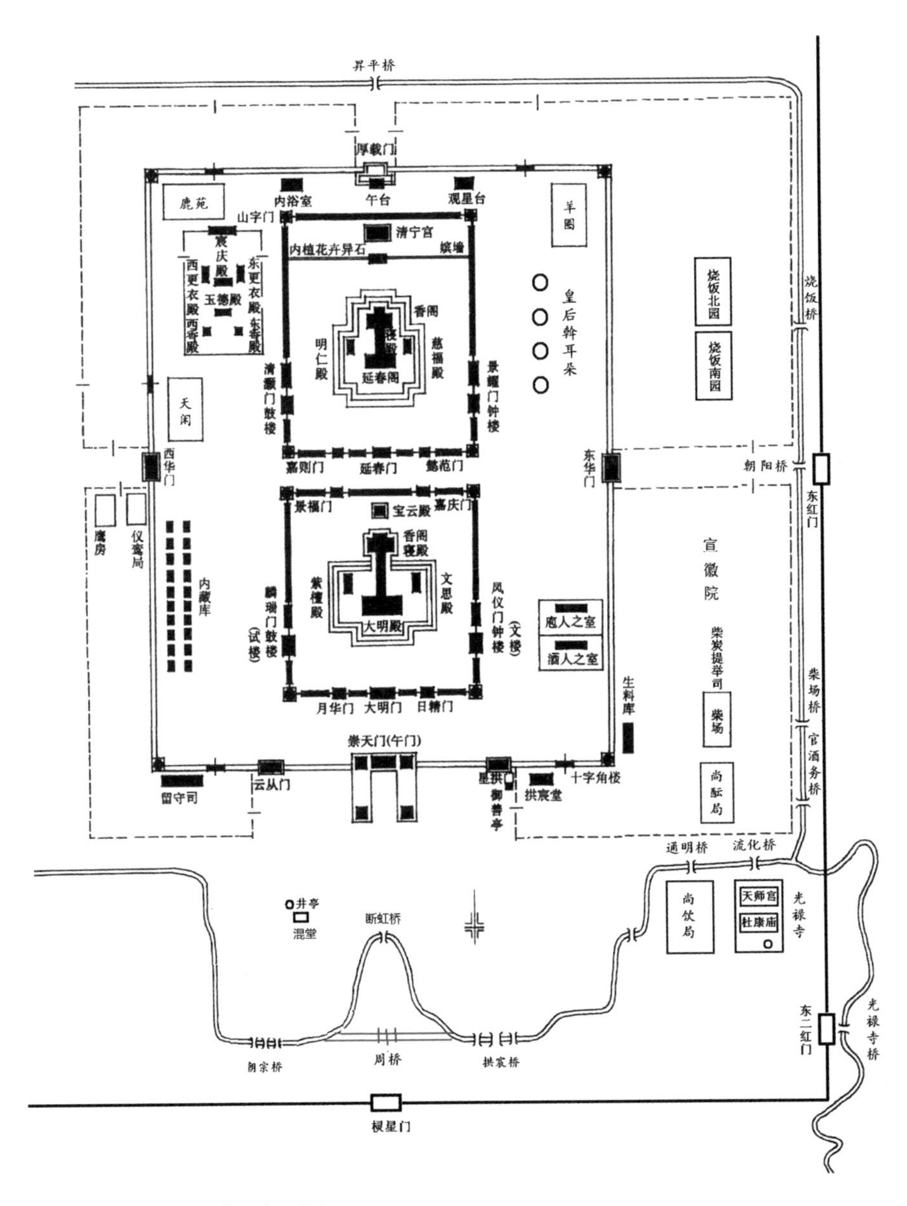

图十一　元大都宫殿布局复原图

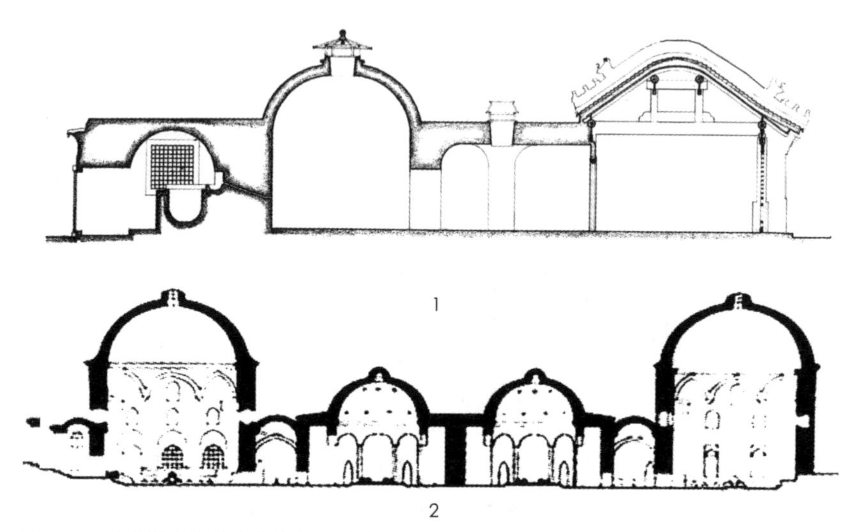

图十二　北京故宫浴德堂与伊斯坦布尔城忽伦浴室剖面图

汗“混堂”所在地。亦黑迭儿丁在元大都皇宫正门崇天门西南金水河畔也设计建造了一所“混堂”（图十二：1），与奥斯曼帝国女苏丹忽伦浴室（图十二：2）相仿。这座元代浴室一直保存至今，今称“浴德堂”。正如单士元指出的，浴德堂当为元代伊斯兰艺术风格的浴室，属于元大内崇天门外大都留守司衙门。[①]

浴德堂之名，典出《礼记·儒行》“浴德澡身”。这座浴室由两组建筑构成，分属元明两个时期。前面的建筑为一座黄琉璃瓦顶、面阔三间的殿堂，大概是更衣、休息之处，属于明代建筑。[②]1972年，北京故宫博物院工程队在挖灰池取土时发现了一批元代琉璃质料的建筑遗物和各类瓷器文物资料。出土地点一处在清宫内务府遗址附近，另一处在神武门以西的北墙下，都属于元朝皇宫大内的范围。其一为“白琉璃瓦头，残，长10.5，宽7.5，厚2.1厘米，作如意头形，线条比较挺直，转折

① 单士元：《故宫武英殿浴德堂考》，《故宫博物院院刊》1985年第3期，第45—48转68页。

② 王子林：《故宫浴德堂浴室新解》，《紫禁城》2011年第11期，第22—27页。

1

2

图十三　浴德堂出土元代龙纹白琉璃瓦残片

弧度很小，白胎，质地较细，颜色比较正，白釉，莹润光亮，釉面泛出银色光泽，中心装饰为流云，从残件可以看出这是一件筒瓦的瓦头，筒瓦上有龙纹，因为瓦头是筒瓦的延续部分，所以龙爪延伸到瓦头上来”（图十三：1）。[①]这件龙纹白琉璃筒瓦，显然是元代浴德堂之物。

据单士元调查，有一次维修北京故宫时，在浴德堂地下发现白琉璃瓦残片（图十三：2）。[②]陶宗仪《南村辍耕录》记载：“兴圣殿七间，东西一百尺，深九十七尺。柱廊六间，深九十四尺。寝殿五间，两夹各三间，后香阁三间，深七十七尺……白玉石重陛，朱阑。涂金冒楯覆以白磁瓦，碧琉璃饰其檐脊。……延华殿五间……白琉璃瓦覆。”[③]由此推测，元代浴德堂本用白琉璃瓦顶，明永乐帝重建紫禁城才改为黄琉璃瓦顶。

早在汉唐时代，中国工匠就掌握了砖券顶或穹隆顶技术，但是一般只用于砖室墓。[④]在中东伊斯兰文化影响下，元代工匠开始将穹隆顶用于地面建筑，亦称“无梁殿”。浴德堂前殿后墙开有券门，通向一条券道式

① 李知宴：《故宫元代皇宫地下出土陶瓷资料初探》，《中国历史文物》1986年第8期，第74页，图二—2。

② 单士元：《故宫武英殿浴德堂考》，《故宫博物院院刊》1985年第3期，第47页、第68页彩版。

③（元）陶宗仪：《南村辍耕录》，中华书局，1956年，第254页。

④ 赵化成、高崇文等：《秦汉考古》，文物出版社，2002年，第105—108页；齐东方：《隋唐考古》，文物出版社，2002年，第56—117页。

图十四 浴德堂内景

图十五　奥斯曼苏丹后宫忽伦浴室内景

的走廊，由此与坐落在殿后的浴室相通。浴室四壁、穹顶和整条券道式走廊，全部砌贴景德镇窑白瓷砖，浴室面积约 16 平方米，四壁墙体厚达 1 米以上，[①] 实乃浮梁磁局烧造的最大的元代瓷器。正如明代朗瑛对杭州“混堂”的描绘一样，浴德堂采用穹隆顶，在穹顶正中开采光透气的小圆天窗（图十四），堪与奥斯曼苏丹后宫忽伦浴室（图十五）相媲美。

《元史·百官志六》记载：“大都凡四窑场，秩从六品。提领、大使、副使各一员，领匠夫三百余户，营造素白琉璃砖瓦，隶少府监，至元十三年置，其属三：南窑场，大使、副使各一员，中统四年置；西窑场，大使、副使各一员，至元四年置；琉璃局，大使、副使各一员，中统四年置。”[②] 凡此表明，浴德堂出土白琉璃瓦是在元大都窑场烧造的。1278 年，元世祖忽必烈在江西景德镇设浮梁磁局。《元史·百官志》记载：“秩正九品，至元十五年（1278）立，掌烧造磁器，并漆造马尾棕藤笠帽等事。大使、副使各一员。”[③] 江西文物考古研究所在景德镇湖田窑遗址发现过元代白瓷砖、龙凤纹白瓷瓦当（图十六），说明浴德堂的白瓷砖是元朝浮梁磁局在江西景德镇烧造的。[④]

元故宫兴圣宫亦使用白瓷砖瓦，关于兴圣宫的年代，《元史·后妃传二》记载：“至大元年（1308）三月，帝为太后建兴圣宫，给钞五万锭，丝二万斤。”[⑤] 那么，浴德堂当建于至元十五年与至大元年之间（1278—1308）。元大都皇宫的设计者、波斯建筑师也黑迭儿丁生卒年不详，这个家族四代子孙皆供职于元朝工部，那么这座波斯建筑风格的浴室当出自也黑迭儿丁或该波斯家族某位建筑师之手。浴德堂用浮梁磁局烧造的白瓷砖瓦兴建，必为蒙古大汗皇家浴室无疑。

---

① 王子林：《故宫浴德堂浴室新解》，《紫禁城》2011 年第 11 期，第 22—27 页。

② 《元史》卷九〇《百官志六》，中华书局，1976 年，第 2281 页。

③ 《元史》卷八八《百官志四》，中华书局，1976 年，第 2227 页。

④ 江西省文物考古研究所、景德镇民窑博物馆编：《景德镇湖田窑址》下册，文物出版社，2007 年，彩版 154。本文所引元代凤纹白瓷瓦残片，为作者在湖田窑博物馆和江西省文物考古研究所库房拍摄。

⑤ 《元史》卷一一六《后妃传二》，中华书局，1976 年，第 2901 页。

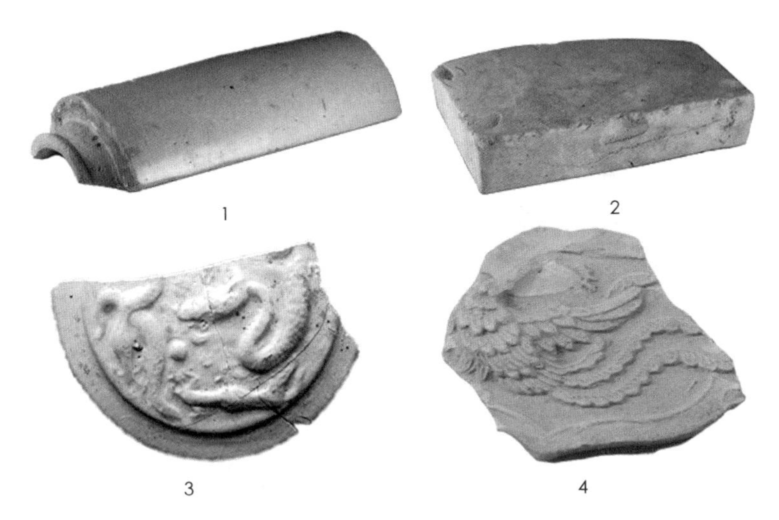

图十六 景德镇湖田窑出土白瓷建材

19世纪法国画家爱德华·德巴·蓬桑（Édouard Debat-Ponsan）的名作《土耳其浴室按摩》(*Le Massage au Hamam*)，生动描绘了中东穆斯林贵族的奢华生活，现藏法国图卢兹市奥古斯丁博物馆（Musée des Augustins)。画中描绘一位阿拉伯妃子在富丽堂皇的浴室中享受黑人女仆按摩。明初叶子奇《草木子·杂制篇》说："北人女使，必得高丽女孩童。家僮必得黑厮。不如此，谓之不成仕宦。"[①]蒙古大汗畜养黑奴，在哈剌和林城兴建"混堂"，在元大都兴建波斯艺术风格的浴室，实乃引进中东穆斯林上层社会骄奢淫逸的生活方式。

总之，蒙元帝国开创了中西文化交流的又一个黄金时代。波斯建筑艺术随伊斯兰教的东传，极大冲击了中国传统建筑。由于波斯建筑大师也黑迭儿丁参与规划建设，波斯人的建筑理念甚至影响到元朝皇家建筑艺术。元故宫土耳其浴室的发现相当重要，为我们研究元代波斯建筑艺术之东传提供了又一重要实例。

① （明）叶子奇:《草木子》卷三下，中华书局，1959年，第63页。

第六章

波斯火祆教万神殿的马神

公元前4世纪中叶，亚历山大大帝率希腊远征军攻灭古波斯帝国，然后大举东征中亚和北印度，许多希腊士兵由此移居波斯、中亚和北印度。亚历山大死后，希腊世界三分天下。埃及在托勒密王朝统治下，伊朗和中亚划归塞琉古王朝，前者以亚历山大港为中心，后者以叙利亚为中心。鼎盛时期，塞琉古王朝疆域向东扩张至粟特（今乌兹别克斯坦泽拉夫善河）、大夏（今阿富汗西北）和犍陀罗（今巴基斯坦印度河上游）。希腊人酷爱艺术，他们带来的古典艺术，与波斯和中亚艺术相互影响、相互融合，形成所谓“希腊化艺术”（Hellenistic Arts）。希腊化艺术的飞马及海马被双双引入波斯火祆教万神殿，并对波斯和中亚火祆教艺术产生重要影响。据考古发现，波斯火祆教万神殿的动物保护神德洛娃斯帕神来自希腊化艺术的飞马，而中亚乌浒河神庙的水神得悉神来自希腊化艺术的海马。不仅如此，古希腊罗马艺术的马神还对中国古代艺术产生重要影响，如汉元帝渭陵附近发现过和田羊脂玉雕琢的德洛娃斯帕女神像（今称“仙人骑马”），而唐代海兽葡萄镜铸有波斯飞马浮雕。

波斯火祆教万神殿的飞马

古希腊艺术的发展可分四个时期，第一，荷马时期（前12—前8世纪），因荷马史诗是当时唯一文字史料而得名；第二，古风时期（前750—前6世纪末），因这个时期的雕刻艺术呈古朴稚拙的风格而得名；第三，古典时期（前5世纪下半期—前334），指希波战争结束到亚历山大大帝开始东侵；第四，希腊化时期（前334—前30），指亚历山大东征至罗马灭亡埃及托勒密王朝时代。公元前4世纪中叶，亚历山大东征波斯和中亚，为古代东方世界带来古典艺术。

在古希腊罗马神话中，有两种带双翼的马神：一为飞马（Pegasus），长有双翼，通常为白色，如卢浮宫藏公元前6世纪古希腊飞马青铜像（图一：1）。据说珀加索斯是女妖美杜莎与海神波塞冬所生。希腊众神之神宙斯之子珀尔修斯割下美杜莎头颅时，他和兄弟巨人克律萨俄耳一起诞生。希腊英雄柏勒洛丰骑着它与怪兽搏斗，它却把柏勒洛丰从马背上摔下来。于是宙斯把它变成飞马座，置于天空中。另一种马神为海马（Hippocampus），马头、身鱼尾怪兽，也有双翼。在古罗马艺术中，海马还被描绘为马身蛇尾怪兽，如英国巴斯城古罗马浴室马头蛇尾海马像马赛克地板画（图一：2）。[①]

公元前247年，帕提亚人在里海东南岸崛起，推翻塞琉古王朝的希腊统治者。帕提亚王国开国君主出自安息家族，故中国史书称之为“安息王国”。帕提亚王国最初定都土库曼斯坦旧尼萨古城，后来迁到里海东南岸的和椟城。在希腊化文化的影响下，帕提亚统治者以希腊文为官方文字，追求希腊上流社会生活方式，欣赏希腊戏剧，崇尚希腊风俗习惯。伊朗胡齐斯坦省马吉德-苏莱曼遗址发现过一件帕提亚青铜牌饰

① Robin Lane Fox, *Travelling Heroes in the Epic Age of Homer*, Knopf Doubleday Publishing Group, 2009, p.207.

图一　古希腊神话的飞马与海马

（图二：1），刻有古希腊神话的飞马像，当为典型的希腊化艺术品。[①]

公元前 4 世纪以来，中亚犍陀罗（今巴基斯坦印度河上游）和大夏（今阿富汗西北）境内有许多希腊移民。他们绝大多数为亚历山大率领的希腊远征军的后裔，另一部分则是公元前 3 世纪塞琉古王朝统治中亚时再度迁来的希腊移民。他们主要来自希腊的爱奥尼亚滨海地区，故称"耶槃那人"（Yavana，"爱奥尼亚人"）。希腊人的到来，使中亚呈现出一个希腊化世界。20 世纪 60 年代，法国考古队在阿富汗昆都士发现的阿伊哈努姆古城，就是大夏希腊移民兴建的。犍陀罗的希腊人则在巴基斯坦塔克希拉古城、斯瓦特河谷留下大批古典建筑遗迹和希腊化艺术品，如犍陀罗遗址出土的公元 1 世纪飞马浮雕黛砚（图二：2）。[②]

大英博物馆藏有两枚贵霜王丘就却钱，正面为贵霜王头像，背面为骑马人物，头上有胜利女神尼斯飞翔。在希腊神话中，胜利女神尼斯身

① Roman Ghirshman, *Terrasses sacrees de Bard-e Nechandeh et Masjid-i Solomain*, Paris, 1976; D.T. Potts, *The Archaeology of Elam*, Cambridge University Press, 1999, pp. 371–373.

② 奈良国立博物馆编：《天马——シルクロードを翔ける梦の马特别展》，奈良国立博物馆，2008 年，第 62 页，图 59。

图二 帕提亚、犍陀罗、汉昭帝陵、大夏宝藏和贝格拉姆遗址出土马神像

插双翅，携带橄榄枝，给人带来胜利和诸神礼品，但是丘就却钱背面的骑士一直没有得到圆满解释。伽腻色迦钱币的大夏铭文提到这位骑士名叫 Lrooaspo。其名见于塔吉克斯坦穆格山文书，相当于粟特语 δrw'sp 和婆罗钵语 Dravasp（健康的牡马），可谓“德洛娃斯帕女神”。在敦煌汉长城遗址出土粟特古书信中，有粟特人名 δrw'sp-βntk（德洛娃斯帕女神之仆人）。[①] 在古波斯神话传说中，德洛娃斯帕女神负责动物健康，不仅保护家畜，而且保护儿童和友谊。[②]

1966 年，咸阳市周陵镇新庄村附近出土了一件仙人骑马玉雕。通长 8.9 厘米，高约 7 厘米，用和田羊脂玉雕琢，圆雕而成。马昂首挺

① W. B. Henning, “A Sogdian God,” *Bulletin of the School of Oriental and African Studies*, Vol.28, No. 2 (University of London, 1965), p.252, note 62.

② 林梅村：《汉晋艺术之犍陀罗文化因素》，《松漠之间——考古新发现所见中外文化交流》，生活·读书·新知三联书店，2007 年，第 52—53 页。

胸，双目前视，两耳竖立，四蹄腾起。马背上骑一武士，头系方巾，身着短衣，威武异常，正作驱马竞驰状（图二：3）。咸阳市周陵镇新庄，是汉元帝渭陵所在地。这件玉奔马出土时，裹在朱砂内，同地层中有长生无极瓦当、长乐未央瓦当和绳纹瓦片。1972年后，此地陆续发现了几件玉兽、玉俑和其他文物，说明玉奔马的年代应在西汉，目前收藏在咸阳市博物馆。[①]有研究者把这件玉雕称作“羽人奔马”或“仙人骑马”玉雕。殊不知，仙人骑马形象在中国传统艺术中找不到丝毫线索，相反，同类主题却在古波斯和古中亚艺术中盛极一时。

20世纪90年代，阿富汗新发现一批古波斯金银器，可与“阿姆河宝藏”相媲美，如今入藏日本美秀博物馆。我们感兴趣的是其中一件骑马女神银像（图二：4）。[②]仔细观察不难发现，汉元帝渭陵和田玉雕所谓“羽人”实乃穿短裙的女神，与日本美秀博物馆藏德洛娃斯帕女神银像如出一辙。至于女神右手所持之物，不一定是灵芝，也许是犍陀罗艺术常见的莲花。[③]此外，德洛娃斯帕女神像还见于法国考古队在阿富汗贝格拉姆遗址发现的一件象牙雕刻（图二：5），年代在西汉末年（约前1世纪末—1世纪初）。[④]

古希腊罗马神话的飞马，曾经对唐代铜镜艺术产生过重要影响。唐代海兽葡萄镜就装饰有希腊化艺术的双翼飞马浮雕像（图三：1、2），[⑤]宋代《博古图录》称为“海马葡萄镜”，而清代《西清古鉴》则称“海

---

① 王丕忠：《咸阳市新庄出土的玉奔马》，《文物》1979年第3期，第86页。

② Miho Museum (ed.), *Catalogue of the Treasures of Ancient Bactria*, Miho Museum, 2002, p.76, fig.52.

③ 林梅村：《汉晋艺术之犍陀罗文化因素》，《松漠之间——考古新发现所见中外文化交流》，生活·读书·新知三联书店，2007年，第52—53页。

④ Friedrik Hiebert and Pierre Cambon (ed.), *Afghanistan: Hidden Treasures from the National Museum, Kabul*, Washington, D.C: National Geographic, 2008, p.196, fig.209；罗帅：《阿富汗贝格拉姆宝藏的年代与性质》，《考古》2011年第2期，第25页。

⑤ 奈良国立博物馆编：《天马——シルクロードを翔ける梦の马特别展》，奈良国立博物馆，2008年，第102页，图106。

1　2　3　4

图三　海兽葡萄镜、萨珊波斯银盘和织锦所见飞马

兽葡萄镜”。孔祥星等认为，这种铜镜“流行于唐高宗时期”，“以武则天时期最为盛行”。[①]海兽葡萄镜主题图案由葡萄、狮子或飞马组成。日本学者原田淑人和石渡美江认为，这些瑞兽和葡萄纹皆来自波斯艺术或拜占庭艺术，[②]如华盛顿塞克勒博物馆藏萨珊波斯银盘（图三：3）

① 孔祥星、刘一曼：《中国古代铜镜》，文物出版社，1984年，第148—149页。

② 〔日〕原田淑人：《唐镜纹饰中的西方图案》，《东亚古文化研究》，座右宝刊行会，1940年。

和埃及安提诺遗址出土萨珊波斯织锦所见波斯飞马（图三：4）。[①]据考古发现，海兽葡萄镜流传地域甚广，在关内道、河南道、河东道、河东道、淮南道、岭南藤州等地广泛流行。此外，海兽葡萄镜还沿丝绸之路向西传入塔里木盆地城郭诸国、中亚绿洲王国，以及波斯和美索不达米亚；向东传入朝鲜半岛和海东日本；向北传至蒙古高原，乃至俄罗斯南西伯利亚的米努辛斯克盆地。[②]

从古典艺术的海马到乌浒河神庙的淂悉神

公元前6世纪，吕底亚王国（今土耳其中部地区）末代君主克罗伊斯让工匠打造了一个海马纹金胸针，高约10厘米，造型为马首鱼尾怪兽，蹄尾垂下三束金线编成的流苏，底部结有镶嵌玻璃珠的金花蕊（图四：1)。这位吕底亚国王死后，将这枚金胸针随葬陵墓中。1966年，吕底亚国王陵墓惨遭盗掘，大批随葬品于1966—1976年分三批走私到纽约大都会艺术博物馆，今称“吕底亚宝藏”。1993年吕底亚宝藏归还给土耳其，如今入藏乌沙克考古博物馆。[③]公元前4世纪，马其顿亚历山大远征中亚和北印度，许多希腊远征军士兵留在中亚，侨居大夏（今阿富汗西北)、犍陀罗（今巴基斯坦印度河上游地区）等地。古典艺术的海马亦随之传入中亚地区，如巴基斯坦塔克西拉遗址出土犍陀罗黛砚

---

① 埃及安提诺遗址出土萨珊波斯飞马锦残片，目前分藏巴黎吉美亚洲博物馆和里昂纺织博物馆，参见 Arthur U. Pope and Phyllis Ackerman (ed.), *A Survey of Persian Art: From Prehistoric Times to the Present*, New York: Oxford University Press, 1938, Vol.VII, p.202。

② 王仲殊：《古代的日中关系——从志贺岛的金印到高松塚的海兽葡萄镜》,《考古》1989年第5期，第463—471转429页；〔日〕石渡美江：《乐园の图像—海兽葡萄镜の诞生》东京：吉川弘文馆，2000年，第154—158页。

③ Őzgen Iknur and Őztűrk Jean(ed.), *Heritage Recovered, The Lydian Treasure*, Istanbul: Uğur Okman for Republic of Turkey/ Ministry of Culture/ General Directorate of Monuments and Museums,1996；毛民：《天马与水神》,《内蒙古大学艺术学院学报》2007年第1期，第35页。

图四　吕底亚宝藏黄金海马胸针、犍陀罗黛砚和东罗马银壶

所见马头蛇身怪兽浮雕像（图四：2、3）。[①]

随着丝绸之路的发展，北魏平城时期史官始知东罗马帝国。《北史·西域传》记载："伏卢尼国，都伏卢尼城（今土耳其伊斯坦布尔城），在波斯国北，去代（今大同）二万七千三百二十里。累石为城，东有大河南流。中有鸟，其形似人，亦有如橐驼、马者，皆有翼，常居水中，出水便死。"[②]伏卢尼国，《大唐西域记》作"拂懔国"，指东罗马帝国。[③]所谓"如橐驼、马者，皆有翼，常居水中"的神兽，就是古希腊罗马神话的海马。在古罗马艺术中，海马亦为缪斯女神的坐骑，如东罗马银壶上缪斯女神骑海马浮雕像（图四：4）。

希腊化艺术的海马深受中亚古代居民的喜爱，首先被引入犍陀罗

① 图四：2 维多利亚和艾尔伯特博物馆藏犍陀罗海马黛砚，引自 Elizabeth Errington (ed.), *The Crossroads of Asia* (Cambridge: Ancient India and Iran Trust, 1992), p. 156；图四：3 犍陀罗海马黛砚，引自奈良国立博物馆编：《天马——シルクロードを翔ける梦の马特别展》，奈良国立博物馆，2008 年，第 62 页，图 60。

② 《北史》卷九七《西域传》，中华书局，1974 年，第 3223—3224 页。

③ 玄奘、辩机原著，季羡林等校注：《大唐西域记校注》，中华书局，2004 年，第 942—943 页。

图五 萨珊波斯银盘的马神

佛教艺术，后来演变成波斯火祆教神祇之一。《北史·西域传》记载：“波斯国，都宿利城，在忸密西，古条支国也。……有鸟形如橐驼，有两翼，飞而不能高，食草与肉，亦能噉火。”[①] 在萨珊波斯银盘上，可见波斯火祆教“形如橐驼，有羽翼”的神马（图五）。[②] 唐人段成式《酉阳杂俎》卷十记载：

> 俱德健国乌浒河中，滩派中有火祆祠。相传祆神本自波斯国，乘神通来此，常见灵异，因立祆祠。内无像，于大屋下置大小炉，舍檐向西，人向东礼。有一铜马，大如次马，国人言自天下，屈前脚在空中而对神立，后脚入土。自古数有穿视者，深数十丈，竟不及其蹄。西域以五月为岁，每岁日，乌浒河中有马出，其色金，与此铜马嘶相应，俄复入水。近有大食王不信，入祆祠，将坏之，忽有火烧其兵，遂不敢毁。[③]

俱德健国之名源于波斯语 quwādhiyān，《大唐西域记》称作“鞠和衍那国”（梵语 kuvāyāna），在乌兹别克斯坦南部铁尔梅兹以东地区。[④] 阿姆河畔乌浒河神庙屡见于中国史书，亦称“得悉神祠”。我们查到三

---

① 《北史》卷九七《西域传》，中华书局，1974 年，第 3222 页。

② Françoise Demange, *Les Perses sassanides: Fastes d'un empire oublié (224-642)*, Paris: Association Paris-Musées, 2006, p.110, fig.49.

③ （唐）段成式著，许逸民校笺：《酉阳杂俎校笺》，中华书局，2015 年，第 777 页。

④ 玄奘、辩机原著，季羡林等校注：《大唐西域记校注》，中华书局，2004 年，第 108—109 页。

条相关记载，分述于下：

第一，《隋书·西域传》记载："曹国，都那密水（今泽拉夫善河）南数里，旧是康居之地也。国无主，康国王令子乌建领之。都城方三里。胜兵千余人。国中有得悉神，自西海以东诸国并敬事之。其神有金人焉。金破罗阔丈有五尺，高下相称。每日以驼五头、马十匹、羊一百口祭之，常有千人食之不尽。东南去康国百里，西去何国百五十里，东去瓜州六千六百里。大业中，遣使贡方物。"[①] 那密水即锡尔河与阿姆河之间的泽拉夫善河，粟特民族的发源地。康国首府，《大唐西域记》称作"飒秣建"，在今乌兹别克斯坦撒马尔干城北 3.5 公里阿弗拉西亚卜（Afrasiab）古城。[②]

第二，《新唐书·西域传》记载："西曹者，隋时曹也，南接史及波览，治瑟底痕城。东北越于底城有得悉神祠，国人事之。有金具器，款其左曰：'汉时天子所赐。'武德中入朝。"[③] 西曹国首府瑟底痕城，在今乌兹别克斯坦撒马尔干市西北伊什特汗古城。

第三，北宋董逌《广川画跋》卷四《书常彦辅祆神像》记载："祆祠，世所以奉胡神也。其相俙异，即经所谓摩醯首罗，有大神威，普救一切苦，能摄伏四方，以卫佛法。当隋之初，其法始至中夏。立祠颂（布）政坊，常有群胡奉事，聚火呪诅，奇幻变怪。至有出肠决腹，吞火蹈刃，故下俚佣人就以诅誓，取为信重。唐祠令有萨宝府官主司，又有胡祝以赞相礼事，其制甚重，在当时为显祠。今君以祷获应，既应则祠，既祠则又使文传，其礼至矣。与得悉（曹国）顺天（罽宾）同号祆神者，则有别也。"[④] 塔吉克斯坦穆格山文书提到粟特万神殿有 txs'yc

---

① 《隋书》卷八三《西域传》，中华书局，1973 年，第 855 页。

② 玄奘、辩机原著，季羡林等校注：《大唐西域记校注》，中华书局，1985 年，第 87—89 页。

③ 《新唐书》卷八三《西域传》，中华书局，1975 年，第 6245 页。

④ （宋）董逌著，张自然校注：《广川画跋校注》，河南大学出版社，2012 年，第 255—256 页。此整理校注本，与台北藏文渊阁本（[宋]董逌：《广川画跋》，《景印文渊阁四库全书》第 813 册，台湾商务印书馆，1986 年，第 476—477 页）文字有不同，如前者的"胡"，后者作"梵"。

神，英国语言学家亨宁认为，当即中国史书提到的“得悉神”。在敦煌汉长城出土粟特古书信中，得悉神见于人名 txs'yc-βntk（得悉神之奴仆）。[①]近年有学者提出，得悉神当即波斯火祆教的雨神蒂什特里亚（Tištrya）。在波斯火祆教万神殿中，此神亦称“众星之主”。[②]

关于波斯火祆教万神殿的神祇，《旧唐书·西域传》记载：“波斯国……俗事天地日月水火诸神，西域诸胡事火祆者，皆诣波斯受法焉。其事神，以麝香和苏涂须点额，及于耳鼻，用以为敬，拜必交股。”[③]《新唐书·西域传》亦载：“波斯……俗尊右下左，祠天地日月水火。祠夕，以麝揉苏，泽耏颜鼻耳。西域诸胡受其法，以祠祆。拜必交股。”[④]在波斯万神殿中，得悉神（Tištrya）实乃“天地日月水火”诸神之水神，负责从沃鲁沙迦湖（Vourušaka）放水。据说他首先变成一个 15 岁的小男孩，然后化身金角公牛，最后变成一匹白马，与恶魔搏斗。只要得到祭祀，他便获得能量，可战胜恶魔。据说得悉神力大无比，能量相当于十匹马、十头骆驼、十头牛、十条水渠和十座大山。因此，得悉神可以战胜恶魔，从沃鲁沙迦湖放水，造福于雅利安人（指波斯人）。[⑤]

1990 年，在新疆焉耆七个星乡老城村发现一个唐代金银器窖藏。当地村民在这里烧砖取土时挖出 6 件银器。其中一件银颇罗口沿刻有粟特铭文（图六：1）。据伦敦大学亚非学院西姆斯–威廉姆斯（Nicolas Sims-Williams）教授解读，这行粟特文意为“这件器物属于得悉

① W.B. Henning, “A Sogdian God,” *BSOAS*, Vol.28, No. 2 (1965), p.253.

② 张小贵：《曹国“得悉神”考》,《祆教史考论与述评》，兰州大学出版社，2013 年。这个说法得到波斯宗教史专家马小鹤赞同（马小鹤：《瑣罗亚斯德教萨德维斯神与摩尼教电光佛》,《文史》2013 年第 4 期，第 23—41 页）。

③《旧唐书》卷一九八《西戎传》，中华书局，1975 年，第 5311 页。

④《新唐书》卷二二一《西域传下》，中华书局，1975 年，第 6258 页。

⑤ Antonio Panaino, “An Aspect of Sacrifice in the Avesta,” *East and West*, Vol. 36, No. 1/3, 1986, pp.271–272; Albrecht Götze, “Tištrya, Tīr, Tišya, Σείριος,” *Zeitschrift für vergleichende Sprachforschung auf dem Gebiete derIndogermanischen Sprachen*, 51. Bd., 1./2. H. (1923), pp. 146–153.

神、迦德帕尼尼神、华尔里神，以及德洛娃斯帕神，银重 50 斯塔特（Staters）”。耐人寻味的是，得悉神的名字采用阴性词尾，说明在粟特火祆教万神殿中，得悉神是一位女神。[①] 如前所述，德洛娃斯帕神见于伽腻色迦钱币，是波斯火祆教的动物保护神。在希腊化艺术中，德洛娃斯帕女神像为女骑士形象；引入波斯火祆教后仍为女骑士形象，如前文萨珊波斯银盘的德洛娃斯帕女神像（图五）。然而，得悉神的艺术形象却一直无人解读，塔吉克斯坦乌浒河神庙发现过一个象牙雕刻的马身鱼尾怪兽，马头为女性肖像（图六：2）。我们认为，这个女神像当即粟特火祆教的得悉女神。

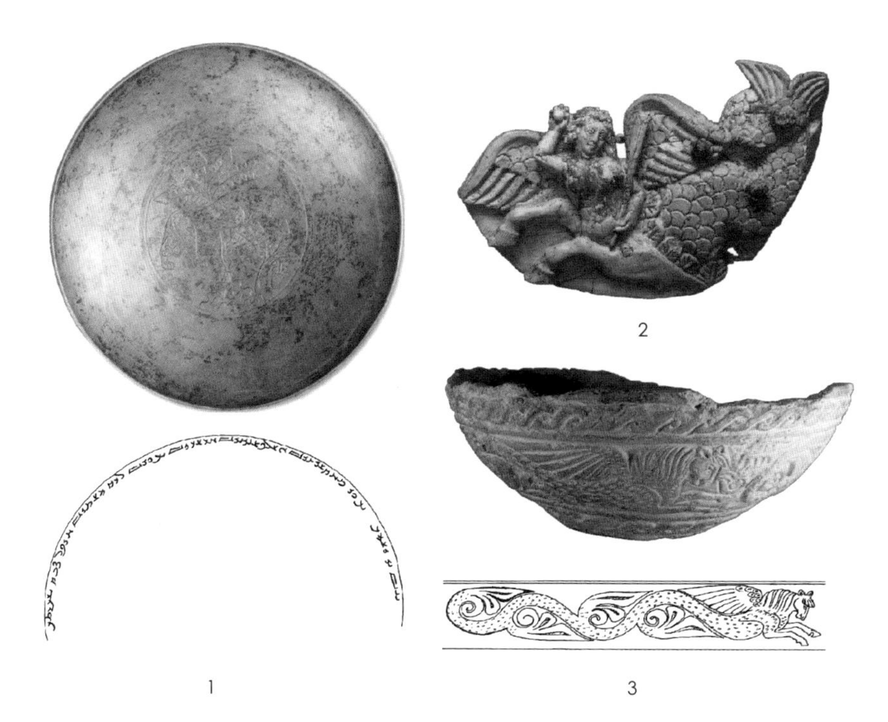

图六　焉耆银颇罗、乌浒河神庙牙雕、通古斯巴什陶碗上的马神

① 林梅村：《中国境内出土带铭文的波斯和中亚银器》，《文物》1997 年第 9 期，第 56—57 页。

乌浒河神庙位于阿姆河支流瓦哈什河与旁遮河汇流处科巴德（Kobad）古渡口附近塔科提·胜金（Takht-i Sangīn），意为“石坛”。据考古发掘，塔科提·胜金遗址可分五个时期，乌浒河神庙属于第 2—3 期，年代约在公元前 4 世纪至公元 1 世纪。此类火祆教神庙在波斯和中亚均有分布，通常以祭台和火坛为中心。塔科提·胜金遗址发现希腊碑铭，其中一个碑铭提到这个神庙祭祀“乌浒河神”。①

无独有偶，古希腊神话的海马在新疆塔里木盆地丝绸之路北道亦有发现，见于新和县西南 44 公里通古斯巴什古城出土的模制陶碗，口径 22 厘米、高 8 厘米，灰褐陶质。通古斯巴什古城为唐代古城，故研究者将这个陶碗内范的年代定在唐代。②这个陶碗外壁的主题图案为古希腊神话的海马，马头蛇身，鱼尾上翘（图六：3），口沿和底部图案皆为希腊化艺术典型纹样浪尖纹，为我们探讨希腊化艺术对西域文明的影响提供又一典型范例。

① B. A. Litvinskiy and I. R. Pichikiyan, “The Temple of the Oxus,” *The Journal of the Royal Asiatic Society of Great Britain and Ireland*, No. 2 (Cambridge University Press, 1981), pp. 133–167.

② 新疆文物局等主编：《新疆文物古迹大观》，新疆美术摄影出版社，1999 年，图 0233。

·下篇·

中国与波斯的文化交流

第一章

折垣王贡狮考——敦煌悬泉汉简所记帕提亚王国与汉朝之贸易往来

公元前 119 年，张骞第二次出使西域时，本人前往伊犁河流域面见乌孙王，而派副使赴安息（今土库曼斯坦旧尼萨古城）、条支（今土耳其安塔利亚）、黎軒（埃及亚历山大城）等国。于是西方诸国纷纷派使者随汉使回访长安。《三辅黄图》卷三记载："奇华殿，在建章宫旁，四海夷狄器服珍宝，火浣布、切玉刀，巨象、大雀、师（狮）子、宫（宛）马，充塞其中。"[①] 建章宫始建于太初元年（前 104）。据史书记载，最早的西域贡狮是公元 87 年月氏国所贡狮子，[②] 那么太初元年（前 104）长安城所建奇华殿豢养的狮子从何而来？无人知晓。1990 年，敦煌悬泉置出土汉简首次揭示这头狮子是西域折垣王贡狮，入华时间不晚于公元前 32—前 7 年。有学者提出，折垣国即伊朗东南部古国乌弋山离。然而，悬泉汉简明确提到"乌弋山离使者"，负责造册的敦煌书吏不太可能为同一国家起两个国名。再说，乌弋山离分布的狮子恐怕是未经驯化的野生狮子，如何作

① 陈直校证：《三辅黄图校证》，陕西人民出版社，1980 年，第 64 页。

② 《后汉书》卷三《章帝记》，中华书局，1965 年，第 158 页。

为贡品？据我们考证，折垣王贡狮实乃帕提亚王派遣，所贡狮子当为帕提亚王宫豢养的埃兰驯化狮子。草拟此文，见教于海内外研究者。

一、帕提亚王国与汉朝的官方贸易往来

考古发现表明，早在古波斯帝国时代，两河流域的古代居民就开始与中国进行经济文化交流，但两地官方贸易往来始于张骞第二次出使通西域。《史记·大宛列传》记载："初，汉使至安息，安息王令将二万骑迎于东界。东界去王都（今土库曼斯坦阿什哈巴德市西15公里旧尼萨古城）数千里。[①]行比至，过数十城，人民相属甚多。汉使还，而后发使随汉使来观汉广大，以大鸟卵及黎轩（埃及亚历山大古城）[②]善眩人献于汉。"[③]张骞第二次出使西域时（前119—前114），本人前往伊犁河流域面见乌孙王，而派副使赴安息、条支（今土耳其东南境安塔利亚）、黎靬等国。安息王国得名于帕提亚王族之名Arsaces，西方史料称为"帕提亚王国"。[④]安息进献的大鸟即鸵鸟，而黎靬善眩人则为埃及亚历山大城的魔术师。

自米特拉达梯一世（Mithridates I，前171—前139）起，帕提亚开始向西大规模扩张，首先占领米底，然后攻打塞琉古及苏萨和埃兰，进而攻入美索不达米亚中部及巴比伦。塞琉古王朝边境退缩至幼发拉底河以西。[⑤]由于亚历山大东征焚毁了古波斯首府波斯波利斯，帕提亚入

---

① 安息国初都番兜城，后来西迁和椟城（Hecatompylos）。《汉书》卷九六上《西域传上》曰："安息国，王治番兜城……临妫水（今阿姆河）。"中华书局，1962年，第2889—2890页。据考古发现，番兜城在土库曼斯坦阿什哈巴德市西15公里旧尼萨古城。

②〔法〕伯希和著、冯承钧译：《犁靬为埃及亚历山大城说》，《西域南海史地考证译丛》第2卷第7编，商务印书馆，1995年重印本，第34—35页。

③《史记》卷一二三《大宛列传》，中华书局，1959年，第3174页。

④ 刘迎胜：《丝路文化·草原卷》，浙江人民出版社，1995年，第63—65页。

⑤〔匈〕哈尔马塔主编，徐文堪、芮传明译：《中亚文明史》第二卷，中国对外翻译出版公司，2002年，第95页。

主伊朗高原后，将首都从番兜城西迁里海南岸和椟城（Hecatompylos，“百门之城”）。[①]《后汉书·西域传》记载：“安息国居和椟城，去洛阳二万五千里。北与康居（今锡尔河北岸）接，南与乌弋山离（今伊朗东南境塞斯坦）接。地方数千里，小城数百，户口胜兵最为殷盛。”[②]

公元前323年，亚历山大英年早逝，横跨欧、亚、非三大洲的亚历山大帝国随之瓦解。亚历山大的部将托勒密、塞琉古和安提柯一世三分天下，开启了欧亚大陆的希腊化时代。塞琉古在两河流域建希腊化王国，初都底格里斯河西岸塞琉西亚（今巴格达附近Seliucia），史称“塞琉古王朝”。塞琉古王国后来迁都地中海东岸安条克城（今土耳其东安塔利亚Antiochus古城），故中国史书称之为“条支”。公元前141年，帕提亚王米特拉达梯一世攻占东方希腊化中心塞琉西亚。米特拉达梯二世即位后，统一两河流域，迁都塞琉西亚城，并在底格里斯河对岸大兴土木，兴建新城泰西封（Ctesiphon）作为帕提亚王冬宫。[③]

《后汉书·西域传》记载：永元“十三年（101），安息王满屈复献师子及条支大鸟，时谓之安息雀”。[④]安息王贡奉的“师子”即狮子，一种食肉目猫科豹属大型猛兽，原始故乡在非洲荒漠，后来广布亚洲；主要分布于地中海东岸至印度，被命名为“波斯亚种狮”（Panthera leo ssp.persica），如今仅生存于印度。[⑤]亚述君主和古波斯王皆以狮子为宠物，如伊拉克萨尔贡二世王宫遗址发现亚述王怀抱幼狮石雕像（图一：

① John Hansman, “The Problems of Qumis,” *Journal of the Royal Asiatic Society of Great Britain and Ireland*, No. 3/4, 1968, pp.111–139; John Hansman, “The Measure of Hecatompylos,” *Journal of the Royal Asiatic Society of Great Britain and Ireland*, No.1, 1981, pp.3–9；李毅铭：《丝路开通之初帕提亚帝国境内的东西交通路线》，《中国历史地理论丛》2021年第1期，第68页。

②《后汉书》卷七八《西域传》，中华书局，1965年，第189页。

③〔德〕夏德著，朱杰勤译：《大秦国全录》，商务印书馆，1964年，第52页；余太山：《伊西多尔〈帕提亚驿程志〉译介》，《西域研究》2007年第4期，第7页，注25。

④《后汉书》卷八八《西域传》，中华书局，1965年，第2918页。

⑤ K. Nowell and P. Jackson, “Asiatic lion,” *Wild Cats: Status Survey and Conservation Action Plan*. Gland, Switzerland: IUCN/SSC Cat Specialist Group, 1996, pp. 37–41.

1

2

图一　亚述王抱幼狮石雕像与波斯王斗狮浮雕像（分别为李零、梁鉴拍摄）

1），而古波斯帝国首府波斯波利斯王宫出土了波斯王斗狮石雕门框（图一：2），说明亚述君主和古波斯王都在宫中豢养狮子。[①]

在波斯波利斯阿巴达纳王宫浮雕中，古波斯24郡国使团进贡的动物不尽相同。努比亚使团进贡霍加狓，吕底亚使团进贡马车，埃及使团进贡黄牛，阿拉伯使团进贡单峰驼，利比亚使团进贡剑羚，叙利亚使团进贡绵羊，埃兰使团进贡母狮子和幼狮（图二：1），巴比伦、犍陀罗、阿拉霍西亚使团进贡瘤牛，色雷斯、亚美尼亚、萨迦尔提亚、斯基泰使团进贡战马，印度使团贡毛驴，帕提亚、雅利安、大夏使团进贡双峰

① 李零：《波斯笔记》下册，生活·读书·新知三联书店，2020年，第400—401页。

1

2

图二　波斯波利斯阿巴达纳王宫埃兰和帕提亚使团贡狮及狮子皮浮雕（任超拍摄）

驼。此外，帕提亚还进贡了小鹿和狮子皮（图二：2）。[①]

总之，古波斯帝国时代，野生狮子已分布至里海东南岸的帕提亚，而埃兰（今伊朗胡齐斯坦省苏萨古城）是亚洲驯养狮子的中心地区。野生狮子一般只能存活10—14年；人工圈养狮子则较为长寿，可以存活20余年。帕提亚入主伊朗高原后，以两河流域为中心；同时领有亚美尼亚、米底、埃兰、波斯、于罗、塞琉西亚、乌弋山离诸多附庸国，因此，帕提亚王在钱币铭文中号称"众王之王"。埃兰是近东文明古国之一，首府在伊朗南部胡齐斯坦省苏萨古城。古波斯帝国建立后，埃兰成为古波斯帝国24郡国之一。

从时间推算，安息王满屈当即帕提亚王帕柯鲁斯二世（Pacorus II）。[②]不过，帕提亚钱币学研究表明，满屈并非安息王，而是帕提亚属国波西斯王满屈一世（Manchihr/ Manuchihr I）。[③]马其顿王菲力二世、亚历山大大帝和塞琉古皆在钱币上打造身披狮子皮的王者形象（分别为图三：1、2）。帕提亚王推崇古希腊文化，模仿亚历山大银币在帕提亚银币上打造身披狮子皮的王者形象，自诩为古希腊文明的继承者。古波斯亡国后，波斯遗民聚族而居，在波斯波利斯王宫西北4.8公里伊斯塔卡尔（Istakhr）建新城，希腊人称之为"波西斯"（Persis）。从波西斯银币看，2世纪初的国王名叫满屈一世（钱币铭文作Minuchetr I，图三：3）。[④] 101年，波西斯王满屈组团前往中国贡狮显然受帕提亚王之命，被中国史官误当作帕提亚王。

---

① 林梅村：《轴心时代的波斯与中国——张骞通西域前的丝绸之路》，西北大学出版社，2021年。

② 冯承钧：《历代求法翻经录》，上海商务印书馆，1931年，第4页。

③ 王三三：《帕提亚与丝绸之路关系研究》，博士学位论文，南开大学，2014年，第69页。

④ 李铁生编：《古波斯币（阿契美尼德 帕提亚 萨珊）》，北京出版社，2006年，第145页；Khodadad Rezakhani, "Onomastica Persida: Names of the Rulers of Persis in the Seleucid and Arsacid Periods," Mostafa Faghfoury (ed.), *Ancient Iranian Numismatics: In Memory of David Sellwood*, Leiden: E.J. Brill, 2021, pp. 129–134。

图三　亚历山大银币、塞琉古银币和满屈一世银币

二、汉长安城建章宫西亚狮子之由来

关于长安城皇家苑囿豢养的珍禽异兽，《汉书 · 西域传下》记载：“自是之后，明珠、文甲、通犀、翠羽之珍盈于后宫，薄梢、龙文、鱼目、汗血之马充于黄门，巨象、师子、猛犬、大雀之群食于外囿。殊方异物，四面而至。”[①] 由此可知，汉长安城皇家苑囿竟然有西亚猛兽——狮子。

无独有偶，1966 年，汉元帝渭陵建筑遗址发现一对和田玉狮子。一件高 2.5 厘米，长 5.8 厘米，重 49.3 克；圆雕，昂首前视，头顶中部有独角，颔下有须，尾垂于地，腹部有双翼，表面保留一些原玉璞皮质色，呈挺胸伏卧状。另一件长 7 厘米，高 5.4 厘米，重 136 克；亦为圆

① 《汉书》卷九六下《西域传》，中华书局，1962 年，第 3928 页。

图四 汉元帝渭陵和田玉狮、悬泉置折垣王贡狮简（甘肃简牍博物馆官方网站）

雕，唯形作直目前视，头上有双角，腹部有双翼，作捕物前爬行状（图四：1）。[①]这对和田玉狮子与先秦时期传入中国的有翼神兽截然不同，相当写实，显然是长安工匠根据皇家苑囿豢养的活狮子制作的。[②]然而，这头狮子如何在汉和帝年间（前48—前33在位）千里迢迢来到汉长安城，无人知晓。

1990年，敦煌悬泉汉简的发现，首次披露汉长安城宫中豢养的狮子可能是折垣王贡品。这枚悬泉汉简编号为第35简，通长21.4厘米，宽1.4厘米，厚0.25厘米。部分简文残泐，但内容基本清楚（图四：2）。其文曰："……其一只，以食折垣王一人，师使者/……只，以食

① 杨岗：《论神兽辟邪与佛教中狮子的关系——从汉元帝渭陵出土的两件玉辟邪谈起》，《秦汉研究》第6辑，三秦出版社，2012年，第134—135页；李零：《论中国的有翼神兽》，《入山与出塞》，文物出版社，2004年，第87—135页。

② 汉元帝渭陵出土和田玉狮子的彩色照片，参见曾布川宽、谷丰信编：《世界美术大全集·东洋编》第2卷，东京：小学馆，1998年，第196页，图153。

钩盾使者，迎师子/……以食使者弋君/……”[①]据《汉书·百官公卿表》记载，钩盾为长安城宫中少府属官，负责皇家苑囿。[②]故汉廷派钩盾使者前往敦煌迎接西域使团。《汉书·西域传》提到成帝以后不再派人迎送西域使者，[③]那么折垣王贡狮当不晚于西汉成帝年间（前33—前7）。汉元帝渭陵建筑遗址出土和田玉狮子栩栩如生，显然模仿活狮子雕琢，那么折垣王贡狮之事发生于汉元帝在位时期（前48—前33）。

关于狮子的产地，《汉书·西域传》记载：“乌弋山离国，王去长安万二千二百里。不属都护。……安息役属之……乌弋地暑热莽平，其草木、畜产、五谷、果菜、食饮、宫室、市列、钱货、兵器、金珠之属皆与罽宾同，而有桃拔、师（狮）子、犀牛。”[④]乌弋山离在今伊朗东南部塞斯坦，本为公元前90—前80年斯基泰人建立的小王国，西方史家称为“印度-斯基泰王国”，定都匝然癸亚（Zarangia）。亚历山大东征在此地建有亚历山大城，而乌弋山离即得名于Alexandria（亚历山大城）。帕提亚王国建立后，乌弋山离成为帕提亚属国。[⑤]

近年罗帅提出，悬泉汉简的“折垣”即乌弋山离首府Zarangia城之音译，而折垣国则为乌弋山离国别称。[⑥]问题是，与第35号简共出的第34号悬泉汉简提到西域朝贡队伍中有“乌弋山离使者”，负责造册的敦煌书吏不可能为同一国家起两个国名。

关于狮子在亚洲的分布，《后汉书·西域传》记载：“条支……土地暑湿，出师子、犀牛、封牛、孔雀、大雀。”[⑦]又载：“从安息陆道绕

---

① 郝树声、张德芳：《悬泉汉简研究》，甘肃文化出版社，2009年，第209页。

② 《汉书》卷一九上《百官公卿表上》说钩盾为少府下属官吏。颜师古注曰：“钩盾主近苑囿。”中华书局，1962年，第732页。

③ 余太山：《两汉魏晋南北朝正史西域传要注》，中华书局，2005年，第110—112页。

④ 《汉书》卷九六上《西域传上》，中华书局，1962年，第3889页。

⑤ W. W. Tarn, *The Greeks in Bactria and India*, Cambridge University Press, 1951, pp. 14, 347; 余太山：《塞种史研究》，中国社会科学出版社，1992年，第169页。

⑥ 罗帅：《悬泉汉简所见折垣与祭越二国考》，《西域研究》2012年第2期，第38—42页。

⑦ 《后汉书》卷八八《西域传》，中华书局，1965年，第2918页。

海北行出海西至大秦，人庶连属，十里一亭，三十里一置，终无盗贼寇警。而道多猛虎、师子，遮害行旅，不百余人，赍兵器，辄为所食。”[①]所谓“大秦”，指罗马帝国，东境在叙利亚帕尔米拉。古罗马建有斗兽场，斗兽对象有公牛、大象、狮子、老虎、豹子、河马、犀牛等大型动物和猛兽。其中，狮子是西非草原不可驯化的巴巴里狮（Panthera leo leo）。[②]由专人从非洲殖民地捕获，然后运送到罗马，供竞技表演中狩猎和斗兽所用。据史书记载，“当斗兽场落成开幕时，曾用5000头狮子、老虎等猛兽和由3000名奴隶、俘虏、罪犯及受宗教迫害的基督徒组成的角斗士对决，连续进行了100天的表演”。[③]史书和考古材料可证埃兰王国、亚述帝国、古波斯帝国王宫豢养狮子，条支国的希腊人、大秦国的罗马人、乌弋山离的斯基泰人是否掌握驯化狮子的技术，于史无征。因此，条支、大秦、乌弋山离等国的狮子恐为野生狮子。

据《后汉书》记载，汉章帝章和元年（87），“月氏国遣使献扶拔、师子”。汉和帝永元十三年（101），“安息国遣使献师子及条支大爵（鸵鸟）”。汉顺帝阳嘉二年（133），“疏勒国献师子、封牛”。[④]如前所述，埃兰一直是古代亚洲驯养狮子的中心，亚述帝国和古波斯帝国王宫的狮子都是埃兰驯兽师豢养的。迟至公元87年西域诸国才开始豢养狮子，并向中国贡狮。由此推测，折垣王所贡狮子当为帕提亚王宫圈养的埃兰驯化狮子，而折垣王来华贡狮实乃帕提亚王派遣。

---

①《后汉书》卷八八《西域传》，中华书局，1965年，第2920页。

② L. Hunter & P. Barrett, “Lion Panthera leo,” *The Field Guide to Carnivores of the World*, London, Oxford, New York, New Delhi, Sydney: Bloomsbury, 2018 (2nd ed.), pp. 46–47.

③〔英〕纳撒尼尔·哈里斯著，卢佩媛、赵国柱、冯秀云译：《古罗马生活》，希望出版社，2006年，第150—151页。

④《后汉书》卷三《章帝记》、卷四《和帝纪》、卷六《顺帝纪》，中华书局，1965年，第158、189、263页。

三、折垣国与帕提亚贡狮路线

帕提亚贡狮使团无疑取道汉代丝绸之路干线。《汉书・西域传》记载："自玉门、阳关出西域有两道：从鄯善（今若羌）傍南山北，波河西行至莎车，为南道；南道西逾葱岭（今帕米尔）则出大月氏（今阿富汗西北）、安息（今土库曼斯坦阿什哈巴德市西14公里旧尼萨古城）。自车师前王廷（今吐鲁番）随北山，波河西行至疏勒（今喀什），为北道；北道西逾葱岭则出大宛（今乌兹别克斯坦费尔干纳盆地）、康居（今锡尔河北岸）、奄蔡（今咸海北岸）焉。"[①]

关于帕提亚境内的东西交通干线，《后汉书・西域传》又载：安息"东界木鹿城（今土库曼斯坦南部马雷），号为小安息。……自安息西行三千四百里至阿蛮国（今伊朗中部哈马丹）。从阿蛮西行三千六百里至斯宾国（今巴格达附近泰西封）。从斯宾南行度河，又西南至于罗国（今波斯湾阿巴斯港附近）九百六十里，安息西界极矣。自此南乘海，乃通大秦（罗马帝国），其土多海西珍奇异物焉"。[②]于罗国地望，学界颇多争议。从斯宾国（今巴格达附近）南渡底格里斯河，西南行则至波斯湾的阿巴斯港，因此，我们主张于罗国在今阿巴斯港附近。

2017年在伊朗考察期间，我们曾赴哈马丹凭吊阿蛮古城。城内地标性建筑是一个雄伟的石狮子，据说是公元前324年亚历山大为缅怀挚友赫菲斯提昂（Hephaestion）之死下令建造的，原立于阿蛮城的城门旁。东汉和帝永元九年（97），甘英奉西域都护班超之命出使安息、大秦（罗马帝国），就取道这条东西交通干线。《后汉书・西域传》记载："（永元）六年，班超复击破焉耆，于是五十余国悉纳质内属。其条支、安息诸国至于海濒四万里外，皆重译贡献。九年，班超遣掾甘英穷临西海（今波斯湾）而还。皆前世所不至，《山经》所未详，莫不备其

---

① 《汉书》卷九六上《西域传上》，中华书局，1962年，第3872页。

② 《后汉书》卷八八《西域传》，中华书局，1965年，第2918页。

图五 阿蛮城地标性建筑——哈马丹石狮

风土，传其珍怪焉。”[①]当年甘英访问阿蛮城时，有可能凭吊过这头石狮子（图五）。

公元87年，贵霜大月氏王向汉章帝贡狮，以求汉公主。《后汉书·章帝纪》记载：“章和元年（87）……是岁，西域长史班超击莎车，大破之。月氏国（今阿富汗西北）遣使献扶拔、师子。”[②]《后汉书·班超传》记载：“初，月氏尝助汉击车师有功，是岁（87）贡奉珍宝、符拔、师（狮）子，因求汉公主。”[③]如前所述，这是西域诸国豢养狮子并作为贡品的最早记录，在此之前，只有埃兰王国、亚述帝国、

① 《后汉书》卷八八《西域传》，中华书局，1965年，第2910页。

② 《后汉书》卷三《章帝纪》，中华书局，1965年，第158页。

③ 《后汉书》卷四七《班超传》，中华书局，1965年，第1580页。

古波斯帝国和安息王国王宫豢养狮子并作为贡品。

这头贵霜贡狮恐怕也是帕提亚王宫豢养的埃兰驯化狮，本为帕提亚君主给大月氏王的礼品，而大月氏王为迎娶汉公主转赠给了汉章帝。

值得注意的是，传世汉印中有一枚王莽颁发的“新难兜骑君”瓦钮铜印。[①]据日本学者榎一雄考证，难兜国在克什米尔地区吉尔吉特。[②]凡此可知，从安息到中国要在吉尔吉特入境。我们认为，折垣王贡狮当来自帕提亚首府泰西封皇家苑囿，经阿蛮城（今伊朗哈马丹）、和椟城（今里海东南岸）、木鹿城（今土库曼斯坦马雷）、大月氏（今阿富汗西北）、难兜（今克什米尔地区吉尔吉特）、于阗（今和田）、且末、鄯善、楼兰（今罗布泊）至敦煌，最后运抵长安城（图六）。[③]

我们认为，悬泉汉简所谓“折垣”指帕提亚属国米底王国的卡里那（Carina）地区。伊西多尔《帕提亚驿程志》记载：“自此城行 5 斯克索伊诺伊，至匝格儒斯（Zagrus）山，此山为卡罗涅提斯和墨得斯（Medes）两区之分界线。然后是 [下] 米底亚区，其地延伸 22 斯克索伊诺伊，始自卡里那（Carina）区。[下] 米底亚有村五，村间有驿站，然无城市。”米底是近东文明古国之一，分为上、下米底两大区域。首府在上米底的阿蛮城，卡里那属于下米底。余太山认为，卡里那地区在今伊朗科伦特（Kerent/ Kerind）。[④]

据纽约大学教授波茨（Daniel T. Potts）考证，帕提亚地名 Carina，源于埃兰语 Karintaš 或阿维斯塔语 Kvirinta，位于扎格罗斯山西部，今称 Kerend。[⑤]中国古籍往往将伊朗语的 ca-/ cha-译作“折”。例如：粟

---

① 罗福颐主编：《秦汉南北朝官印征存》，文物出版社，1987 年，第 117 页。

② 〔日〕榎一雄：《难兜国にいての就考》，《加藤博士还历记念 东洋史集说》，东京：富山房，1941 年，第 179—199 页。

③ 〔匈〕哈尔马塔等主编，徐文堪等译：《中亚文明史》第 2 卷，中国对外翻译出版公司，2002 年，第 404 页。

④ 余太山：《伊西多尔〈帕提亚驿程志〉译介》，《西域研究》2007 年第 4 期，第 9 页。

⑤ Daniel T. Potts, “Elamite Karintaš and Avestan Kvirinta: Notes on the Early History of Kerend,” *Iranian Studies*, Vol. 50, No.3, 2017, pp.345–367.

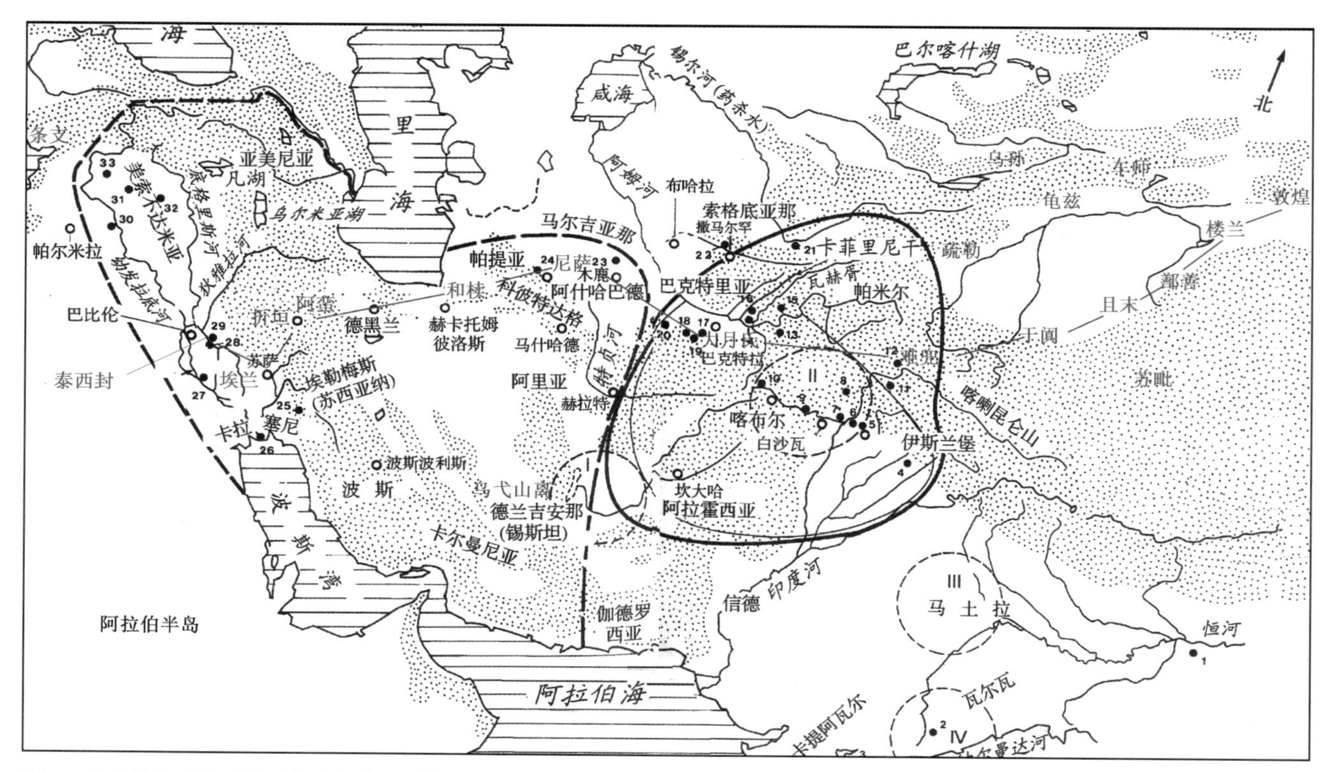

图六 汉代丝绸之路（据《中亚文明史》第2卷地图改绘）

特昭武九姓石氏，粟特语作 c'c/ c'z，波斯语作 chach/jaj，《新唐书·西域传》译作“拓折”。[①]此外，西域胡人将伊吾北山称为“折罗漫山”，译自吐火罗语 A 方言的 Klomänt 或 B 方言的 Klomont（天山）。[②]《后汉书·明帝纪》李贤注：“天山即祁连山，一名雪山，今名折罗汉山，在伊州（今伊吾）北。”[③]《旧唐书·地理志》伊吾条云：“天山在州北一百二十里，一名白山，胡人呼折罗漫山。”[④]《姜行本纪功碑》记载：“以贞观十四年五月十日，师次伊吾折罗漫山，北登黑绀岭。”[⑤]凡此表明，悬泉汉简所记“折垣”之名译自帕提亚地名 Carina/Kerend，那么折垣王大概是帕提亚附庸国米底王国卡里那地方首领。

如前所述，帕提亚王派折垣王贡狮大约在汉元帝时期（前 48—前 33）。这头帕提亚贡狮后来豢养在汉长安城建章宫旁的奇华殿。建章宫始建于太初元年（前 104），规模宏大，汉武帝生前在此朝会百官群臣。据考古调查，建章宫遗址在西安市未央区三桥镇北高堡子、低堡子村一带，新莽末年毁于战火。如今地面尚存遗址有前殿、双凤阙、神明台和太液池等。[⑥]

汉宣帝神爵二年（前 60），西域都护府建立后，塔里木盆地西域城邦诸王纷纷遣子纳质，派使者向中原朝贡。敦煌悬泉置遗址出土供食文书简披露了详情。其文曰：“……斗六升。二月甲午，以食质子一人，鄯善使者二人，且末使者二人，莎车使者二人，扜阗使者二人，皮山使者一人，敕勒使者二人，渠勒使者一人，精绝使者一人，[副]使一人，拘弥使者一人。乙未，食渠勒副使二人；扜阗副使二人，贵人三人，拘弥副使一人，贵人一人；[莎]车副使一人，贵人一人；皮山副使一

① 林梅村：《粟特文买婢契与丝绸之路上的女奴贸易》，《文物》1992 年第 9 期，第 49—54 页。

② 林梅村：《祁连与昆仑》，《敦煌研究》1994 年第 4 期，第 113—116 页。

③《后汉书》卷二《明帝纪》，中华书局，1965 年，第 120 页。

④《旧唐书》卷四〇《地理志》，中华书局，1975 年，第 1643 页。

⑤ 岑仲勉：《汉书西域传地里校释》下册，中华书局，1981 年，第 527 页。

⑥ 姚成、吴国源：《汉建章宫布局研究》，《古建园林技术》2020 年第 4 期，第 34—38 页。

人，贵人一人；精绝副使一人。乙未，以食敕勒副使者一人，贵［人］三人。凡卅四人。”[①]汉元帝渭陵建筑遗址出土和田玉狮的材料大概是于阗质子或使者的贡品，而玉狮则是长安城皇家工匠根据建章宫豢养的帕提亚贡狮雕琢而成。

综合全文的讨论，我们似可得出以下几点结论：

第一，伊朗波斯波利斯阿巴达纳王宫埃兰使团贡狮浮雕表明，古波斯君主以狮子为宠物，而埃兰是古代亚洲狮子的驯化中心。埃兰人曾在亚述帝国统治下，那么伊拉克萨尔贡二世宫殿出土亚述王浮雕所抱幼狮亦为埃兰驯兽师豢养。

第二，悬泉置汉简所记折垣王贡狮很可能是帕提亚王宫豢养的埃兰贡狮，而折垣王大概是帕提亚附庸国米底王国卡里那（Carina）地方首领，被帕提亚王派往中国贡狮。

第三，汉元帝渭陵出土和田玉狮子栩栩如生，显然模仿帕提亚活狮子雕琢，那么帕提亚君主派折垣王贡狮大约发生在汉元帝时期（前48—前33）。

第四，汉长安城奇华殿始建于太初元年（前104），那么《三辅黄图》所记奇华殿豢养的狮子当为帕提亚贡品。

---

① 张德芳：《西北汉简与丝绸之路》，国家文物局编：《丝绸之路》，文物出版社，2014年，第53页。

第二章

南京象山7号墓出土西方舶来品考

象山坐落于南京北郊幕府山西南麓。1965—1970年，南京市文物部门在此山相继发掘了7座古墓，多为东晋琅琊王氏王彬家族墓，个别为南朝墓。1998—2000年，南京市博物馆又在象山发掘了4座东晋墓，亦为王彬家族墓。其中7号墓颇为特殊，采用六朝帝陵或重臣特有的近方形砖室墓，规格明显高于王彬家族所有墓葬。值得注意的是，7号墓出土文物有些晚至南朝（如印度笈多王或东南亚国王贡品金刚石戒指和来自大秦国的罗马玻璃杯），正可谓“旧时王谢堂前燕，飞入寻常百姓家”。我们找到一些证据，说明7号墓墓主实乃王导玄孙光禄大夫王偃之子王藻。此公官至东阳太守，尚临川长公主刘英媛，景和元年（465）下狱论死。

一、谁是象山7号墓的主人

1965年至今，南京市博物馆在象山共发掘11座六朝古墓，可分三组。第一组和第二组皆为东晋琅琊王氏王彬家族墓，第三组为南朝墓。作为永嘉南渡之后首屈一指的侨姓大族，琅琊王氏与司马氏共建东晋王朝，形成“王与马，共天下”的政治格局。[①] 东晋咸和三年（328），历阳内史苏峻作乱，三朝元老“（王）导使参军袁耽潜讽诱永等，谋奉帝出奔义军。而峻卫御甚严，事遂不果。导乃携二子随永奔于白石”。[②] 为了平定苏峻之乱，荆州刺史陶侃一夜之间建成军事防御工事“白石垒”。[③] 据王兴之墓志，象山即王导携子逃亡之地，时称“白石”。[④] 考古简报推测 7 号墓墓主为王彬兄长、东晋初荆州刺史王廙（276—322），不一定正确。讨论如下：

第一组，东晋琅琊王氏王彬正室及子孙墓地：第一组墓葬主要分布于象山南部，计有王彬墓、1 号墓、3 号墓、4 号墓和 5 号墓，凡 5 座墓葬（图一）。王彬为东晋初尚书仆射，东晋权臣王导的堂弟，以及著名书法家王羲之的堂叔，母亲为晋元帝司马睿的姨妈。晋成帝咸康二年（336）二月在任内逝世，享年 59 岁。[⑤] 据墓志，王彬墓在四子王兴之墓（1 号墓）之左，以及长女王丹虎墓（3 号墓）之右。南京文物部门多次在此地调查勘探，至今尚未发现。[⑥]

王彬有四子一女，1 号墓主为王彬第四子王兴之。墓志曰：“君讳兴之，字稚陋。琅耶临沂都乡南仁里。征西大将军行参军，赣令。春秋卅一。咸康六年十月十八日卒。以七年七月廿六日葬于丹杨建康之白石，于先考散骑常侍、尚书左仆射、特进卫将军、都亭肃侯（王彬）墓之左。故刻石为识，藏之于墓。”[⑦] 王兴之与著名书法家王羲之为叔伯兄弟。夫人宋和之于晋穆帝永和四年（348）十月三日与亡夫合葬。

① 田余庆：《东晋门阀政治》，北京大学出版社，1989 年（2012 年第 5 版）。

②《晋书》卷六五《王导传》，中华书局，1974 年，第 1750—1751 页。

③《晋书》卷六六《陶侃传》，中华书局，1974 年，第 1775 页。

④ 南京市文物保管委员会：《南京人台山东晋兴之夫妇墓发掘报告》，《文物》1965 年第 6 期，第 26—33 页。

⑤《晋书》卷七六《王彬传》，中华书局，1974 年，第 2005—2006 页。

⑥ 罗宗真：《魏晋南北朝考古》，文物出版社，2001 年，第 132 页。

⑦ 南京市文物保管委员会：《南京人台山东晋兴之夫妇墓发掘报告》，《文物》1965 年第 6 期，第 26—33 页。

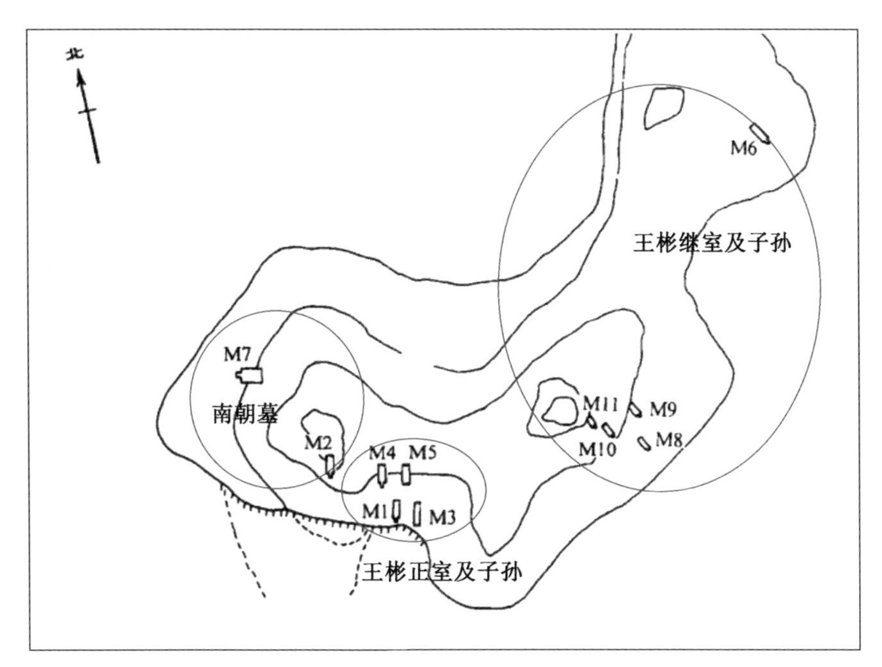

图一　南京象山琅琊王氏家族墓分布示意图

3号墓主是王彬长女王丹虎。墓志曰："晋故散骑常侍、特进卫将军尚书左仆射、都亭肃侯、琅邪临沂王彬之长女，字丹虎。年五十八，升平三年七月廿八日卒。其年九月卅日葬于白石，在彬之墓右。刻砖为识。"[①]4号墓主亦为王彬某个儿子，可惜墓志字迹不清，不知是王彬其余三子（王彭之、王彪之、王翘之）中哪一位。[②]5号墓主是王兴之嫡长子、王彬之孙，晋穆帝升平二年（358）下葬。[③]

第二组，王彬继室夏金虎及子孙墓地：第二组墓葬分布于象山北部

① 南京市文物保管委员会:《南京象山东晋王丹虎墓和二、四号墓发掘简报》,《文物》1965年第10期，第29—33页。

② 同上书，第33—35页。

③ 南京市博物馆:《南京象山5号、6号、7号墓清理简报》,《文物》1972年第11期，第27—32页。

和东北部，计有6号墓、8号墓、9号墓、10号墓和11号墓，凡五座墓葬（图一）。夏金虎是王彬继室夫人，比王彬小30岁，晋孝武帝太元十七年（392）下葬。不知为什么，这位继室夫人未与亡夫合葬，孤身一人葬在象山北部6号墓。[①]夏金虎有二子：其一为丹杨令王仚之（8号墓），晋废帝泰和二年（367）下葬；另一位为鄱阳太守王建之（9号墓），发妻刘氏“先建之半年薨”，东晋泰和六年（371）与亡夫合葬。[②]夏金虎还有两个孙子：一为王仚之的某个儿子（10号墓）。可惜墓志字迹漫漶，不得其详；另一王康之墓（11号墓），英年早逝，晋穆帝永和十二年（356）下葬，年仅22岁。志文简略，不知是夏金虎哪个孙子。王康之发妻何法登是东晋宰相何充之女，晋孝武帝泰元十四年（389）与亡夫合葬。[③]

第三组，南朝墓地：第三组墓葬分布于象山西部，目前只发掘了2号和7号两座墓（图一）。2号墓出土了一件莲花瓣纹小瓷罐，与刘宋元徽二年（474）明昙憘墓出土莲花瓣纹碗风格相似，正如考古简报指出的，应为南朝刘宋墓。从位置和墓向看，2号墓殆为南朝时期王彬后人墓。[④]7号墓为一男二女合葬墓，未见墓志。根据墓葬形制及墓中随葬东晋早期风格的青瓷器，发掘者认为“7号墓的时间应属东晋早期”。[⑤]《晋书·元帝纪》记载：永昌元年（322）冬十月“己丑，都督荆梁二州诸军事、平南将军、荆州刺史、武陵侯王廙卒”[⑥]。据此，发

---

① 南京市博物馆：《南京象山5号、6号、7号墓清理简报》，《文物》1972年第11期，第27—32页。

② 南京市博物馆：《南京象山8号、9号、10号墓发掘简报》，《文物》2000年第7期，第7—16页。

③ 同上书，第16—18页。

④ 南京市文物保管委员会：《南京象山东晋王丹虎墓和二、四号墓发掘简报》，《文物》1965年第10期，第29—45页，图八；南京市文物保管委员会：《南京太平门外刘宋明昙憘墓》，《考古》1976年第1期，第49—52页，图三-1。

⑤ 南京市博物馆：《南京象山5号、6号、7号墓清理简报》，《文物》1972年第11期，第27—32页。

⑥《晋书》卷六《元帝纪》，中华书局，1974年，第159页。

掘者将 7 号墓定为东晋初荆州刺史王廙墓。

表一 南朝刘宋凸字形墓一览表

序号	墓葬形制	墓主	年代	甬道（米）	墓室（米）
1	象山 7 号墓，凸字形墓	王藻墓	景和元年（465）	1.42×1.35×1.75	3.90×3.22×3.42
2	象山 2 号墓，凸字形墓	王彬孙辈墓	南朝刘宋	0.80×？×？	4.18×1.24×1.76
3	光化门外红毛山，凸字形墓	墓主身份不详	南朝早期	2.01×0.93×1.05	2.86×1.39×1.01
4	司家山 6 号墓，凸字形砖室墓	谢珫墓	永初二年（421）	1.83×1.25×1.80	4.45×2.25×3.00
5	西善桥刘宋墓，凸字形墓	钟济之夫妇墓	元嘉十一年（434）	2.28×1.10×1.74	4.70×2.1×？
6	江苏句容刘宋墓，凸字形墓	墓主身份不详	元嘉十六年（439）或稍晚	1.99×1.17×1.8	5.06×1.96×2.58
7	太平门外刘宋墓，凸字形墓	明昙憘夫妇墓	元徽二年（474）	1.30×？×？	4.20×2.04×1.47

殊不知，王廙家族人丁兴旺，子孙满堂。长子王颐之，世袭王廙武陵侯爵位，官至东海内史。次子王胡之，官至西中郎将、司州刺史。三子王耆之，历任中书郎、鄱阳太守、给事中。四子王羡之，官至镇军将军掾属。王廙有两个孙子：一为王茂之（次子王胡之之子），官至晋陵太守；

另一为王和之，历任永嘉太守、正员常侍。此外，王廙还有曾孙王敬弘（王茂之之子），义熙（405—418）末年任尚书。[①]换言之，王廙家族乃钟鸣鼎食之家，他不太可能寄人篱下，孤身一人葬在弟弟王彬家族墓地。

尽管南朝王公贵族墓流行椭圆长方形砖室墓如西善桥宫山竹林七贤壁画墓，[②]但是7号墓所用“晋制”凸字形砖室墓一直沿用到南朝如象山2号墓、光化门外红毛山南朝早期墓、司家山永初二年谢珫墓、西善桥刘宋元嘉十一年钟济之夫妇墓、江苏句容刘宋元嘉十六年墓、太平门外刘宋元徽二年明昙憘夫妇墓（详见表一）。[③]这个现象生动反映出南朝北方士族门阀对“晋制”的依恋与传承。[④]按照考古学原则，墓葬年代要靠最晚的文物断代。从下文的讨论中，我们将看到7号墓至少有4件随葬品（陶鞍马俑、金刚石戒指和罗马玻璃杯）属于南朝，而非东晋早期之物。

二、鞍马俑的年代

在象山7号墓出土文物中，最引人瞩目的是一件陶鞍马俑，障泥

---

① 《晋书》卷七六《王廙传》，中华书局，1974年，第2002—2005页。

② 南京博物院、南京市文物保管委员会：《南京西善桥南朝墓及其砖刻壁画》，《文物》1960年Z1期。

③ 南京市博物馆：《南京象山5号、6号、7号墓清理简报》，《文物》1972年第11期，第27—32页；南京市文物保管委员会：《南京象山东晋王丹虎墓和二、四号墓发掘简报》，《文物》1965年第10期，第29—45页；李鉴昭、屠思华：《南京石门坎乡六朝墓清理记》，《考古通讯》1958年第9期，第66—69页；南京市博物馆、雨花区文化局：《南京南郊六朝谢珫墓》，《文物》1998年第5期，第4—14页；南京市博物馆、雨花台区文化广播电视局：《南京市雨花台区西善桥南朝刘宋墓》，《考古》2013年第4期，第33—42页；镇江博物馆、句容市博物馆、句容市文化局：《江苏句容春城南朝宋元嘉十六年墓》，《东南文化》2010年第3期，第37—43页；南京市文物保管委员会：《南京太平门外刘宋明昙憘墓》，《考古》1976年第1期，第49—52页。

④ 俞伟超：《汉代诸侯王与列侯墓葬的形制分析——兼论“周制”、“汉制”与“晋制”的三阶段性》，《中国考古学会第一次年会论文集》，文物出版社，1980年（收入北京大学中国传统文化研究中心编《北京大学百年国学文萃·考古卷》，北京大学出版社，1998年，第184—190页）；〔韩〕赵胤宰、韦正：《南朝陵寝制度之渊源》，北京大学考古文博学院《古代文明》第4卷，科学出版社，2005年，第207页。

两侧各有一个短柄横穿型马镫（图二：1）。1959 年，湖南长沙金盆岭西晋永宁二年 21 号墓出土釉陶鞍马俑，障泥左侧有一个泥塑三角形马镫。[①] 1971 年，日本京都大学樋口隆康教授撰文《马镫之起源》，提出长沙永宁二年墓出土的釉陶骑俑马镫是考古材料中最早的马镫实物。[②] 这个说法得到许多研究者的支持。[③]

2001 年，王铁英撰文《马镫的起源》，对欧亚大陆发现的数以百计的马镫实物进行综合研究。她将 4—13 世纪的马镫分为直柄横穿型马镫、壶镫、T 形柄金属马镫、8 字形马镫四个类型，认为这四个类型的马镫既相互关联，又各自具有鲜明的地域特色。她还指出，尽管单镫产生年代早，但不能骑行使用，并非真正意义上的马镫，二者不能混为一

1　　2

图二　南京象山 7 号墓与镇江何家门水场南朝墓出土鞍马俑所见马镫

① 湖南省博物馆《长沙两晋南朝隋墓发掘报告》，《考古学报》1959 年第 3 期，第 75—99 页。南朝王公贵族墓流行椭圆长方形墓室，参见韦正：《六朝墓葬的考古学研究》，北京大学出版社，2011 年，第 295 页。

② 〔日〕樋口隆康：《鐙の發生》，《青陵》第 19 期，1971 年。

③ 杨泓：《中国古代马具的发展和对外影响》，《文物》1984 年第 9 期，第 47 页；齐东方：《中国早期马镫的有关问题》，《文物》1993 年第 4 期，第 73 页。

谈。[①] 如果象山 7 号墓确为东晋初王廙墓，那么，这件鞍马俑所见马镫将是现有考古材料中最早的马镫之一。[②] 为了便于今后的研究，我们把西晋至南朝墓出土早期马镫列为一表（表二），所列材料主要根据田立坤的调查。[③] 我们补充了以下三个材料：

第一，1966—1969 年，吐鲁番阿斯塔那墓地 22 号墓出土了一件彩绘木鞍马俑，障泥两侧各有一短柄横穿型马镫，可惜考古简报未详述此墓。[④] 不过，吐鲁番出土文书提到阿斯塔纳 22 号墓出土了一批北凉文书。据报道，"本墓无纪年衣物疏，所出文书亦无纪年。从墓葬形制及同出文物看，具有十六国时期特征。所出文书中'主薄云'及'录事识'又见于哈拉和卓九六号墓北凉玄始十二年（423）及其前后文书，但官职不同。本墓文书时代当与之大体相当"。[⑤]

第二，1975 年，呼和浩特市北魏墓出土了一件陶鞍马俑，通高 19.5 厘米，长 30 厘米，高 19.5 厘米，障泥两侧刻有短柄横穿型马镫。[⑥]

第三，近年江苏镇江何家门水场南朝墓出土了一件陶鞍马俑，障泥两侧均有略呈梯形的马镫（图二：2）。[⑦]

这就清楚地表明，马镫是中国北方农牧交错地带的鲜卑人发明的。最早的实例皆出自西晋（266—316）鲜卑墓，如辽宁北票喇嘛洞西 266 号墓和北票章吉营子北沟 8 号墓出土的铜皮木芯马镫，皆为长柄横穿型（参见表二：1—2）。象山 7 号墓出土陶鞍马俑所见马镫属于短柄横穿

① 王铁英：《马镫的起源》，《欧亚学刊》第 3 辑，中华书局，2001 年，第 76—100 页。

② 罗宗真：《马镫与炼丹术》，《东南文化》1994 年第 4 期，第 9—10 页。

③ 田立坤：《古镫新考》，《文物》2013 年第 11 期，第 50—62 页。

④ 新疆维吾尔自治区博物馆：《吐鲁番县阿斯塔那——哈拉和卓古墓群清理简报》，《文物》1972 年第 1 期，第 9—10 页。

⑤ 国家文物局古文献研究室、新疆维吾尔自治区博物馆、武汉大学历史系编：《吐鲁番出土文书》第一册，文物出版社，1981 年，第 196—206 页。

⑥ 山西博物院、内蒙古博物院编著：《草原华章：契丹文物精华展》，山西人民出版社，2010 年，第 32 页。

⑦ 索言：《说马镫》，《收藏快报》2014 年 2 月 3 日（http://www.doc88.com/p-7803709797695.html，访问时间：2022 年 1 月 9 日）。

型，器型与陕西咸阳平陵十六国墓釉陶鞍马俑和彩绘木鞍马俑、呼和浩特大学路北魏墓陶鞍马俑，以及吐鲁番北凉墓彩绘木鞍马俑所见短柄横穿型马镫相同，年代不早于5世纪初（参见表二：6—8）。

表二　西晋至南北朝古墓出土马镫一览表

序号	出土地点	马镫材质	年代	族属
1	辽宁北票喇嘛洞西区266号墓	一对，铜皮木芯马镫，长柄横穿型	西晋武帝太康十年（289）	鲜卑
2	辽宁北票章吉营子北沟8号墓	一对，铜皮木芯马镫，长柄横穿型	西晋（266—316）	鲜卑
3	辽宁朝阳袁台子壁画墓	一对，藤芯皮革髹漆马镫，长柄横穿型	东晋穆帝永和十年（354）	鲜卑
4	吉林集安七星山96号墓	一对，鎏金铜皮木芯马镫，长柄横穿型	公元4世纪初至4世纪中叶	高句丽
5	辽宁北票冯素弗墓	一对，鎏金铜皮木芯马镫，长柄横穿型	北燕太平七年（415）	鲜卑
6	陕西咸阳平陵十六国墓	两对：一为釉陶鞍马俑，马铠甲两侧有短柄横穿型马镫；另一为彩绘木鞍马俑，马铠甲两侧绘有短柄横穿型马镫	前秦至后秦时期（350—417）	氐羌
7	呼和浩特大学路北魏墓	一对，鞍马陶俑，障泥两侧有短柄横穿型马镫	北魏（386—534）	鲜卑
8	新疆吐鲁番阿斯塔纳墓地22号墓	一对，彩绘木鞍马俑，障泥两侧绘有短柄横穿型马镫	高昌北凉政权（443—460）	匈奴
9	吉林集安万宝汀78号墓	两对，皆为鎏金铜皮木芯马镫，长柄横穿型	公元5世纪中叶	高句丽
10	吉林集安长川4号墓	一对，鎏金铜皮木芯马镫，长柄横穿型	公元5世纪中叶	高句丽

续表

序号	出土地点	马镫材质	年代	族属
11	吉林市帽儿山93XI M18号墓	一对，鎏金铜皮木芯马镫，长柄横穿型	公元5世纪中叶	扶余
12	宁夏固原北魏墓	一对，轮镫型铁马镫	北魏太和八年（484）前后	鲜卑
13	南京象山7号墓	一对，陶鞍马俑，障泥两侧有短柄横穿型马镫	不早于刘宋元嘉十六年（439）	汉族
14	江苏镇江何家门水场南朝墓	一对，陶鞍马俑，障泥两侧有略呈梯形的马镫	南朝（420—589）	汉族

东晋义熙三年（407），汉化鲜卑人冯跋拥立后燕高句丽族大将高云为天王，定都龙城（今辽宁朝阳），史称“北燕”。目前所知最早的鎏金铜皮木芯马镫，就出自北燕太平七年（415）冯素弗墓，属于长柄横穿型（参见表二：5）。北燕与高句丽一向友好。436年北燕亡国后，末代君主冯弘率数万百姓投奔高句丽，因此早在4世纪初高句丽工匠就掌握制作马镫的技术（表二：4、9—10）。

高句丽素以东晋和南朝为正朔，视北魏政权为“夷狄”。朝鲜黄海北道安岳冬寿墓壁画榜题甚至采用东晋年号“永和十三年”。[①]高句丽王每年遣使南朝，贡献不绝。江南素不产马，难以组建骑兵部队抗击北魏，宋文帝遂令高句丽献马。史载高句丽王“（高）琏每岁遣使。（元嘉）十六年（439），太祖（指宋文帝）欲北讨，诏琏送马，琏献马八百匹”。[②]

直至大明三年（459），刘宋皇帝仍把马匹视为珍禽异兽，要求吐

① 宿白：《朝鲜安岳所发现的冬寿墓》，《文物参考资料》1952年第1期，第101—104页。

② 《宋书》卷九七《蛮夷传》，第2393页。有学者引此文说高句丽曾经向刘裕贡马（李辉：《南北朝时期高句丽强盛原因试析》，中华书局，1974年。《长春师范学院学报》2001年第4期，第17页）。作者显然把太祖宋文帝误当作高祖刘裕了。

谷浑进贡。[1]不过，吐谷浑所贡舞马不一定有马镫，那么，象山 7 号墓出土鞍马陶俑当模仿元嘉十六年高句丽所贡鞍马。近年江苏镇江何家门水场南朝墓发现一件鞍马陶俑，障泥两侧均有略呈梯形的马镫（参见表二：14）。凡此表明，象山 7 号墓出土装配马镫的鞍马俑当为南朝之物，年代不早于刘宋元嘉十六年（439）。

三、印度金刚石戒指

象山 7 号墓出土文物中，最引人注目的是一枚镶嵌金刚石的金戒指，出自男棺中部，应是死者的手边。[2]钻石，古称“金刚石”。其名源于梵语 vajra（金刚）。[3]这枚钻戒呈扁圆形，素面无纹，直径 2.2 厘米。指环上焊接方斗，方斗长、宽各 4 毫米。金刚石嵌在方斗内，经鉴定，它确系金刚石无疑。半个八面体，直径 1.5 毫米（图三：1），[4]迄今仍是中国考古发掘品中最早的钻石。

关于金刚石的产地，《魏书·西域传》记载：“波斯国，都宿利城，在忸密西，古条支国也。……河经其城中南流。土地平正，出金、银、鍮石（黄铜）、珊瑚、琥珀、车渠、马脑，多大真珠、颇梨（水晶）、瑠璃（玻璃）、水精、瑟瑟、金刚（钻石）、火齐、镔铁（钢）、铜、锡、朱砂、水银……”[5]殊不知，波斯并非钻石产地，18 世纪以前世界上唯

---

① 史载刘宋大明三年（459）十一月，“西域献舞马”（《宋书》卷六《孝武帝纪》，中华书局，1974 年第 125 页）；刘宋“大明五年，拾寅遣使献善舞马、四角羊”（《宋书》卷九六《鲜卑吐谷浑传》，第 2373 页）。正如余太山指出的，大明五年或为“大明三年”之误（余太山：《两汉魏晋南北朝与西域关系史研究》，商务印书馆，2011 年，第 256 页）。

② 南京市博物馆：《南京象山 5 号、6 号、7 号墓清理简报》，《文物》1972 年第 11 期，第 35 页。

③〔日〕榊亮三郎编：《梵藏汉和四译对照〈翻译名义大集〉》，京都帝国大学，1916 年，第 385—386 页。

④ 南京市博物馆：《南京象山 5 号、6 号、7 号墓清理简报》，《文物》1972 年第 11 期，第 31—34 页。

⑤《魏书》卷一〇二《西域传》，中华书局，1974 年，第 2270 页。

图三　象山 7 号墓出土金刚石戒指与印度名钻“光明之海”

一的钻石产地在印度。[①]波斯王冠上的世界名钻“光明之海”（Darya-i-Nur）就出自印度戈尔康达（图三：2），那么象山 7 号墓出土金刚石戒指当从印度传入中国。据夏鼐先生考证，西晋至南北朝时期，西域南海使臣共四次进贡金刚石。[②]

第一，敦煌贡品：《晋起居注》记载：西晋武帝“咸亨三年（227），敦煌上送金钢，生金中，百淘不消，可以切玉，出天竺”。[③]

第二，林邑王贡品：《林邑记》记载：“林邑王范明达献金刚指镮。”[④]史载东晋隆安三年（399），“林邑王范达陷日南、九真，遂寇交趾，太守杜瑗击破之”。[⑤]范达即《林邑记》的“范明达”，《晋书·安帝纪、四夷传》作“胡达”。郦道元《水经注》引《林邑记》又载：“义

① Leonard Gorelick and A. John Gwinnett, “Diamonds from India to Rome and beyond,” *American Journal of Archaeology*, Vol. 92, No. 4 (Oct., 1988), pp. 547–552.

② 夏鼐：《无产阶级文化大革命中的考古新发现》，《考古》1972 年第 1 期，第 34 页，注 24。

③（宋）李昉等编：《太平御览·珍宝部》卷八一三引《晋起居注》，中华书局，1966 年，第 3614 页。

④（宋）李昉等编：《太平御览·珍宝部》卷八一三引《林邑记》，中华书局，1966 年，第 3614 页。

⑤《资治通鉴》卷一一一，中华书局，1956 年，第 3488 页；又见《宋书》卷九二，中华书局，1974 年，第 2264 页。

熙九年（413），交趾太守杜慧度造九真水口，与林邑王范胡达战，擒斩胡达二子，虏获百余人，胡达遁。五月，慧度自九真水历都粟浦，复袭九真。长围跨山，重栅断浦，驱象前锋，接刃城下，连日交战，杀伤乃退。”①那么，林邑王献金刚石戒指当在东晋安帝义熙九年（413）之后。

第三，印度笈多王贡品：《宋书·夷蛮传》记载：“天竺迦毗黎国，元嘉五年（428），国王月爱遣使奉表……奉献金刚指环、摩勒金环诸宝物，赤白鹦鹉各一头。”“臣之所住，名迦毗[黎]河，东际于海。”②《宋书·夷蛮传》所载迦毗黎国及使者来华之事，亦为《南史》《宋会要辑稿》《册府元龟》《资治通鉴》和《南朝宋会要》征引。罗宗真认为，这位迦毗黎国王即印度笈多王月爱（旃陀罗芨多二世）。③据莫任南考证，迦毗黎河乃恒河下游一支流，梵语作 Kapila。迦毗黎国就是恒河中游的摩揭陀国，也即印度笈多王朝。从时间看，元嘉五年派使者来华的笈多王实乃鸠摩罗芨多一世（414—455），而非其父笈多王月爱（380—414）。④

第四，呵罗单国王贡品，《宋书·夷蛮传》记载：“呵罗单国，治阇婆州（今印尼爪哇岛），元嘉七年（430）遣使献金刚指镮、赤鹦鹉鸟、天竺国白叠、古贝、叶波国古贝等物。”⑤白叠，印度人对棉花的称谓。《梁书·诸夷传》高昌国条记载：“多草木，草实如茧，茧中丝如细纑，名为白叠子，国人多取织以为布。布甚软白，交市用焉。”⑥古贝，当为“吉贝”之误，指印度和东南亚所产木棉。

据以上调查，金刚石戒指实乃印度笈多王或东南亚国王贡品，可

---

① （北魏）郦道元著，陈桥驿校证：《水经注校证》，中华书局，2007年，第835页。

② 《宋书》卷九七《夷蛮传》，中华书局，1974年，第2385页。

③ 罗宗真：《六朝时期中国对外文化交流》，《文史哲》1993年第3期，第76页。

④ 莫任南：《刘宋时遣使来华的迦毗黎国在南亚何处》，《海交史研究》1992年第1期，第25—27页。

⑤ 《宋书》卷九七《夷蛮传》，中华书局，1974年，第2381页。

⑥ 《梁书》卷五四《诸夷传》，中华书局，1973年，第811页。

见象山 7 号墓主非同寻常。此外，六朝墓一般采用长方形墓室，7 号墓颇为特殊，墓室近正方形。东晋帝陵（如南京大学北园大墓、南京北郊汽轮机厂大墓、南京富贵山大墓）或重臣墓（如骠骑将军温峤墓、交宁二州刺史霍承嗣墓）往往采用近方形墓室。① 此外，7 号墓随葬品规格高于王彬家族所有墓葬，而且陶器数量甚至比东晋骠骑将军温峤墓还要多，② 可见象山 7 号墓主身份显赫，当为皇亲国戚。

《至大金陵新志》记载："（宋）明帝陵，幙府山阳，西与王导坟相近，山前有坟垄。晋穆帝陵在山南，或以西为明帝墓。"③ 故知东晋权臣王导家族墓地也在南京幕府山西南麓。我们认为，象山 7 号墓主当为刘宋景和元年（465）下狱论死的驸马王藻。此公乃王导玄孙光禄大夫王偃之子，官至右光禄大夫、东阳太守，母亲是吴兴长公主（宋武帝刘裕次女），尚临川长公主（宋文帝第六女）刘英媛。王藻与侍女吴崇祖偷情，被公主上告，景和元年（465）下狱论死。至于墓中两位女尸，一为王藻移情别恋的侍女吴崇祖；另一为王藻原配夫人刘英媛。这位公主改嫁未成，又回归琅琊王氏家族，死后与亡夫合葬。象山 7 号墓出土了一套 13 件金簪，当即临川长公主故物。

四、罗马磨花玻璃杯

值得注意的是，象山 7 号墓还出土了一对磨花椭圆纹玻璃杯：一件口径 9.4 厘米、底径 2.5 厘米、高 10.4 厘米、壁厚 0.5—0.7 厘米；另一件出土时已破碎，后来修复。这两件玻璃杯大小、器形相近，均为直筒形，圜底，透明，泛黄绿色，内有气泡。其口缘及底部有磨花椭圆形花

---

① 蒋赞初：《南京东晋帝陵考》，《东南文化》1992 年第 3—4 期合刊，第 98—106 页。

② 南京市博物馆：《南京北郊东晋温娇墓》，《文物》2002 年第 7 期，第 19—33 页；韦正：《六朝墓葬的考古学研究》，北京大学出版社，2011 年，第 283 页。

③（元）张铉编：《至大金陵新志》，《宋元方志丛刊》第六册，中华书局，1990 年，第 5749 页上。

瓣纹，腹部有七个磨花大长椭圆形花纹，器形端庄秀美，颇具异国风采（图四：1、2），现藏南京六朝博物馆。[①]经化学成分检测，当为罗马苏打玻璃器，氧化钾含量只有0.45%。[②]据美国康宁玻璃博物馆古玻璃专家罗伯特·布里尔考证，氧化钾含量低于2.00%的钠钙玻璃为罗马苏打玻璃。[③]

据中国社科院考古研究所安家瑶调查，他在新疆维吾尔自治区博物馆“见到在楼兰遗址上采集到的数块玻璃残片。其中1块为器壁残片，淡黄绿色透明，带有长椭圆形花瓣式磨饰。1块是玻璃杯口沿残片，淡黄色透明，带有弦纹和椭圆形磨花。从这两块残片的玻璃质地及磨花的风格来看，与南京象山7号东晋墓出土的磨花杯非常相似。同时采集的还有两块无纹饰的玻璃容器残片，一为残口沿，乳白色半透明，一为腹部残片绿色透明。这两块没有纹饰的残片做了成分定量分析，结果与南京东晋墓玻璃残片的成分、与公元3—4世纪罗马玻璃的标准成分都十分接近”。[④]魏晋南北朝时期，楼兰地区属于鄯善王国。前凉在楼兰建西域长史府，也即楼兰古城（斯坦因编号LA古城）。《南齐书·芮芮传》记载：“益州刺史刘悛遣使江景玄使丁零，宣国威德。道经鄯善、于阗，鄯善为丁零所破，人民散尽。”[⑤]刘悛任益州刺史在永明九年至十一年（491—493），江景玄闻鄯善“人民散尽”之事不晚于永明十一年（493），可知楼兰古城废弃于5世纪末，[⑥]那么新疆维吾尔自治区博

① 南京市博物馆：《南京象山5号、6号、7号墓清理简报》，《文物》1972年第11期，第35页，图版五-1。

② 李军、罗海明：《安徽当涂东晋墓发掘简报——兼论出土的玻璃碗残片类别和来源》，《东南文化》2002年第2期，第36—37页，表一。

③ 罗伯特·布里尔（Robert Brill）著，马波译：《抛砖引玉——2005年上海国际玻璃考古“丝绸之路古玻璃”专题研讨会开幕词》，干福熹主编：《丝绸之路上的古代玻璃研究》，复旦大学出版社，2007年，第40页，表2。

④ 安家瑶：《魏、晋、南北朝时期的玻璃技术》，干福熹等：《中国古代玻璃技术的发展》第八章，上海科学技术出版社，2005年，第122页。

⑤《南齐书》卷五九《芮芮传》，中华书局，1972年，第1025页。

⑥ 林梅村：《寻找楼兰王国》，北京大学出版社，2009年，第196—200页。

物馆在楼兰古城采集的罗马玻璃器残片的年代当在公元 5 世纪末，而非公元 3—4 世纪。

英国考古学家斯坦因第二次中亚考察期间（1906—1908），在塔克拉玛干大沙漠南缘安迪尔古城（今民丰县东北沙漠）发现一批古代玻璃残片，其一为磨花椭圆纹玻璃杯残片（编号 E. Fort.0011），宽 4.6 厘米、长 5.1 厘米（图四：4），现藏大英博物馆。[①]这件磨花椭圆纹玻璃杯残片与象山 7 号墓出土罗马玻璃杯风格相似。2017 年，我们在德黑兰玻璃与陶瓷博物馆考察时，见到一件出自伊朗阿塞拜疆的磨花椭圆纹玻璃杯（图四：6），与象山 7 号墓出土罗马玻璃杯相似。大英博物馆也有类似的椭圆纹玻璃杯，高约 10.2 厘米（图四：5）。据说出自伊朗吉兰地区，年代在萨珊波斯王朝时期（224—651）。[②]

据马艳调查，这种磨花椭圆纹玻璃杯流行于 4 世纪，可能于 4 世纪末消失，如乌克兰墓地 51 号墓出土品，磨花大椭圆外有缠丝。此外，摩尔多瓦墓地出土筒形玻璃杯，腹部有 4 个对称的磨花大椭圆纹，口径 8.9 厘米，高 10.7 厘米，底径 2.8 厘米，厚 0.40 厘米，呈半透明黄色；口沿外壁刻有希腊文“生活永远美好”，年代在 4 世纪后半叶。德国、波兰和捷克考古学家认为，此类玻璃杯为小亚（今土耳其安纳托利亚）产品，时代为 4 世纪末至 5 世纪。[③]凡此表明，象山 7 号墓出土罗马玻璃杯是从埃及亚历山大港或黑海北岸，经伊朗北部吉兰地区传入新疆塔里木盆地。

刘宋与西域的交往中，北凉高昌且渠氏政权最值得注意。沮渠无讳、沮渠安周两兄弟先后四次遣使刘宋。第一次，宋文帝元嘉十九年

① M. A. Stein, *Serindia: Detailed Report of Explorations in Central Asia and Westernmost China*, Vol.1 (Oxford: Clarendon Press, 1921), pp.291–292; Pl.XXXVI.

② St John Simpson, “Sasanian Glassware from Mesopotamia, Gilan, and the Caucasus,” *Journal of Glass Studies*, Vol. 57 (2015), pp. 77–96, fig.6.

③ 马艳：《大同出土北魏磨花玻璃碗源流》，云冈石窟研究院编：《平城丝路》，青岛出版社，2015 年，第 424—425 页。

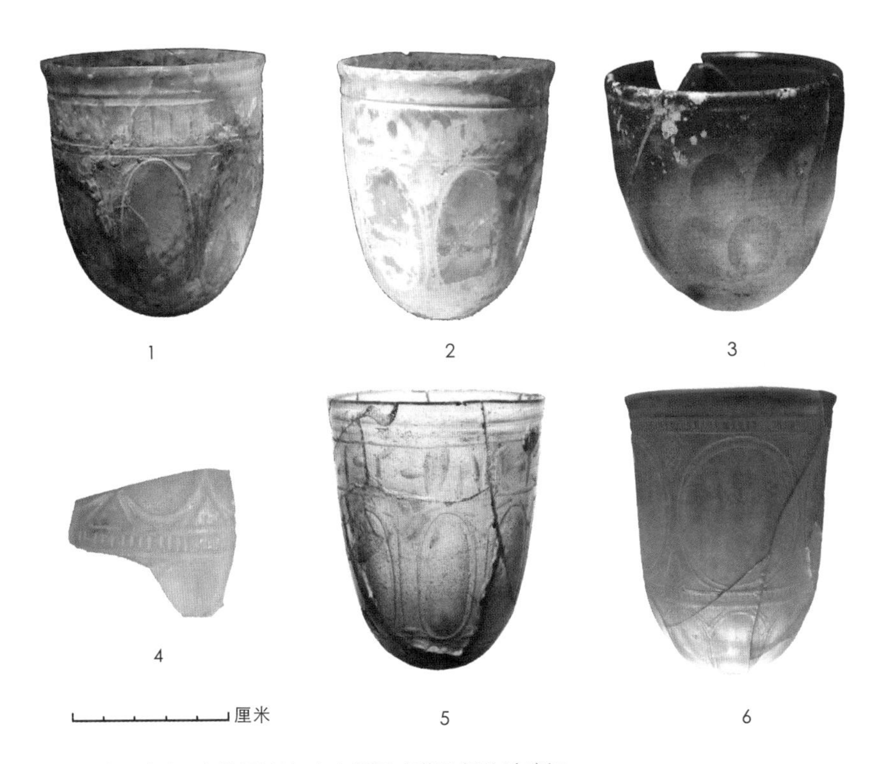

图四　中国南京、新疆及伊朗出土罗马磨花几何纹玻璃杯

(442) 九月，沮渠无讳占据高昌（今新疆吐鲁番)，“遣常侍氾俊奉表使京师，献方物”。[①] 第二次，元嘉二十年（443)，“河西国……并遣使献方物”。[②] 第三次，元嘉二十一年（444)，“（沮渠）无讳卒，弟安周立。二十一年，诏曰：‘故征西大将军、河西王无讳弟安周，才略沉到，世笃忠款，统承遗业，民众归怀。虽亡士丧师，孤立异所，而能招率残寡，攘寇自今，宜加荣授，垂轨先烈。可使持节、散骑常侍、都督凉河沙三州诸军事、领西域戊己校尉、凉州刺史、河西王。’”第四次，宋

① 《宋书》卷九八《氏胡传》，中华书局，1974 年，第 2417 页。

② 《宋书》卷八《文帝纪》，中华书局，1974 年，第 91 页。

孝武帝“大明三年（459），安周奉献方物”。[①]凡此表明，象山7号墓出土罗马玻璃杯或为刘宋文帝至孝武帝年间（442—459）高昌北凉王沮渠氏所贡方物。

此外，北凉高昌王所贡方物可能还有江苏句容刘宋墓出土罗马龟背纹玻璃杯。此墓为凸字形券顶砖室墓，未见墓志。随葬品有青瓷器、陶器、铜器、漆木器、银器、玻璃器等，并出有元嘉十六年纪年砖。故发掘者将其年代断为元嘉十六年（439）或稍后。墓中所出磨花龟背纹玻璃杯（编号J440），侈口束颈，球腹圜底，肩部饰一圈凸弦纹。口径8.5厘米、腹径9.3厘米、高6.5厘米（图五：1），考古简报称之为“萨珊王朝舶来品”。[②]然而，这件玻璃杯装饰罗马玻璃器典型纹样“龟背纹”，[③]与萨珊玻璃器典型纹饰“蜂窝纹”（图五：5、6）不尽相同。[④]

罗马龟背纹玻璃器亦见于楼兰古城（图五：2）、[⑤]阿富汗贝格拉姆遗址（图五：4），以及埃及亚历山大城所产金彩龟背纹玻璃杯（图五：3）。[⑥]美国古玻璃专家罗伯特·布里尔对贝格拉姆遗址所出35件玻璃

① 这两次北凉朝贡刘宋见于《宋书》卷九八《氐胡传》，中华书局，1974年，第2417—2418页。

② 镇江博物馆、句容市博物馆、句容市文化局：《江苏句容春城南朝宋元嘉十六年墓》，《东南文化》2010年第3期，第27—43页，图七：5。

③ Oliver Jr. Andrew, “Early Roman Faceted Glass,” *Journal of Glass Studies*, Vol. 26 (New York, 1984), pp. 35–58。

④ 图五：5为斯坦因在楼兰LB遗址采集的萨珊蜂窝纹玻璃残片；图五：6为伊朗吉兰出土萨珊蜂窝纹玻璃器。两者皆为伦敦大英博物馆藏品。

⑤ 据考古简报，这片磨花龟背纹玻璃器残片，出自楼兰古城小佛塔西北约100米处（侯灿：《楼兰古城址调查与试掘简报》，《文物》1988年第7期，第7、17—18页）。这件龟背纹玻璃残片曾经送到日本参加楼兰文物展览，日本古玻璃专家谷一尚将玻璃器外壁的“龟背纹”称作“菱形磨饰”，认为是公元1—2世纪罗马玻璃器（安家瑶：《魏、晋、南北朝时期的玻璃技术》，干福熹等《中国古代玻璃技术的发展》第八章，上海科学技术出版社，2005年，第122页）。

⑥ 阿富汗贝格拉姆出土罗马龟背纹玻璃杯，现藏法国吉美亚洲艺术博物馆；亚历山大城所产金彩磨花玻璃杯，现藏东京国立博物馆（参见东京国立博物馆编《东洋古代ガラス》，东京，1978年，第349号。编者误认为这件金彩玻璃杯是萨珊玻璃杯，但是波斯工匠并不掌握金彩玻璃工艺，其产地当在埃及亚历山大城）。

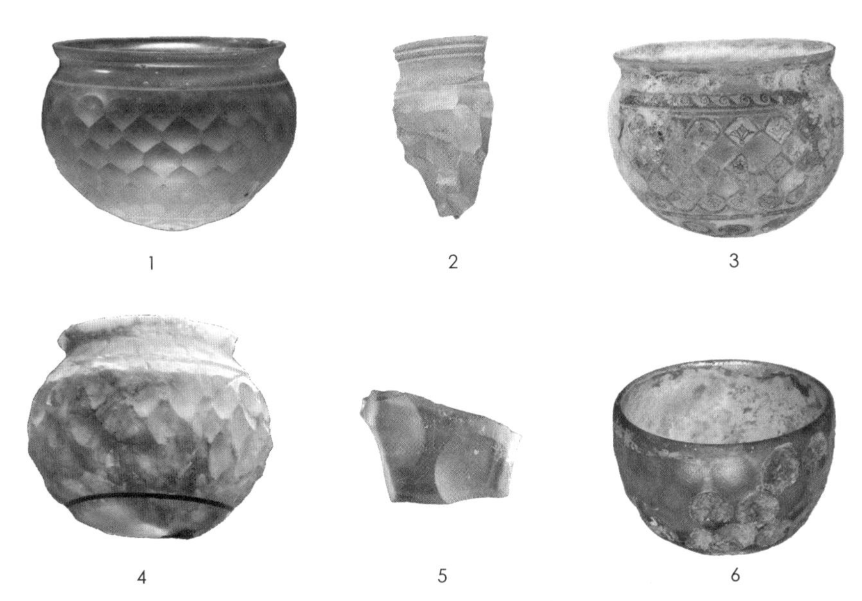

图五　丝绸之路上的罗马龟背纹玻璃杯与萨珊蜂窝纹玻璃杯

样品做过化学成分检测。除 1 件样品氧化钠检测值无效外，其余 34 件皆为泡花碱（或称“苏打”）玻璃，与地中海东南岸罗马玻璃成分完全一致。[①]

20 世纪 80 年代，新疆且末县扎滚鲁克墓地 49 号墓出土了一件磨花几何纹玻璃杯，呈淡黄绿色（图四：3），与英国考古学家斯坦因第三次中亚考察在新疆尉犁县营盘古墓发现的蜂窝纹玻璃杯（编号 Ying III.3.06）几乎完全相同。[②]经化学成分检测，扎滚鲁克 49 号墓出土蜂

① 罗帅：《阿富汗贝格拉姆宝藏的年代与性质》，《考古》2011 年第 2 期，第 71 页。根据器型和化学成分分析，研究者多认为贝格拉姆遗址出土玻璃器为罗马玻璃。不过，牛津大学怀特豪斯教授认为其中 53 件并非罗马玻璃（David Whitehouse, “Begram: The Glass,” *Topoi Orient Occident*, 11-1, 2012, pp. 437–449）。

② M.A.Stein, *Innermost Asia: Detailed Report of Explorations in Central Asia and Westernmost China*, Vol.3, Oxford, 1928, p.756, pl.CX.

窝纹玻璃杯，氧化钾仅含 0.42%，属于罗马苏打玻璃。[①] 1995 年，新疆文物考古研究所在营盘墓地 9 号墓又发现同样的蜂窝纹玻璃杯。[②] 经化学成分检测，氧化钠含量高达 19.67%，氧化钾仅含 0.59%，亦为典型的罗马苏打玻璃。[③] 有学者将这三件蜂窝纹玻璃杯的年代断在 3—4 世纪。[④] 1969 年，伊朗考古研究中心在里海南岸的诗曼姆（Shimam）古墓发掘出类似的玻璃杯，年代定在帕提亚王国晚期（约 3 世纪）。[⑤]

另一方面，塔里木盆地出土蜂窝纹玻璃杯残片中，也有萨珊植物灰玻璃。例如：新疆文物考古研究所在安迪尔古城采集到一些"淡黄绿色玻璃残片，饰磨制的椭圆形纹饰"。经化学成分检测，这些玻璃残片氧化钾含量高达 3.94%。[⑥] 据美国古玻璃专家罗伯特·布里尔研究，氧化钾含量在 4.00% 与 2.00% 之间的钠钙玻璃属于萨珊植物灰玻璃。[⑦] 据马艳调查，"玻璃磨花技法公元初即出现于罗马，此后可能传布至黑海北岸及莱茵河地区。波斯地区该技法则可能兼受黑海北岸、罗马-拜占庭影响。东亚所知的磨花玻璃器，3—4 世纪制品可能多源于黑海北岸，5 世纪后制品多源于波斯"。[⑧] 换言之，波斯工匠烧造筒形玻璃杯起初完

---

① 成倩、王博、郭金龙：《新疆且末扎滚鲁克墓地出土玻璃杯研究》，《文物》2011 年第 7 期，第 88—92 页。

② 新疆文物考古研究所：《新疆尉犁县营盘墓地 1995 年发掘简报》，《文物》2002 年第 6 期，第 41 页。

③ 干福熹等：《中国古代玻璃技术的发展》，上海科学技术出版社，2005 年，第 123 页。

④ 赵永：《新疆且末扎滚鲁克 49 号墓出土玻璃杯的年代问题》，《考古与文物》2014 年第 4 期，第 77—80 页。

⑤ 安家瑶：《魏、晋、南北朝时期的玻璃技术》，干福熹等：《中国古代玻璃技术的发展》第八章，上海科学技术出版社，2005 年，第 123 页。

⑥ 李青会：《玻璃的科技考古和分析技术》，干福熹：《中国古代玻璃技术的发展》第三章，上海科学技术出版社，2005 年，第 24 页。

⑦ 罗伯特·布里尔（Robert Brill）著，马波译：《抛砖引玉——2005 年上海国际玻璃考古"丝绸之路古玻璃"专题研讨会开幕词》，干福熹主编：《丝绸之路上的古代玻璃研究》，复旦大学出版社，2007 年，第 40 页，表 2。

⑧ 马艳：《大同出土北魏磨花玻璃碗源流》，云冈石窟研究院编：《平城丝路》，青岛出版社，2015 年，第 424—425 页。

全仿造罗马龟背纹苏打玻璃杯，5 世纪后才改用萨珊植物灰玻璃工艺，器型由筒形演变为碗形，而磨花纹饰则由龟背纹演变为蜂窝纹。

安迪尔古城地处丝绸之路南道，本来属于鄯善国。元嘉十八年（441），沮渠安周奉兄长之命攻打鄯善，结果大败而归。元嘉十九年（442），沮渠无讳的侄儿沮渠丰州乘鄯善国内乱之机占领了鄯善。[①]《洛阳伽蓝记》卷四记载：河间王“琛常会宗室，陈诸宝器。金瓶银瓮百余口，瓯檠盘盒称是。自余酒器，有水晶钵、玛瑙琉璃碗，赤玉卮数十枚。作工奇妙，中土所无，皆从西域而来”。[②]由于河西走廊在北魏控制之下，高昌北凉和西域诸国使臣一般从四川岷山道进入刘宋境内。[③]

综合全文的讨论，我们似可得出以下几点结论：第一，象山 7 号墓墓主当为宋文帝的驸马爷王藻，尚临川公主刘英媛，景和元年下狱论死。公主改嫁未成，回归琅琊王氏家族，死后与亡夫合葬。第二，象山 7 号墓出土陶鞍马俑塑有 5 世纪流行的短柄横穿型马镫，可能模仿刘宋元嘉十六年（439）高句丽所贡八百匹战马的马镫。第三，象山 7 号墓出土金刚石戒指实乃 413—430 年印度笈多王或东南亚国王贡品，可证墓主确为刘宋皇亲国戚。第四，象山 7 号墓出土罗马风格的龟背纹玻璃杯产自埃及亚历山大城或黑海北岸，途经伊朗吉兰，传入新疆塔里木盆地。这对玻璃杯或为 442—459 年高昌北凉王所贡方物，宋文帝转赠驸马爷王藻和临川长公主，景和元年（465）随王藻下葬象山墓地。

① 《宋书》卷九八《氐胡传》，中华书局，1974 年，第 2403 页。

② （北魏）杨衒之撰，周祖谟校释：《洛阳伽蓝记校释》，中华书局，2010 年，第 150 页。

③ 喇明英：《“岷山道”的历史作用及其当代价值》，《西南民族大学学报》2017 年第 9 期，第 52—53 页。

第三章

大食占星术士马依泽入华考

美国哥伦比亚大学图书馆东亚分馆，藏有一部清光绪二年敦悦堂重镌《怀宁马氏宗谱》。1968年，香港大学教授罗香林从中发现宋初西域占星术士马依泽从“鲁穆”来华的重要史料。[①]不过，学界对马依泽的家乡在今何处，颇多争议。有中亚的阿滥谧城（今乌兹别克斯坦布哈拉）、小亚细亚的罗姆苏丹国（今土耳其中南部）、阿拉伯半岛的噜密国等不同建议。我们认为，马依泽来自伊朗加兹温东北山巅阿拉穆特堡，《元史·太祖纪》称为“木剌夷国”。马依泽实乃伊斯玛仪派大食人（Tajik），今称高原塔吉克人。分布于塔吉克斯坦、乌兹别克斯坦、阿富汗和我国新疆的塔吉克族即其后裔。电影《冰山上的来客》中著名插曲《花儿为什么这样红》，就是雷振邦根据塔吉克族民歌改编的。草拟此文，见教于海内外研究者。

① 怀宁，在今安徽安庆市。美国哥伦比亚大学东亚图书馆藏《怀宁马氏宗谱》，为明成化五年马义编，光绪二年敦悦堂重镌（马肇曾：《安徽〈怀宁马氏宗谱〉》，《中国穆斯林》1986年第2期，第38—40页；收入吴海鹰主编：《回族典藏全书》第95册，甘肃文化出版社/宁夏人民出版社，2008年）。

一、马依泽来华史料之发现

1968年，罗香林在美国哥伦比亚大学图书馆东亚分馆发现宋初西域占星术士马依泽从“鲁穆”来华的重要史料（图一）。该图书馆藏清光绪二年敦悦堂重镌《怀宁马氏宗谱·尚志公弁言》云：“吾族系出西域鲁穆。始祖讳系鲁穆文字，汉译马依泽，公遂以马受姓。宋太祖建极，初召修历。公精历学，建隆二年（961），应召入中国，修天文。越二年，书成，由王处讷上之。诏曰：可。授公钦天监监正，袭侯爵，家陕西泾阳县永安镇。至十一世祖，讳乾玠公，由进士累官河南太守。卒于官，遂籍新（安）野。”[①] 同书《始祖考妣序》云：“马依泽公，号渔叟。西域鲁穆国人。肇由来中，时建隆二年（961），岁次辛酉。旌表天文略部，授钦天监，世系侯爵。筑居陕西西安府泾阳县永安镇。李尚书塔傍。来中时四旬，生于勒比阿敖勿里月（Rabia al-wer‘三月’）第二十日，故于景德二年（1005）五月初十日。”[②]

图一　清光绪二年敦悦堂重镌《怀宁马氏宗谱》

① 罗香林：《族谱中关于中西交通若干史实之发现》，《历史语言研究所集刊》第四十本上册，台北，1968年，第125—138页。

② 陈久金、马肇曾：《回人马依泽对宋初天文学的贡献》，《中国科技史料》1989年第2期，第5页。

然而，马依泽入华史料并非罗香林最早发现的。1940年，水子立发表《中国历代回教名贤事略汇编》一文，就提到马依泽入华之事。文中说："马依泽，西域回人，精历法，奉使入中国，建隆二年，至汴。太祖见其大悦，留备顾问，授钦天监监正占天象。考校汉唐以来，凡日月薄蚀，五里行度。推步精细，证前史多年之误，曾蒙帝手敕褒美。老爱秦中山水，携子子孙卜居泾阳，困家焉。由此为关中望族。"[①]这条史料源于清同治十三年李焕乙编《清真先正言行略》。[②]北京国家图书馆藏有民国丁巳年（1917）《清真先正言行略》刻本。美国哥伦比亚大学图书馆藏《怀宁马氏宗谱》发现后，马依泽入华史料才引起学界广泛关注，罗香林功不可没。

二、马依泽并非塞尔柱突厥人

罗香林认为，马依泽来自中亚的布哈拉城，《大唐西域记》称之为Ramithana（阿滥谧城），读音与"鲁穆"相同。[③]不过，研究者多主张，马依泽来自塞尔柱突厥人在小亚细亚所建罗姆苏丹国。[④]南宋赵汝适《诸蕃志》称之为"芦眉国"，元明史籍还有鲁木、鲁迷、噜密、鲁密、鲁姆等不同译名。[⑤]1075年，塞尔柱突厥帝国前王位争夺者苏莱曼攻克拜占庭帝国故土尼西亚及尼科米底亚。两年后，苏莱曼自称塞尔

① 水子立：《中国历代回教名贤事略汇编》，收入李兴华、冯今源编：《中国伊斯兰教史参考资料选编（1911—1949）》上册，宁夏人民出版社，1985年，第5页（原刊《回教论坛半月刊》第3卷，1940年）。

② （清）李焕乙编著，吴建伟整理：《清真先正言行略》卷上，李伟、吴建伟主编：《回族文献丛刊》第1册，上海古籍出版社，2008年。

③ 罗香林：《族谱中关于中西交通若干史实之发现》，《历史语言研究所集刊》第四十本上册，台北，1968年，第125—138页。

④ 马以愚：《历法考证序》，《中国穆斯林》1982年第3期，第31页；马肇曾：《安徽〈怀宁马氏宗谱〉》，《中国穆斯林》1986年第2期，第38—40页；陈久金：《伊斯兰天文学在中国的传播和发展》，《文史知识》1995年第10期，第86页。

⑤ 林梅村：《蒙古山水地图》，文物出版社，2011年，第86—88页。

柱苏丹，在尼西亚（今土耳其伊兹尼克）建都，史称“罗姆苏丹国”。1086年，苏莱曼被塞尔柱叙利亚统治者突突什一世谋杀。1097年，第一次十字军东征军队攻陷了罗姆苏丹首都尼西亚。于是苏莱曼之子基利杰·阿尔斯兰一世迁都科尼亚（今土耳其科尼亚）。①

1081—1091年间，罗姆苏丹国君主先后三次派使者出访北宋汴京。《宋史·拂菻国传》记载：“拂菻国（案：拜占庭帝国）东南至灭力沙，北至海，皆四十程。西至海三十程。东自西大食（案：阿拔斯王朝）及于阗、回纥、青唐（今青海西宁），乃抵中国。历代未尝朝贡。元丰四年（1081）十月，其王灭力伊灵改撒始遣大首领你厮都令厮孟判来献鞍马、刀剑、真珠，言其国地甚寒，土屋无瓦。产金、银、珠、西锦、牛、羊、马、独峰驼、梨、杏、千年枣、巴榄、粟、麦，以蒲萄酿酒。乐有箜篌、壶琴、小箄篥、偏鼓。王服红黄衣，以金线织丝布缠头。岁三月则诣佛寺，坐红床，使人舁之。贵臣如王之服，或青绿、绯白、粉红、褐紫，并缠头跨马。城市田野，皆有首领主之，每岁惟夏秋两得奉，给金、钱、锦、谷、帛，以治事大小为差。刑罚罪轻者杖数十，重者至二百，大罪则盛以毛囊投诸海。不尚斗战，邻国小有争，但以文字来往相诘问，事大亦出兵。铸金银为钱，无穿孔，面凿弥勒佛，背为王名，禁民私造。元祐六年（1091），其使两至。诏别赐其王帛二百匹、白金瓶、袭衣、金束带。”②

灭力沙，即塞尔柱苏丹马利克沙一世（1072—1092年在位），学界无争议。不过，“灭力伊灵改撒”颇费解。德国汉学家夏德（Friedrich Hirth）认为，此系塞尔柱苏丹副王的称号，意为“罗姆国君主、凯撒”（Malik-i Rum Kaiser）。③徐家玲也认为，这位名曰“灭力伊灵改撒”

---

① Speros Vryonis, *The Decline of Medieval Hellenism in Asia Minor and the Process of Islamization from the Eleventh through the Fifteenth Century*, University of California Press, 1971, pp. 112–113.

② 《宋史》卷四九〇《外国六·拂菻国传》，中华书局，1985年，第14124—14125页。

③ 张星烺编，朱杰勤校订：《中西交通史料汇编》第一册，中华书局，1977年，第143页。

图二　拜占庭金币与罗姆苏丹国铜币

的国王应为塞尔柱罗姆国苏丹。①伊斯兰教反对偶像崇拜，故罗姆苏丹国钱币皆无人像，如罗姆苏丹国君主基利杰·阿尔斯兰一世（1092—1107 年在位）发行的铜币（图二：1、2）。所谓“铸金银为钱，无穿孔。面凿弥勒佛，背为王名”，指东罗马金币，如拜占庭皇帝君士坦丁八世（976—1025 年在位）发行的东罗马金币（图二：3、4）。

问题是，马依泽来华之事发生在北宋建隆二年（961）。百年之后，罗姆苏丹国（1077—1308）才建立。由此可见，马依泽并非罗姆苏丹国的塞尔柱突厥人。

三、马依泽来自阿拉穆特堡

公元 960 年，赵匡胤发动陈桥兵变，定都后周东京（亦称“汴梁”或“汴京”，今开封），建立北宋王朝。翌年，西域占星术士马依泽父

① 徐家玲：《拜占庭还是塞尔柱人国家——析〈宋史·拂菻国传〉的一段记载》，《古代文明》第 3 卷，2009 年，第 65—66 页。

子抵达汴梁。关于马依泽的家乡，冯锦荣认为："作为马氏一族祖先的马依泽是来自'西域鲁穆国'，与前述系出'古莱氏家族'的胡奈·伊本·伊萨似有渊源。但《宋史》不载'鲁穆国'之名。一般认为，《明史·西域传四》中有十一次入贡明廷的'鲁迷'，就是'鲁穆国'。荣按，如据明末来华耶稣会士艾儒略（Julius Aleni，1582—1649）《职方外纪》中所载世界地图——阿拉伯半岛东北部的'噜密国'——知'鲁穆国'应当位处也门东北部和阿曼西北部接壤的地域。"[①] 如果此说成立，那么马依泽当为也门与阿曼之间的阿拉伯人。不过。阿拉伯半岛的"噜密国"仅见于明代文献，不足以证明北宋年间该国是否存在。

我们认为，马依泽实际上来自伊朗加兹温东北山巅阿拉穆特堡（Alamūt"鹰巢"），《元史·地理志·西北地附录》译作"阿剌模忒"（图三）。[②] 据波斯史料记载，伊朗北部里海南岸有一个桀骜不驯的山地民族，史称"戴拉姆人"（Dailamites）。10 世纪初，戴拉姆人在贾斯坦王朝统治之下。据说，有一次在打猎途中，贾斯坦三世（卒于 903—912 年间）看到一只老鹰正在悬崖峭壁上飞翔，他觉得是个好兆头，便下令在山顶上兴建城垒。这座城堡在老鹰授意之下兴建，故名"鹰谏"（Āluhāmūkht）。[③]

关于阿拉穆特堡的由来，13 世纪初波斯作家伊本·艾西尔也在《历史大全》（X-131）一书中写道：波斯北方戴拉姆王在一只老鹰的授意之下，在悬崖峭壁上建造了这座城堡，故称 Āluhāmūkht（鹰谏）。[④] 其

① 冯锦荣：《从阿尔·法甘尼（al-Farghānī，?—861 或以后）、阿尔·白塔尼（al-Battānī，858 或以前—929）到丁先生（Christoph Clavius，1538—1612）、利玛窦（Matteo Ricci，1552—1610）的文献之旅》（web. archive. org/web/20071216014515/http://library. ust. hk/info/colloq/jun2002/fung-talk. html，访问时间：2002 年 1 月 27 日）。

②〔美〕希提著，马坚译：《阿拉伯通史》上册，商务印书馆，1983 年，第 531 页；冯承钧编，陆峻岭增订：《西域地名》增订本，中华书局，1980 年，第 2—3 页。

③ Farhad Daftary, "Nizari Ismā'īlī history during the Alamut period," *The Ismā'īlīs: Their History and Doctrines*, Cambridge University Press, Second Edition, 2008.

④ Fleet Kate et al. (ed.), *Encyclopaedia of Islam*, The Third Edition, E. J. Brill, 2004.

图三　伊朗加兹温市东北山巅阿拉穆特堡

名由波斯语 āluh（鹰）和 āmūkht（教诲）二词构成，相当于巴列维语 āluh-hammŏxtan（鹰谏）。[①] 860 年，阿里·哈桑·达意勒·哈克再造山门，重修阿拉穆特堡。1090 年，阿萨辛派创始人哈桑·萨巴赫入主后，这里成了中东恐怖活动的大本营，故中国史书称为“木剌夷国”（al-Murai“刺客”）。[②]

1256 年，蒙古军灭木剌夷国后，阿拉穆特堡的珍贵藏书和天文仪器被劫往伊利汗国首府马拉盖（Marāgha）。[③] 13 世纪中叶，中亚布哈拉占星术士札马鲁丁应诏从阿拉穆特堡到哈剌和林，给蒙哥汗带来了纳

① D. N. MacKenzie, *A Concise Pahlavi Dictionary,* Oxford University Press, 1971, pp.7 and 41.

② 钱黎勤:《汉文史籍中的木剌夷》,《史学集刊》2006 年第 1 期，第 76—81 页。

③ 陈巍:《从“鹰巢”图书馆到大汗天文台——纳西尔丁·图西》,《中国科技教育》2018 年第 11 期，第 76—77 页。

昔剌丁·徒昔（Naṣīr al-Dīn Ṭūsī）等波斯学者的占星术著作。①元朝灭亡后，元大都回回司天台典藏的天文学图书全被运往南京观星台（今鸡鸣山北极阁遗址）。其中一部为991年阔识牙尔（Kūšyār ibn Labbān ibn Bāšahrī al-Jīlī）在巴格达编写的《星占学导引》（明代汉译本称《天文书》）。②从波斯语姓名看，阔识牙尔是伊朗吉兰人伊本·巴沙赫里·吉兰之子，而阿拉穆特堡就在今天伊朗吉兰省。看来，公元10世纪以来阿拉穆特堡一直伊斯兰天文学中心之一。

据高本汉考证，汉字“鲁穆”古音读作lomjiok，③那么“鲁穆”应来自阿拉穆特堡的别称 āluhāmūkht（鹰谏）。马依泽当为伊斯玛仪教派大食人（Tajik），今称高原塔吉克人。塔吉克斯坦、阿富汗和我国新疆的塔吉克族皆为伊斯玛仪派大食人后裔，④既然如此，那么马依泽的胡语原名似可复原为 Muhammad Idāra al-Alamūt（穆罕默德·依泽罗·阿拉穆特）。⑤

四、马依泽与伊斯兰占星术之东传

北宋建立不久，大食商人和宗教人士纷纷造访汴京。除马依泽之外，史书还有三条记载。其一，《宋会要辑稿》记载：“太平兴国元年（976）五月，西州龟兹遣使易难与婆罗门、波斯外道来贡。”⑥其二，

① 《元史》卷九〇《百官六》，中华书局，1976年，第2297页；〔波斯〕拉施特主编：《史集》第三卷，商务印书馆，2009年，第75—76页。

② （明）吴伯宗、马沙亦黑译：《明译天文书》四卷本，明内府刊本（孙毓修编：《涵芬楼秘笈》第3集，北京图书馆出版社，2000年，第513页）；陈鹰：《〈天文书〉及回回占星术》，《自然科学史研究》1989年第1期，第37—46页。

③ 〔瑞典〕高本汉著，潘悟云等译：《汉文典》修订本，上海辞书出版社，1997年，第37、459页。

④ 高占福：《历史上伊朗伊斯兰文化对中国穆斯林社会的影响》，叶奕良编：《伊朗学在中国论文集》第三集，北京大学出版社，2003年，第32—34页。

⑤ H. A. R. Gibb et al., *The Encyclopaedia of Islam*, Vol.13, Leiden: E. J. Brill, 1986, p.277.

⑥ （清）徐松辑：《宋会要辑稿·蕃夷四》，中华书局，1957年，第7720页。

《宋史·回鹘传》记载："雍熙元年（984）四月，西州回鹘与婆罗门僧永世、波斯外道阿里烟同入贡。"[①]其三，《宋史·真宗本纪》记载："咸平元年（998）春正月……辛巳，僧你尾尼等自西天来朝，称七年始达。"[②]所谓"波斯外道"，指黑衣大食统治下波斯地区流行的伊斯兰教什叶派。750年，黑衣大食借助什叶派的力量推翻了白衣大食。9世纪末10世纪初，什叶派武装起义非常频繁，伊斯玛仪派、栽德派、十二伊玛目派，以及伊斯玛仪派分支尼扎尔派、努赛尔派和德鲁兹派等，均在武装起义中得到发展。[③]《宋史·真宗本纪》的"僧你尾尼"乃"僧你宅尼"之误，指伊斯玛仪派分支尼扎尔派（Nizāriyyah）信徒。

伊斯兰历法传入中国之前，印度占星书《七曜历》在汉唐民间社会广为流行。由于它不合官方历法传统，故被贬称"小历"，朝廷严令禁止民间私习。[④]唐永徽二年（651）朝廷颁布律令："诸玄象器物，天文，图书，谶书，兵书，《七曜历》，《太一》、《雷公式》，私家不得有，违者徒二年。私习天文者亦同。"[⑤]唐代宗大历二年（767）春正月癸酉诏："其玄象器局、天文图书、《七曜历》、《太一雷公式》等，私家不合辄有。今后天下诸州府，切宜禁断。"[⑥]《七曜历》亦称《符天历》，朝廷屡禁不止，晚唐五代仍在民间社会流行。[⑦]《新五代史·司天考》记载："唐建中时（780—783），术者曹士蒍始变古法，以显庆五年为上元，雨水为岁首，号《符天历》。然世谓之小历，只行于民间。"[⑧]

---

① 《宋史》卷四九〇《外国六·回鹘传》，中华书局，1985年，第14114页。

② 《宋史》卷六《真宗本纪一》，中华书局，1985年，第106页。

③ Jurunn J. Buckley, "The Nizari Isma'ilites' Abolishment of the Shari'a During the 'Great Resurrection' of 1164 A.D./ 559A.H.," *Studia Islamica*, No.60, 1984, pp. 137-165.

④ 刘世楷：《七曜历的起源——中国天文学史上的一个问题》，《北京师范大学学报》1959年第4期，第27—39页。

⑤ 刘俊文：《唐律疏议笺解》卷九《职制》，中华书局，1996年，第763页。

⑥ 《旧唐书》卷一一《代宗本纪》，中华书局，1975年，第285—286页。

⑦ 周济：《唐代曹士蒍及其符天历——对我国科学技术史的一个探索》，《厦门大学学报》1979年第1期，第126—132页。

⑧ 《新五代史》卷五八《司天考一》，中华书局，1974年，第670页。

宋初小历与朝廷颁布的大历并用。元丰三年（1080）三月十一日，宋神宗诏曰："自今岁降大小历本，付川、广、福建、江、浙、荆湖路转运司印卖，不得抑配。其钱岁终市轻赍物附纲送历日所，余路听商人指定路分卖。"[①] 就在这样一个历史背景下，马依泽父子得以进入北宋司天监。

北宋汴梁有四座天文台，主要观测台为司天监的岳台和禁城内翰林天文院的候台。这两座天文台的仪器完全相同，用于对比检查测量结果。当有异常天象出现时，两台必须互相核对，并同时上报，以防误报或作假。四座天文台都备有大型浑仪，各用铜两万斤铸成。此外，汴京还设有一个校验所，用来校验浑仪和漏刻的准确性。[②] 马依泽父子工作地点应在司天监的岳台。

《怀宁马氏宗谱》记载："马依泽公，于建隆七年（案：实为'乾德四年'）丙寅八月十三日，诰授世袭侯爵，兼钦（案：'司'之误）天监，光禄大夫右柱国。"又载："马依泽公有三子：长子马额，字昭明，于太平兴国廿二年（案：实为至道三年，997）丁酉三月廿六日，奉旨袭侯爵，兼钦（案：'司'之误）天监监正。次子马怀，字望明，宋真宗咸平四年（1001）辛丑十一月廿一日，奉旨恩荫承德郎，钦天监监副。三子马忆，字思明，宋真宗天禧五年封龙虎将军，上护军副总兵。"太平兴国七年，司天监监正王处讷去世后，马依泽奉诏主持司天监。至道三年，马依泽年老体衰，改由其长子马额主持钦天监，同时袭封侯爵。[③]

11 世纪初，喀拉汗王朝（Qarakhanid）在中亚兴起，定都巴拉沙衮（今吉尔吉斯斯坦托克马克附近布拉纳古城），以喀什噶尔（今新疆喀什）为陪都。伊斯兰教随之传入塔里木盆地。北宋熙宁二年（1069），

---

① （清）徐松辑：《宋会要辑稿 · 运历一》，中华书局，1957 年，第 2131 页。

② 陈久金、杨怡：《中国古代的天文与历法》，商务印书馆，1998 年，第 154 页。

③ 陈久金、马肇曾：《回人马依泽对宋初天文学的贡献》，《中国科技史料》1989 年第 2 期，第 9—10 页。

巴拉沙衮城回鹘诗人尤素甫·哈斯·哈吉甫（Yusuf Khass Hajib Balasaguni）在喀什噶尔创作了一部古典叙事长诗，名曰《福乐智慧》（Qutadghu Bilik）。这部长诗第55章题为《论如何对待星占士》，讲述伊斯兰占星术士究竟是什么样的人。其中第4376—4382行有诗曰：

此外还有星占术士，
这种学问格外精细。
是他们计算日、月、年，
这确系十分必要的计算。
要懂得它先得把几何学通，
然后才能打开计算的大门。
要学会乘除，学会分数，
它能考验你是否成熟。
还要学会倍数和比例，
然后你再向开方涉足。
还要学会加减和土地测量，
七层天犹如草芥握在你手掌。
此外，还要学习代数方程。
然后去打开欧几里得的门庭。①

欧几里得（Euclid）是公元前3世纪古希腊数学家，以名作《几何原本》闻名天下。这部书不仅保存了古希腊早期几何学理论，而且把希腊化世界已有数学、哲学整理成一个独有的完整体系，从而使这些远古数学思想得以发扬光大。1482年以来，《几何原本》在世界各地发行了上千版。从来没有一本教科书能像《几何原本》那样长期成为世界各地学子传诵研习的读物，它流传之广、影响之大，仅次于《圣经》。明万

① 尤素福·哈斯·哈吉甫著，郝关中、张宏超、刘宾译：《福乐智慧》，民族出版社，1986年，第566—567页。

历年间徐光启与意大利传教士利玛窦（Matteo Ricci）合作翻译了《几何原本》部分内容。徐光启感慨道："百年之后，此书必成学子必读之经典。"[①]

早在 11 世纪初，《几何原本》就在塔里木盆地西部流行。不仅如此，宋初大食占星术士马依泽还将伊斯兰天文学知识传入中原地区。中国传统历法向来以干支记年月日，并无 7 天记日的星期制。星期制起源于古代巴比伦。公元前 7 世纪，古巴比伦人把一个月分为 4 周，每周 7 天，每天以一个星神来命名，也即一个星期。古巴比伦人还建造七星坛祭，每天祭祀一个星神。其中，太阳神沙马什主管星期日，称日曜日；月亮神辛主管星期一，称月曜日；火星神涅尔伽主管星期二，称火曜日；水星神纳布主管星期三，称水曜日；木星神马尔都克主管星期四，称木曜日；金星神伊什塔尔主管星期五，称金曜日；土星神尼努尔达主管星期六，称土曜日。

古巴比伦的星期制，首先传入古希腊、古罗马，后来在世界各地广泛传播；不仅为基督教、犹太教接受，还被后来兴起的伊斯兰教采纳。不过，《圣经》认为，上帝用六天创造世界万物，在第七天休息，这七天从星期日开始，第七天是星期六，所以犹太教以星期六（土曜日）为安息日。基督教成为罗马帝国的国教后，因为耶稣在星期日复活，故将礼拜日（日曜日）定为星期日。伊斯兰教认为，真主在第六天完成创造工作，这一天应该庆祝，故将星期五（金曜日）定为重大礼拜的"主麻日"。

马依泽参与编修的《应天历》，以冬至日为甲子日，与金星日（金曜日）共存的甲子岁为其历元，也即《宋史 · 律历志二》所谓"命从金星甲子"。世界上唯有伊斯兰历法以金曜日（星期五）为一星期之始，可证马依泽在《应天历》中引进了伊斯兰历法星期制。[②]

① 李镝：《徐光启：睁眼看世界》，《同舟共进》2021 年第 1 期，第 76—78 页。

② 马肇曾：《〈怀宁马氏宗谱〉及历代主要人物考（上）》，《回族研究》1998 年第 3 期，第 23—24 页。

好景不长。一些民间邪教组织利用“小历”妖言惑众，于是朝廷严令禁止带有西域天文学色彩的小历在中国民间社会流行。宋仁宗天圣七年（1029）诏令开封府：“乞禁止诸色人自今不得私雕造小历印版货买。如违，并科违制，先断罪。”[①]

在以往的研究中，伊斯兰历法传入中国往往归功于波斯占星术士札马鲁丁（Jamal al-Din）1267年所编《万年历》。《怀宁马氏宗谱》将伊斯兰历法传入中国提前到963年所编《应天历》，而大食占星术士马依泽可谓中国与伊斯兰世界文化交流的先驱者。

① （清）徐松辑：《宋会要辑稿·运历一》，中华书局，1957年，第2131页。

第四章

甘埋里考——兼论宋元时代海上丝绸之路

甘埋里是中东地区一座古海港，宋代称“甘眉”或“甘眉流”，元代称“甘埋里”或“甘理”。晚清沈曾植、藤田丰八以来，研究者一直以为这座古海港在波斯湾忽鲁谟斯旧港（今伊朗米纳布）。[①] 我们在阿拉伯地理学家伊第利斯绘制的世界地图集《浪迹天涯》（*Kitāb nuzhat al-mushtāq fī ikhtirāq al-āfāq*）中发现，[②] 甘埋里实乃阿拉伯半岛南端古海港 al-Hammer（今阿曼苏哈尔附近）。甘埋里是宋元时代乳香和阿拉伯马的转运港，它在海上丝绸之路的重要性不亚于波斯湾的忽鲁谟斯港。

一、《岛夷志略》的甘埋里

甘埋里是中东地区一个古港口，在中国史料中仅见于宋元文献。正如研究者指出的，《诸蕃志》提到的“甘眉”，就是

① （元）汪大渊著，苏继庼校释：《岛夷志略校释》，中华书局，1981 年，第 364 页。

② 马坚译作《云游者的娱乐》（〔美〕希提著，马坚译：《阿拉伯通史》下册，商务印书馆，1990 年，第 731 页）。

《岛夷志略》的“甘埋里”。[①]《诸蕃志》下卷记载：

> 大食在泉之西北，去泉州最远。番船艰于直达，自泉发船四十余日，至蓝里（Lamuri，今印尼苏门答腊岛北端），博……易住冬。[②]次年再发，顺风六十余日方至其国。本国所产，多运载与三佛齐（今印度尼西亚巨港）贸易，贾转贩以至中国。……番商兴贩，系就三佛齐、佛啰安（今马来西亚 Beranang）等国转易。麻啰抹（麻啰拔之误，今阿曼萨拉拉海滨 Mirbat）、施曷（今也门 Shihr）、奴发（今阿曼多法尔）、哑四包闲、啰施美、木俱兰（今伊朗 Makran）、伽力吉（今阿曼 Qalhāt）、毗喏耶、伊禄、白达（今巴格达）、思莲（今伊朗设拉子）、白莲（今巴林岛）、积吉、甘眉（甘埋里之别称）、蒲花罗、层拔（今桑给巴尔）、弼琶啰（今索马里柏培拉）、勿拔、瓮篱（瓮蛮之误，今阿曼）、记施（今波斯湾基什岛）、麻嘉（今麦加）、弼斯罗（今伊拉克巴士拉）、吉甆尼、勿斯离（今埃及），皆其属国也。[③]

《宋史》卷一一九《礼二十二》记载：“西蕃氐、西南诸蕃、占城、回鹘、大食、于阗、三佛齐、邛部川蛮及溪峒之属，或比间数岁入贡。层檀、日本、大理、注辇、蒲甘、龟兹、佛泥、拂菻、真腊、罗殿、勃泥、邈黎、阇婆、甘眉流诸国入贡，或一再，或三四，不常至。”正如研究者指出的，《宋史》所载纳贡国名录中的“甘眉流”，与《诸蕃志》的“甘眉”同，亦指甘埋里。《岛夷志略》两处提到“甘埋里”。

---

①〔德〕廉亚明、〔德〕葡萄鬼著，姚继德译：《元明文献中的忽鲁谟斯》，宁夏人民出版社，2007年，第30—45页。

② 南宋周去非《岭外代答》卷三记载：“有麻离拔国，广州自中冬以后，发船乘北风行，约四十日到地名蓝里，博买苏木、白锡、长白藤，住至次冬，再乘东北风六十日顺风方到。”（[宋]周去非著，杨武泉校注：《岭外代答校注》，中华书局，1999年，第99页。）《诸蕃志》所载“博……易”中的阙文，可根据《岭外代答》所载“博买苏木、白锡”句复原。

③（宋）赵汝适著，杨博文校释：《诸蕃志校释》，中华书局，1996年，第194页。有关地名考释，主要根据陈佳荣、谢方、陆峻岭编：《古代南海地名汇释》，中华书局，1986年。

其一，“甘埋里”条：“其国迩南冯之地，与佛朗相近。乘风张帆二月可至小唄喃。其地船名为马船，大于商舶。不使钉灰，用椰索板成片。每舶二三层，用板横栈，渗漏不胜，梢人日夜轮戽水不使竭。下以乳香压重，上载马数百匹，头小尾轻，鹿身吊肚，四蹄削铁，高七尺许，日夜可行千里。所有木香、琥珀之类，均产自佛朗国来，商贩于西洋互易。去货丁香、豆蔻、青缎、麝香、红色烧珠、苏杭色缎、苏木、青白花器、瓷瓶、铁条，以胡椒载而返。椒之所以贵者皆因此船运去尤多，较商舶之取，十不及其一焉。”[①] “佛朗”一词，源于古代阿拉伯人对欧洲的称谓 Franks（法兰克）。小具喃亦称“故临”或“小葛兰”，指今南印度西海岸的奎隆。[②]

其二，“古里佛”条：“当巨海之要冲，去僧加剌（今斯里兰卡）密迩，亦西洋诸番之马头也。……其珊瑚、珍珠、乳香诸等货，皆由甘理、佛朗来也。去货与小唄喃国同。蓄好马，自西极来，故以舶载至此国，每疋互易，动金钱千百，或至四十千为率，否则番人议其国空乏也。”[③] “古里佛”，即南印度西海岸科泽科德（Calicut），《郑和航海图》称作“古里”，而“甘理”则为“甘埋里”简称。此外，《岛夷志略》的丹马令和八都马条还提到当地贸易货物中有“甘埋布”。

美国学者柔克义认为，“甘埋里”来自“科摩罗群岛”（Comoro Islands）之名，而德国学者廉亚明、葡萄鬼则认为，《岛夷志略》所谓“甘埋里”指忽鲁谟斯旧港。[④]殊不知，《岛夷志略》提到了忽鲁谟斯旧港，称之为“班达里”。文中说：

（班达里）地与鬼屈、波思国（今伊朗）为邻。山峙而石盘，田瘠谷少。气候微热，淫雨间作。俗怪，屋傍每有鬼夜啼，如人声

① （元）汪大渊著，苏继庼校释：《岛夷志略校释》，中华书局，1981 年，第 364 页。

② 陈佳荣、谢方、陆峻岭编：《古代南海地名汇释》，中华书局，1986 年，第 162 页。

③ （元）汪大渊著，苏继庼校释：《岛夷志略校释》，中华书局，1981 年，第 325 页。

④ 〔德〕廉亚明、〔德〕葡萄鬼著，姚继德译：《元明文献中的忽鲁谟斯》，宁夏人民出版社，2007 年，第 30—45 页。

> 相续，至五更而啼止。次日酋长必遣人乘骑鸣锣以逐之，卒不见其踪影也。厥后立庙宇于盘石之上以祭焉，否则人畜有疾，国必有灾。男女丫髻，系巫仑布，不事针缕纺绩。煮海为盐。地产甸子、鸦忽石、兜罗绵、木绵花、青蒙石。贸易之货，用诸色缎、青白瓷、铁器、五色烧珠之属。①

班达里之名来自波斯语 bandar（港口），指忽鲁谟斯旧港（今伊朗米纳布）；波思国即波斯国，当时在伊利汗国统治下。班达里“地产甸子、鸦忽石”，分别指波斯松石、红蓝宝石（波斯语 yāqut）。②湖北钟祥明代藩王梁庄王墓出土元代皇帝帽顶子上伊朗内沙布尔出产的绿松石（图一），就是从忽鲁谟斯旧港运到中国的。③

如果甘埋里不在波斯湾忽鲁谟斯旧港，那么，这个古海港又在今天何处呢？我们在阿拉伯古地图中发现，甘埋里实际上在阿拉伯半岛南端，今阿曼北部。

图一　湖北钟祥明代梁庄王墓出土元代皇帝帽顶子上的波斯松石

① （元）汪大渊著，苏继庼校释：《岛夷志略校释》，中华书局，1981 年，第 253—254 页。

② 宋岘：《郑和航海与穆斯林文化》，《回族研究》2005 年第 3 期，第 6 页。宋岘认为班达里在今阿巴斯港，不一定正确，实际上在今伊朗米纳布。

③ 林梅村：《珠宝艺术与中外文化交流》，《考古与文物》2014 年第 1 期，第 87—99 页。

二、《伊第利斯世界地图集》所见“甘埋里”

12 世纪，阿拉伯地理学家伊第利斯（Muhammad al Idiris）绘制过一部世界地理图，名曰《浪迹天涯》（*Kitāb nuzhat al-mushtāq fī ikhtirāq al-āfāq*），亦称《伊第利斯方形世界地图集》，以区别于《伊第利斯圆形世界地图集》，今称《伊第利斯世界地图集》。这部阿拉伯文地图集将世界划分为 70 个区域，并绘有 70 幅长方形地图，描述世界各地区不同地貌，采用上南下北方向。该地图集全面总结了托勒密和麦斯欧迪等地理学前辈的研究成果，并根据派往各地的实测者的报告对世界地理进行全面描述。

《伊第利斯世界地图集》原本久佚，不过，法国国家图书馆藏有一个阿拉伯文古抄本。[①] 牛津大学博德利图书馆还藏有另外两个阿拉伯文古抄本，其一为 14 世纪版阿拉伯文彩绘抄本（编号 MS Greaves 42）。其中两幅图可以相互拼接，描绘波斯湾及周边地区（图二）。图上写有苏莱曼尼（Soleimanan）、伊斯法罕（Isbahan）、沙普尔（Shabur）、阿巴丹（Abadan）、设拉子（Shiraz）、哈莱克岛（Harak）、[②] 尸罗夫（Shiraf）、[③] 克尔曼（Kirman）、霍尔木兹（Hormuz）、阿巴卡文岛（Abar Kawan，格什姆岛别称）、[④] 哈巴尔”（Habar，加隆岛别称）、朱尔法（Julfar）、甘埋里（al Hammar）、南冯（Dama）、龟屿（Kaish）、

① 参见法国国家图书馆（Biblioth è que nationale de France）藏阿拉伯地图网页（http://gallica.bnf.fr/ark:/12148，访问时间：2022 年 1 月 22 日）。

② 宋岘译注：《道里邦国志》，中华书局，1991 年，第 65 页；A.W. Stiffe, “Persian Gulf notes. Kharag island,” *Geographical Journal* 12, 1898, pp. 179–182。

③ 穆根来、汶江、黄卓汉译：《中国印度见闻录》，中华书局，2001 年，第 7 页。

④ 穆根来、汶江、黄卓汉译：《中国印度见闻录》，中华书局，2001 年，第 8 页；《道里邦国志》称作“伊本 · 卡旺岛”（Ibn Kawan），参见宋岘译注：《道里邦国志》，中华书局，1991 年，第 65 页。

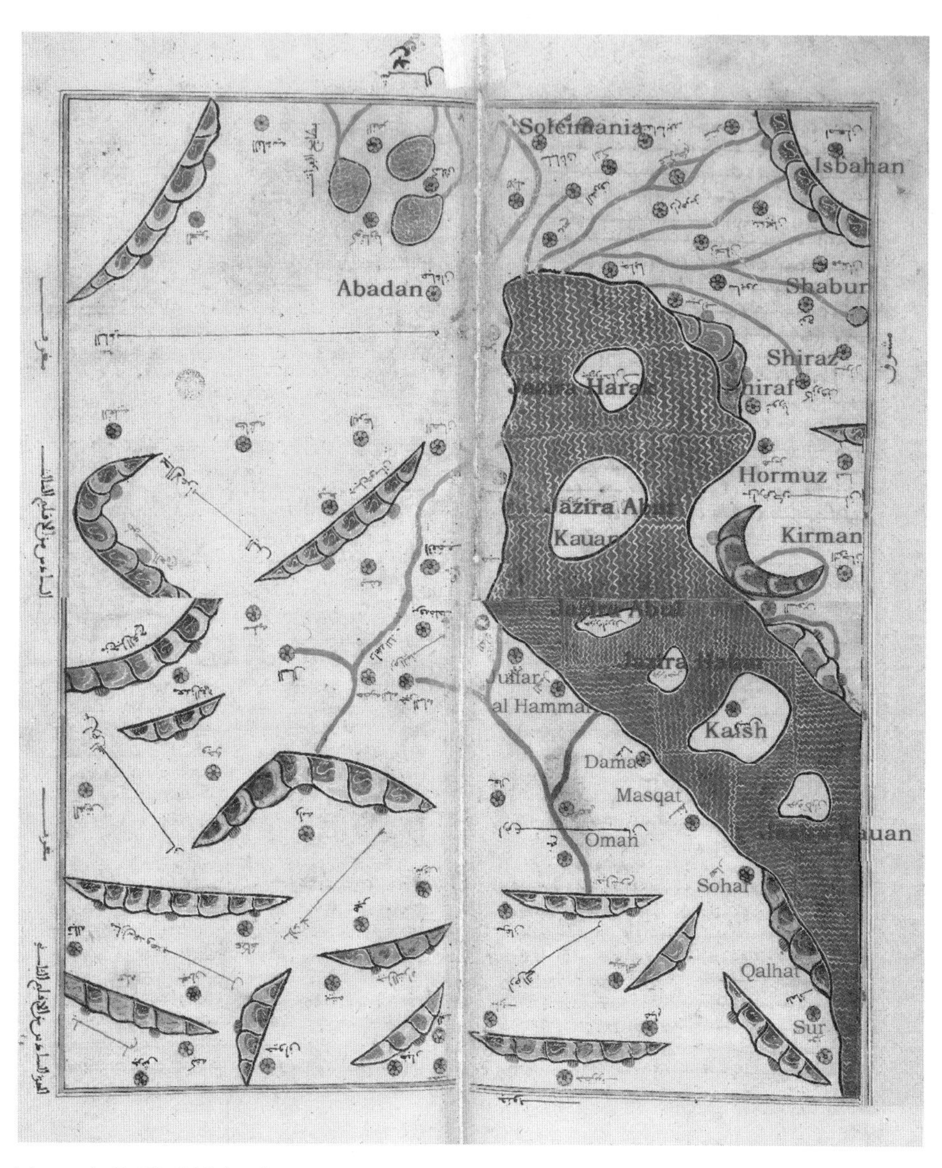

图二 《伊第利斯世界地图集》之波斯湾图

图三　阿曼的乳香树与乳香

马斯喀特（Masqat）、[①] 苏哈尔（Sohar）、[②] 伽力吉（Qalhāt，亦称哈剌图）等波斯语或阿拉伯语地名。[③]

《伊第利斯世界地图集》在阿联酋朱尔法东南方向标出一座古海港，名曰 al Hammer。我们认为，这座古海港才是《诸蕃志》的“甘眉”和《岛夷志略》的“甘埋里”。这座海港位于阿拉伯半岛南端，故《岛夷志略》说“其国迩南冯之地”。《岛夷志略》介绍古里佛（今印度科泽科德）说：“其珊瑚、珍珠、乳香诸等货，皆由甘理（‘甘埋里’简称）、佛朗来也。”众所周知，阿曼是乳香著名产地（图三），而波斯不产乳香，那么甘埋里应在阿拉伯半岛阿曼湾而非波斯湾。

海上丝绸之路国际贸易中的珊瑚主要来自“佛朗”，其名来自阿拉

① 穆根来、汶江、黄卓汉译：《中国印度见闻录》，中华书局，2001 年，第 7—8 页。

② 宋岘译注：《道里邦国志》，中华书局，1991 年，第 62 页；穆根来、汶江、黄卓汉译：《中国印度见闻录》，中华书局，2001 年，第 8 页。

③ 原图引自牛津大学博德利图书馆藏阿拉伯地图网页，承蒙努尔兰（Nurlan Kenzheakhmet）博士帮助解读图上阿拉伯语地名，谨致谢忱！

图四 南印度马杜赖出土拜占庭金币与北宋元丰通宝

伯人对欧洲的称谓Frank（佛郎机）。早在6世纪初，拜占庭商人、景教徒科斯马斯·印第科普莱特斯（Cosmas Indicopleustes），就开通了红海至印度马拉巴尔和斯里兰卡的航线。他在《基督教世界风土志》（*The Christian Topography of Cosmas*）一书中甚至提到中国（Tzinitza或Tzinista）和印度洋的丝绸贸易。①南印度泰米尔纳德邦出土过一枚拜占庭金币（图四：1），现存马杜赖市立博物馆（Madras Government Museum），以实物见证了拜占庭与印度之间的贸易往来。阿曼还出土过一枚北宋元丰通宝，现存阿曼国家博物馆（图四：2），见证了宋代中国与阿拉伯半岛之间的贸易往来。印度古里（今印度西海岸科泽科德）商人从事阿拉伯马贸易。《岛夷志略》古里佛条记载："去货与小唄喃国同。蓄好马，自西极来，故以舶载至此国，每疋互易，动金钱千百，或至四十千为率，否则番人议其国空乏也。"②

① J.W. McCrindle (trans.), *The Christian Topography of Cosmas, an Egyptian Monk,* New York: The Hukluyt Society, 1897, pp. 368–370; H.Yule, *Cathay and the Way Thither*, Vol.1, London: The Hukluyt Society,1915, p. 25.

②（元）汪大渊著，苏继庼校释：《岛夷志略校释》，中华书局，1981年，第325页。

图五　阿拉伯热血马

阿拉伯马的原型可能是由阿拉伯半岛古代居民（今贝都因人）驯养的（图五）。家马的原始故乡在南俄草原，很早就传入西亚新月沃土，但伊斯兰教兴起之前阿拉伯半岛却很少见。研究者推测，7 世纪波斯人成为伊斯兰教徒后，才将培育良马及驯马术传给贝都因人，此后阿拉伯马才得以大规模繁殖。[①]

宋代阿拉伯马贸易中心在阿曼海滨 Qalhāt（卡拉哈特），《诸蕃志》称作“伽力吉”，冯承钧译《马可波罗行纪》称作“哈剌图”。早在元代初年，这座阿曼古城就见诸中国史料，元人刘敏中《不阿里神道碑》称之为“合剌合底”。其文曰：

公本名撒亦的，西域人。西域有城曰哈剌合底（Qalhāt），其

① 参见 Deb Bennett，*The Spanish Mustang*, The Horse of the Americas Registry，2008（http://www.frankhopkins.com/ mustangsA.html 访问时间：2022 年 1 月 10 日）。

先世所居也。远祖徙西洋。西洋地负海，饶货，因世为贾贩以居。父不阿里得幸西洋主，使与诸弟齿，弟有五人，不阿里称六弟。俄总领诸部，益贵富，侍妾至三百人，象床、黄金饰相称。不阿里没，公克绍其业，主益宠。凡诏命惟以父名，故其名不行，而但以父名称焉。圣朝之平宋也，公闻之喜曰："中国大圣人混一区宇，天下太平矣，盍往归之？"独遣使以方物入贡，极诸瑰异。自是踵岁不绝。复通好亲王阿八合、哈散二邸，凡朝廷二邸之使涉海道，恒预为具舟梳，必济乃已。世祖熟其诚款，至元二十八年（1291），赐玺书，命某部尚书阿里伯、侍郎别帖木儿列石往谕，且召之。公益感激，乃尽捐其妻孥、宗戚、故业，独以百人自随，偕使入觐。既见，世祖大加慰谕，赐玺书赐以锦衣及妻，廪之公馆，所以恩遇良渥。圣上嗣位，特授资德大夫、中书右丞、商议福建等处行中书省事，累赐以巨万计，而宠数益隆矣。至是年来朝，遂以病薨，享年四十有九……于是有葬、赠谥、碑之命……大德四年（1300）二月日撰。[①]

据马可·波罗记载，穆斯林商人"亦从此港（指哈剌图港）运输阿剌壁种良马至印度，其数甚众"。[②]阿拉伯马贸易市场当然不止一处，甘埋里当即阿拉伯半岛另一个良马贸易中心。

三、海上丝绸之路上的绢马贸易

甘埋里只见于南宋《诸蕃志》和元代《岛夷志略》，不过，考古发现表明阿拉伯半岛唐代就开始从事中国陶瓷贸易。1988—1995年，法国考古队在阿曼苏哈尔的喀拉特（Qalat）古城发现许多中国陶瓷残片。据法国高等实验学院毕梅雪（Michèle Pirazzoli-t'Sestevens）教授考证，其中包括晚唐五代长沙窑瓷片、越窑青瓷片、广东青瓷片、邢窑白瓷片

① 李修生主编：《全元文》卷三九七，江苏古籍出版社，1998年，第550—552页。

② 冯承钧译：《马可波罗行纪》，上海书店出版社，2001年，第477页。

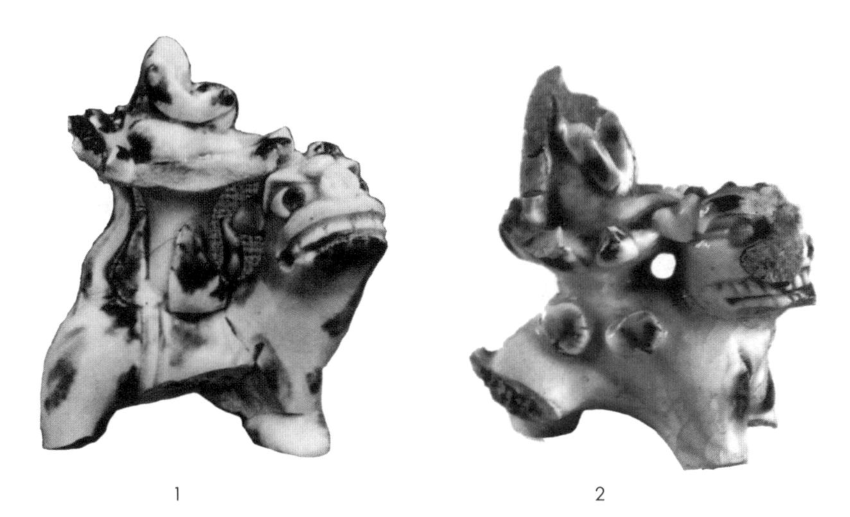

图六　苏哈尔出土景德镇湖田窑青白釉褐彩文殊菩萨像与景德镇湖田窑第三期青白釉褐彩文殊菩萨像

和元代景德镇青白瓷片。[①]

2006年在阿曼考察时，我们见到一件苏哈尔出土的景德镇湖田窑青白釉褐彩文殊菩萨像（图六：1），形制与景德镇湖田窑第三期（约1101—1127）青白釉褐彩文殊菩萨像（图六：2）如出一辙。[②]

据佐佐木达夫等日本学者调查，阿联酋东北境阿曼湾的鲁略亚（Luluiyah）城堡遗址发现一批13—14世纪的中国瓷片。[③]据我们观察，这批中国瓷片实乃南宋浙江龙泉窑青瓷残片和南宋福建磁灶窑残片（图七、图八）。

值得注意的是，鲁略亚城堡所在地科尔·法坎（Khor Fakkan）位于阿曼湾，距《伊第利斯世界地图集》所标“甘埋里”不远（图九）。

---

① Michèle Pirazzoli-t' Sestevens, “La céramique chinoise de Qalat al uâr,” *Arts asiatiques*. Tome 43, 1988. pp. 87–105.

② 江西省文物考古研究所、景德镇湖田窑遗址陈列馆编：《景德镇湖田窑址》上册，北京：文物出版社，2007年，第454—455页。本文所用彩色图版，引自该书下册彩版147–5。

③ Hanae Sasaki and Tatsuo Sasaki, “Trade ceramics from East Asia to the Arabian Peninsula,” *Archaeology in the United Arab Emirates*, 2011, pp.223.

图七　阿联酋鲁略亚城堡出土南宋龙泉窑青瓷片与南宋古墓出土龙泉窑青瓷碗

图八　阿联酋鲁略亚城堡出土南宋磁灶窑瓷片与南海 1 号沉船出水磁灶窑杜松罐

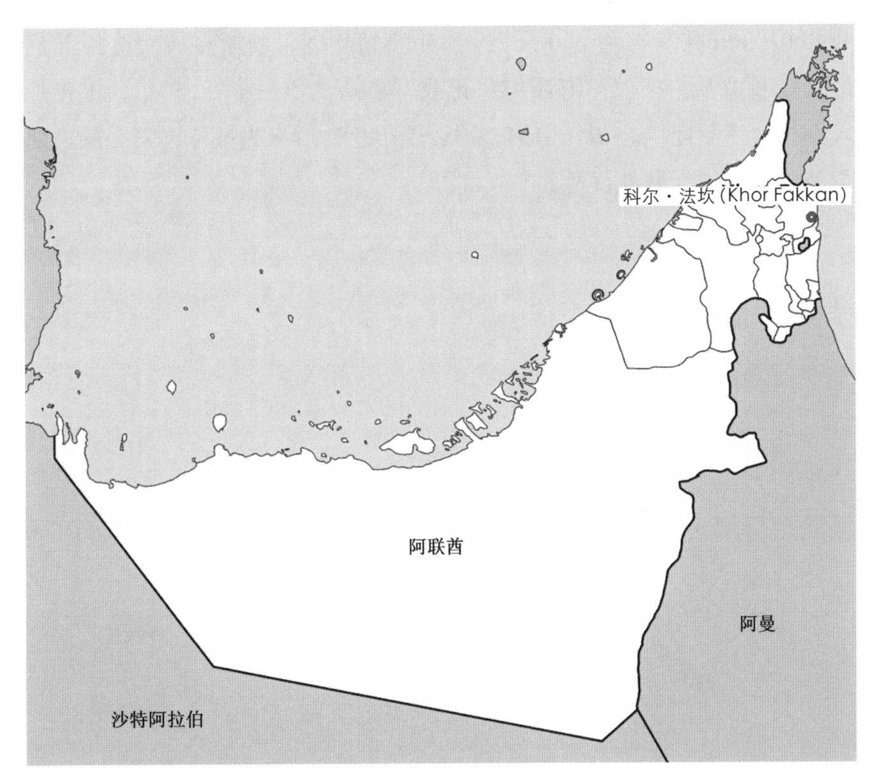

图九　阿联酋阿曼湾鲁略亚城堡所在地（引自维基百科）

阿拉伯与中国之间的绢马贸易一直延续到郑和下西洋时代。郑和舰队的马船很可能仿造阿拉伯人发明的马船。马船又名“马快船”，是明初大型快速水战与运输兼用船。《续文献通考·职官三》提到“马船”专司供送官物，它在郑和舰队主要用来运载马匹以及下西洋时输出或输入的大量物品。罗懋登《三宝太监西洋记》称马船长三十七丈，宽十五丈，有八桅。这个尺度与马欢《瀛涯胜览》提到的中型宝船一致。据《南京静海寺残碑》和祝允明《前闻记》记载，郑和舰队所用船只分为两千料、一千五百料、大八橹和二八橹船。据研究者推算，明代两千料船总长约 60 米，宽约 15 米，排水量约 1500 吨，而上海交通大学教授杨槱院士则认为：郑和远航用的船舶的尺度为 12 丈左右，2—3 桅，可载200—300吨货物和200余人。[①] 明嘉靖年间，闽浙海域海盗用马船进行走私贸易。据《筹海图编》记载，嘉靖二十三年（1544），王直加入许栋海盗集团，起初任出纳，因表现出色，后来为许栋领哨马船，随贡使赴日本进行海外贸易。[②]

① 杨槱:《现实地和科学地探讨“郑和宝船”》,《海交史研究》2002年第2期，第1—4转36页。

②（明）郑若曾著，李致忠点校:《筹海图编》卷八下《寇踪分合始末图谱》，中华书局，2007年，第571页。

第五章

马可·波罗时代的印度洋贸易

1271年，马可·波罗离开威尼斯，随父亲尼古拉和叔父马菲奥经伊斯坦布尔城，到阿迦（今以色列Acre）谒见新教皇。随后，他们从阿迦正式开始东方之旅，途经伊朗、中亚诸国、新疆塔克拉玛干大沙漠、蒙古草原，抵达元上都（Xanadu，今内蒙古正蓝旗），觐见元世祖忽必烈。马可·波罗在中国游历了17年。1291年，借波斯使团送赐妃阔阔真下嫁伊利大汗之机，马可·波罗一家三人从泉州港出海，远航波斯。1293年2—3月，他们抵达波斯湾忽鲁谟斯（今伊朗米纳布）。1293年4—5月间，送赐妃阔阔真赴阿八哈耳（Abhar，今伊朗赞詹省省会）下嫁阿鲁浑之子合赞汗，然后取道特拉布宗（Täbriz，今土耳其东北黑海港口）回国。当他们返回故乡已是1295年末，距离开威尼斯长达24年之久。[①]

《马可波罗行纪》一书问世后，引发了西方人对东方地理文化的广泛兴趣。然而，这位威尼斯商人是否来过中国，却一直

---

① 黄时鉴：《关于马可·波罗的三个年代问题》，《中外关系史论丛》第1辑，世界知识出版社，1985年，第59—67页。

备受质疑。1996 年，英国学者吴芳思（Frances Wood）出版《马可·波罗到过中国吗?》一书，再次质疑，[①]随即遭到西方学者罗依果（Igor de Rachewiltz）、杰克逊（Peter Jackson）和中国学者杨志玖等的反驳。[②]我们无意介入这场讨论，只想借这个话题，从考古学角度讨论马可·波罗时代印度洋国际贸易。

一、马可·波罗离华的时间

关于马可·波罗一家如何离开中国，《马可波罗行纪》说："斯时马可先生甫从印度归来，告大汗以该邦新奇事物及航行经过，并称航行之安全。阿鲁浑王之使臣离家已三年，颇思返里，闻此事后即往见尼古拉、马菲奥及马可三人，知彼等亦亟欲归故乡者，乃与定谋，以三使者及公主往见大汗，以马可之言入奏，谓自海上赴阿鲁浑王所，其费甚少，路程较短，实为安全。故乞主上开恩，允彼等由海而行，且以此三拉丁人为伴，以其曾行是海也。大汗不欲舍此三拉丁人，闻奏后颇不悦，又无他法，乃允其请。倘无此正大理由以动大汗，此三拉丁人实不能成行也。"[③]按照传统的解释，马可·波罗是 1292 年随波斯使团从泉州离华的，[④]不过，法国汉学家伯希和（P. Pelliot）却发现，马可·波

① Frances Wood, *Did Marco Polo Go To China?*, Boulder, Colo.: Westview Press, 1996; Review by Karl J. Schmidt, *Journal of World History*, Vol. 10, No. 1 (Spring, 1999), pp. 220–223.

② Igor de Rachewiltz, "Marco Polo Went to China," *Zentralasiatische Studien*, 1997, pp. 27: 34–92. Peter Jackson, "Marco Polo and His 'Travels'," *Bulletin of the School of Oriental and African Studies* 61 (1), University of London, 1998, pp. 82–101；杨志玖：《马可波罗在中国》，南开大学出版社，1999 年。

③ Arthur C. Moule & Paul Pelliot (trans.), *Marco Polo: The Description of the World*, Vol.I, London: George Routledge & Sons Ltd. Carter Lan, 1938, p.18；杨志玖：《马可波罗在中国》，南开大学出版社，1999 年，第 52 页。

④ Tansen Sen, "The Formation of Chinese Maritime Networks to Southern Asia, 1200–1450," *Journal of the Economic & Social History of the Orient*, Vol.49–4, 2006, p.428.

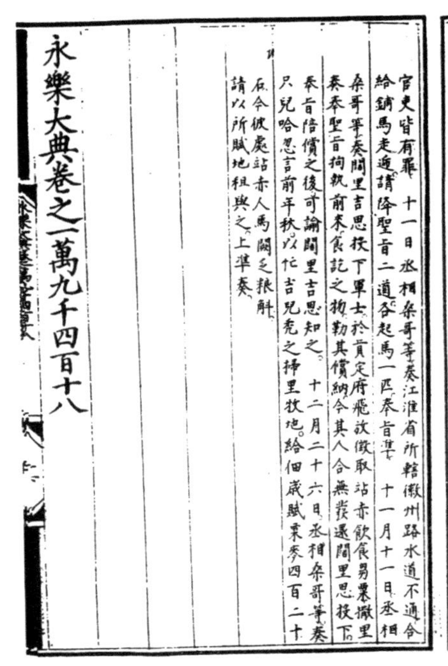

逃散及僉充禿魯花并僧人諸色隱占外實有一百六十二戶當站竊見
斡魯思納憐撫脂城三處俱係邊遠沙磧之地即目遞運軍器米糧數多
請照寧夏府伯伯阿立八即奏準定制將各投下及諸人隱占站戶回付
當站似望官事協濟奏旨若曰前者朕令傳命收拾已行文書問於省吏
可知矣都省欽遵移文施行訖　又奏真定路管祗應首思人崔祐告言
因公借訖民錢六千四百七十八錠較四萬三千五百三十五石應付祗
待不敷上司給付以致當產償納猶且不敷去年上位御斡魯朵北王司
中其人告奉聖旨中書省果無錢令桑哥與之今中書議真定路官吏百
姓遞員係官錢糧頗多又是阿合馬當國時所行事他路似此借貸錢糧
皆無回與之例若擬回付恐有倣效又況錢物數多不支爲愈奉旨勿回
與之　十七日尚書阿難答都事別不花等奏平章沙不丁上言今年三
月奉旨遣兀魯解阿必失呵火者取道馬八兒往阿魯渾大王位下同行
一百六十人內九十人已支分例餘七十人聞是諸官所贈遺及買得者
乞不給分例口糧奉旨勿與之　九月都省議下通政院行移各道宣慰
司總管府令提調正官親詣各驛整點馬匹須要肥壯鞍轡笞毯繩索館
舍陳設並須完備有不如法或夫役驛傳祗待騷擾站赤者當該及提調

官吏皆有罪　十一日丞相桑哥等奏江淮省所轄徽州路水道不通合
給鋪馬走遞請降聖旨二道各起馬一匹奉旨準　十一月十一日丞相
桑哥等奏闊里吉思投下軍士於貢定府飛放徵取站赤飲食芻粟撒里
奏奉聖旨拘執前來食訖之物勒其償納令其人合無發還闊里思投下
奉旨倍償之後可諭闊里吉思知之　十二月二十六日丞相桑哥等奏
只兒哈忽言前年秋以忙古兒禿之掃里牧地給佃歲賦粟麥四百二十
石令彼處站赤人馬闕乏糧斛
請以所賦地租與之上準奏

永樂大典卷之一萬九千四百十八

图一　《经世大典·站赤门》有关马可·波罗的史料

罗一行护送阔阔真赐妃与合赞汗在阿八哈耳相遇不晚于 1293 年 7—8 月。他们在印度洋航行了 18 个月，从泉州到苏门答腊费时 3 个月，那么马可·波罗一行离开中国未必在 1292 年，而应该早在 1291 年。[①]这项成果写于二战时期，伯希和没见到杨志玖发表的一项重要成果。

1941 年，杨志玖在《永乐大典》发现一条与马可·波罗相关的汉文史料（图一）。《经世大典》卷一九四一八《站赤门》记载：至元二十七年（1290）八月“十七日，尚书阿难答、都事别不花等奏：平章沙不丁上言：‘今年三月奉旨，遣兀鲁斛、阿必失呵、火者，取道马八儿，往阿鲁浑大王位下。同行一百六十人，内九十人已支分例，余七十人，闻是诸官所赠遗及买得者，乞不给分例口粮。’奉旨：‘勿与

① P. Pelliot, *Notes on Marco Polo*, Vol.1, Cambridge University Press, 1963, p.234.

之。'"[1]沙不丁奏折与马可·波罗说阿鲁浑派遣三位使臣Oulatai(兀鲁䚟)、Apouscea(阿必失呵)、Coja(火者)向忽必烈请婚,得赐妃Cocachin(阔阔真)。三位波斯使者请波罗一家同行,从海道返回波斯完全一致。[2]杨志玖推测,波斯使团利用冬季风出海,离华时间当在1291年1月。这个推测后来得到杭州大学教授黄时鉴的支持。[3]

关于波斯使团的人数,马可·波罗说:"大汗见他们弟兄二人同马可阁下将行,乃召此三人来前,赐以金牌两面,许其驰驿,受沿途供应。……复命备船十三艘,每艘具四桅,可张十二帆。……船舶预备以后,使者三人、赐妃、波罗弟兄同马可阁下,遂拜别大汗,携带不少随从及大汗所赐之两年粮食,登船出发。……他们入海之时,除水手不计外,共有六百人,几尽死亡,惟[十]八人得免。"[4]从沙不丁奏折可知,波斯使团总共160人。其中,正式成员只有90人,如三位波斯大使、波罗兄弟二人和马可·波罗本人、赐妃阔阔真及侍女。皆获得元朝政府"分例口粮",也即马可·波罗所言"大汗所赐之两年粮食";其余90人乃"诸官所赠遗及买得者",如马可·波罗1324年所立遗嘱提到的"鞑靼仆人彼得"。[5]至元二十七年三月,沙不丁上奏朝廷,不得给这些

---

① 杨志玖:《关于马可波罗离华的一段汉文记载》,《文史杂志》1941年第12期(收入杨志玖:《陋室文存》,中华书局,2002年,第323页)。英文摘要参见Yang Chih-chiu and Ho Yung-chi, "Marco Polo Quits China," *Harvard Journal of Asiatic Studies*, Vol. 9, No. 1 (Sep., 1945), p. 51;图一引自杨志玖:《马可波罗在中国》,南开大学出版社,1999年。

② *Marco Polo: The Description of the World*, Vol.I, London: George Routledge & Sons Ltd. Carter Lan, 1938, p.19.

③ 黄时鉴:《关于马可·波罗的三个年代问题》,《中外关系史论丛》第1辑,世界知识出版社,1985年,第59—67页。

④ *Marco Polo: The Description of the World*, Vol.I, London: George Routledge & Sons Ltd. Carter Lan, 1938, p.19(冯承钧译:《马可波罗行纪》,上海世纪出版集团,2002年重印本,第25页)。原文实为"十八人",冯承钧译作"八人"似为笔误。

⑤ 马可·波罗遗嘱的英译文,参见*Marco Polo: The Description of the World*, Vol.I, pp.539-541;汉译文见刘清华:《威尼斯圣马可教堂图书馆藏马可波罗遗嘱》,罗丰主编:《丝绸之路上的考古、宗教与历史》,文物出版社,2011年,第317页注3。

奴仆“分例口粮”。同年八月这个奏折才得到朝廷批准，那么，马可·波罗从泉州离华出海当不早于至元二十七年（1290）八月十七日。

从泉州远航印度要凭借冬季东北信风，马可·波罗说：“来往行程须时一年，盖其以冬季往，以夏季归。缘在此海之中，年有信风二次，一送其往，一送其归。此二信风，前者亘延全冬，后者亘延全夏。君等应知其地距印度甚远，赴其地者须时甚长。”[①]显然，波斯使团并未在1291年1月利用冬季风出海。史载：至元十六年十二月，杨庭璧出使俱蓝（今南印度西海岸）；至元十七年三月，至其国。又载：至元十七年十月，授哈撒儿海牙俱蓝国宣慰使，偕杨庭璧再招谕，十八年正月，自泉州入海，行三月，抵僧伽耶山（今锡兰岛）。四月，至马八儿国新村（Puduchery，今南印度东海岸本地治理）马头，登岸。[②]如果波斯使团在至元二十七年（1291）正月从泉州港出海，至元二十八年（1292）三月可达锡兰岛，同年四月可在马八儿国登陆，那么马可·波罗一行不可能三个月后才抵达今印尼苏门答腊岛。

另一方面，如此大规模的外交使团从泉州出海，正史不会无任何记载。据《元史·世祖本纪十三》记载：1291年有三个使团从泉州港同时出海，远航印度。至元二十八年（1291）“八月乙丑朔……马八儿国遣使进花牛二、水牛土彪各一。……九月……庚申，以铁里为礼部尚书，佩虎符，阿老瓦丁、不剌并为侍郎，遣使俱蓝。辛酉……以别铁木儿、亦列失金为礼部侍郎使马八儿国。”[③]我们认为，波斯使团很可能与马八儿国、礼部尚书铁里、礼部侍郎别铁木儿三个使团结伴而行，在1291年9月贸然出海。马可·波罗诉苦说：“在这一段航行期间——从启程至到

---

① 冯承钧译：《马可波罗行纪》，上海世纪出版集团，2002年重印本，第396页及第397页注3。

②《元史》卷二一〇《外国三·马八儿等国传》，中华书局，1976年，第4669页。所谓“新村”源于泰米尔语Pondicherry（周运中：《元明时期中国与马八儿琐里交通史新考》，《南亚研究》2012年第2期，第117页）。

③《元史》卷一六《世祖本纪十三》，中华书局，1976年，第349—351页。

达目的地——水手和其他乘客之中约死去六百人，三位男爵中只有火者（Coja）幸存下来，不过，所有贵妇人和女侍从只有一人死亡。”①

赐妃阔阔真远嫁伊利大汗亦见波斯史料。由于两位波斯大使在归途中遇难，故伊利汗国史官拉施特（Rashid al-Din）的《史集》只提到一位波斯大使火者（Coja）的名字。②罗依果认为，马可·波罗准确记录了三位波斯使臣的名字，并说其中二人死于途中，足以证明其叙述的真实性。③据沙不丁奏折，波斯使团只有160人。如果加上至元二十八年九月从泉州出海的其他三个使团成员，总人数可达马可·波罗所言“六百人”。凡此表明，马可·波罗离华时间或在1291年9月无冬季风之际。结果三个月后，也即至元二十九年（1292）正月才抵达印尼爪哇岛。同年5月前往南印度马八儿国。十八个月后，也即至元三十年（1293）2—3月才抵达目的地——波斯湾忽鲁谟斯港，一路上吃尽了苦头。

二、马可·波罗笔下的德化瓷与13世纪爪哇沉船

1996年，澳大利亚考古学家佛里克在印尼雅加达附近海域发掘了一条元代沉船，今称“爪哇沉船”（Java Shipwreck），年代定在1265—1310年，④正值马可·波罗航行爪哇时代。爪哇沉船发现大批元初福建窑口瓷器，后来捐献给了芝加哥菲尔德自然历史博物馆。

2015年夏，我们在这家博物馆考察了这批瓷器，记得有同安窑珠光青瓷碗、磁灶窑大罐、白花黑底印花盒、壶、盘，以及德化窑青白瓷碗、印花盒、龙柄青白瓷壶等（图二）。马可·波罗称苏门答腊岛为“小

① *Marco Polo: The Description of the World,* Vol.I, p.19.

② Francis W. Cleaves, “A Chinese Source Bearing on Marco Polo’s Departure From China and a Persian Source on His Arrival in Persia,” *Harvard Journal of Asiatic Studies*, Vol. 36 (1976), pp. 181–203;〔波斯〕拉施特著，余大钧译:《史集》第3卷，商务印书馆，1986年，第261—262页。

③ Igor de Rachewiltz, “Marco Polo Went to China,” *Zentralasiatische Studien* 27, 1997, pp. 47–53.

④ M. Flecker, “The Thirteenth-Century Java Sea Wreck: A Chinese Cargo in an Indonesian Ship,” *The Mariner’s Mirror*, Vol.89, No.4, 2003, pp.388–400.

图二 爪哇沉船发现的马可·波罗时代德化窑、磁灶窑瓷器

爪哇岛”，而爪哇岛则称“爪哇大岛”。爪哇沉船的发现相当重要，为我们研究马可·波罗回程航线的走向提供了重要线索。

马可·波罗访问过泉州附近的德化窑，并详细介绍过德化瓷及其烧造过程。他说：“刺桐城（指泉州）附近有一别城，名称德化（Tiunguy），制造碗及磁器，既多且美。除此港外，他港皆不制此物，购价甚贱。此德化城，特有一种语言。大汗在此宋国（Concha，指南宋故地）国中征收课税甚巨，且逾于行在国（今杭州）。”又载：“此城除制造磁质之碗盘外，别无他事足述。制磁之法，先在石矿取一种土，暴之风雨太阳之下三四十年。其土在此时间中成为细土，然后可造上述器皿，上加以色，随意所欲，旋置窑中烧之。先人积土，只有子侄可用。此城之中磁市甚多，物搦齐亚（威尼斯）钱一枚，不难购取八盘。”[①] 1964 年，广州明

① 冯承钧译：《马可波罗行纪》，上海世纪出版集团，2002 年重印本，第 376、377 页。关于德化、宋国等译名的讨论，参见林梅村：《马可波罗在北京》，《中国历史文物》2008 年第 2 期，第 22—33 页。

1 2 3

图三 威尼斯银币与广州明太监韦眷墓出土 15 世纪威尼斯银币

太监韦眷墓出土过一枚威尼斯钱。据研究者考证，此钱为 1457—1462 年威尼斯总督马礼皮耶罗（Pasquale Malipiero）打制，名曰“格罗索”（Grosso）。此钱直径约 1.3—1.9 厘米，重约 1.4 克；正面为威尼斯保护神圣马可和威尼斯总督的立像，背面为救世主耶稣像（图三：2，原件漶漫，图三：3 为同类钱币较清晰照片）。[①] 马可·波罗时代的威尼斯钱与之相仿，正面为威尼斯保护神圣马可和当时威尼斯总督立像，背面为救世主耶稣像（图三：1）。

从读音看，马可·波罗的 Tingui 似为“汀州”，但是汀州并无元代陶窑。目前学界一致认为，马可·波罗所言福建陶窑指德化窑。历史上，德化窑青白瓷极负盛名，宋代以来大规模生产。德化青白瓷质地细致，薄而坚硬。瓷器胎骨多呈白色，釉层较薄，晶莹润泽，釉色青中泛

① 夏鼐：《扬州拉丁文墓碑和广州威尼斯银币》，《考古》1979 年第 6 期，第 536 页。

白，白中泛青，色调深浅不一。13世纪德化窑在青白瓷基础上，釉药成分略加变化，颜色偏浅淡，但仍不能生产白瓷。从考古发现看，德化青白瓷主要发现于菲律宾、波斯湾和东非，如波斯湾基什岛、阿联酋的朱尔法、伊朗的米纳布，而非洲则主要见于基尔瓦、尚加（Shanga）、肯尼亚的格迪古城，不过，非洲德化窑瓷片相对较少，而南印度和红海地区只有少量发现。

13世纪，信仰印度教–佛教的新柯沙里王朝（Singhasari，约1222—1292）在东爪哇兴起，后来扩张至加里曼丹岛西南部、马鲁古群岛、巴厘岛、苏门答腊岛南部，以及马来半岛的彭亨。元朝建立后，派使团与之建立友好关系，如至元二十三年（1286）"秋七月丙寅朔，遣必刺蛮等使爪哇"。[①]1289年，忽必烈遣使团要求格尔塔纳加拉国王亲自或派王室成员来华朝觐，结果遭到拒绝，使臣亦受黥面之辱。[②]

1292年5月，满者伯夷（Majapahit，元史称"麻喏巴歇"）王在东爪哇起兵，灭新柯沙里王朝，定都布兰达斯河附近新村落麻喏巴歇，史称"满者伯夷王朝"（约1293—1500）。[③]《经世大典序录·政典·征伐》记载："至元二十九年（1292）二月八日，诏福建行省授亦黑迷失、史弼、高兴为平章政事，征爪哇。军二万，海舟千艘，给一年粮。二十五日，亦黑迷失等陛辞。上曰：卿等至爪哇，明告其国军民：朝廷初与爪哇通使往来交好，后刺诏使孟右丞（祺）之面，以此进讨。九月，军会庆元，弼、亦黑迷失领省事赴泉州，兴率军辎，自庆元登舟涉海。十一月，福建、江西、湖广三省军会泉州。十二月十四日，自后渚启行。"[④]至元三十年1月，元军抵达爪哇岛。不料，遭到麻喏巴歇

---

① 《元史》卷一四《世祖本纪十一》，中华书局，1976年，第290页。

② 〔德〕傅海波、〔英〕崔瑞德编，史卫民等译：《剑桥中国辽西夏金元史》，中国社会科学出版社，1998年，第559—560页

③ George Cœdès, *The Indianized States of Southeast Asia*, University of Hawaii Press, 1968, pp. 200-201；桂光华：《满者伯夷王朝的兴起与发展》，《南洋问题研究》1990年第2期，第23页。

④ 《元文类》卷四一，《四部丛刊初编》景印至正刊本，第35页下、36页上。

王起兵反抗，大败而归。《元史·史弼传》记载："土罕必阇耶（Raden Wijaya）乞归易降表，及所藏珍宝入朝，弼与亦黑迷失许之，遣万户担只不丁、甘州不花以兵二百人护之还国。土罕必阇耶于道杀二人以叛，乘军还，夹路攘夺。弼自断后，且战且行，行三百里，得登舟。行六十八日夜，达泉州，士卒死者三千余人。"[①] 马可·波罗没有提到1293年1月元军征爪哇，也没提到1292年5月爪哇岛新建立的满者伯夷王朝，说明波斯使团已在此前离开爪哇，前往南印度马八儿国。

关于南海的信风，冯承钧介绍说："今日中国帆船航行南海与爪哇等岛贸易者，情形尚复如是。此种船舶之构成，不能抗逆风，所以循信风而去，待信风而归。……冬日信风或东北信风始于阳历10月杪，止于6月，中国帆船在此时自中国海港开航，赴满剌加峡，夏日信风或西南信风始于阳历7月，止于10月，中国帆船归航在此期内。"[②]《法显传》记载；"停此国（耶婆提国，今爪哇）五月日，复随他商人大船，上亦二百许人，赍五十日粮，以四月十六日发。……东北行趣广州。"[③] 由此推测，马可·波罗一行要在1292年4月16日以前利用冬季东北信风离开爪哇，前往马八儿国。

三、马可·波罗在印度马八儿国

马可·波罗在东方各地旅行，有些地方他显然没去过，只是道听途说。不过，研究者相信他一定去过印度。南京大学教授陈得芝推测，马可·波罗可能是元初亦黑迷失外交使团的成员之一。史载："亦黑迷失，畏吾儿人也。……二十一年，召还。复命使海外僧迦剌国（今锡兰岛），观佛钵舍利，赐以玉带、衣服、鞍辔。二十三（原文作'二十一'，《新

① 《元史》卷一六二《史弼传》，第3802页。关于元军征爪哇的讨论，参见王頲：《元王朝与爪哇的战争和来往》，《史林》2006年第4期，第149—155页。

② 冯承钧译：《马可波罗行纪》，上海世纪出版集团，2002年重印本，第397页，注3。

③ 章巽：《法显传校注》，上海古籍出版社，1985年，第171页。

元史》作‘二十二’）年，自海上还，以参知政事管领镇南王府事，复赐玉带。……二十四年，使马八儿国（今印度东南海岸），取佛钵舍利，浮海阻风，行一年乃至。得其良医善药，遂与其国人来贡方物，又以私钱购紫檀木殿材并献之。”①至元二十四年，亦黑迷失再使马八儿国，往返需两年。如果马可·波罗随行，那么他从印度返回中国当在至元二十六年。②马可·波罗在元大都（今北京）与三位波斯使者不期而遇当在至元二十七年初，因为他说过：“班加剌（Bangala，《岛夷志略》作‘朋加剌’，今孟加拉），向南之一州也。基督诞生后之1290年，马可波罗阁下在大汗朝廷时，尚未征服，然已遣军在道。”③

《元史·马八儿等国传》记载：至元“十六年十二月，遣广东招讨司达鲁花赤杨庭璧招俱蓝。十七年三月，至其国。国主必纳的（Pandya）令其弟肯那却不剌木省书回回字降表，附庭璧以进，言来岁遣使入贡。十月，授哈撒儿海牙俱蓝国宣慰使，偕庭璧再往招谕。十八年正月，自泉州入海，行三月，抵僧伽耶山，舟人郑震等以阻风乏粮，劝往马八儿国，或可假陆路以达俱蓝国，从之。四月，至马八儿国新村马头，登岸。”④马八儿国是俗称，正式名称是“必纳的王朝”（或称“潘地亚王朝”），元史称“西洋国”。⑤

马八儿国宰相是一位来自阿拉伯半岛的穆斯林，名叫不阿里。刘敏

---

①《元史》卷一三一《亦黑迷失传》，第3198—3199页。

② 陈得芝：《马可波罗在中国的旅程及其年代》，《蒙元史研究丛稿》，北京：人民出版社，2005年，第444—446页。

③ *Marco Polo: The Description of the World*, Vol.I, p.295（冯承钧译：《马可波罗行纪》，上海世纪出版集团，2002年重印本，第309页）；（元）汪大渊著，苏继庼校释：《岛夷志略校释》，中华书局，1981年，第330页。

④《元史》卷二一〇《外国三·马八儿等国传》，第4669页。所谓“必纳的”源于王国名称Pandya，参见Tansen Sen, “The Formation of Chinese Maritime Networks to Southern Asia, 1200–1450,” *Journal of the Economic & Social History of the Orient*, 2006, 49(4), p.428。

⑤ 陈高华：《印度马八儿王子孛哈里来华新考》，《南开大学学报》1984年第4期，收入《陈高华文集》，上海辞书出版社，2005年，第361—367页；周运中：《元明时期中国与马八儿琐里交通史新考》，《南亚研究》2012年第2期，第117页。

中撰《不阿里神道碑》记载："公本名撒亦的，西域人。西域有城曰哈剌合底（Qalhāt），其先世所居也。远祖徙西洋。西洋地负海，饶货，因世为贾贩以居。父不阿里得幸西洋主，使与诸弟齿，弟有五人，不阿里称六弟。"[①] 至元二十七年夏四月丙戌，遣桑吉剌失等诣马八儿国（今印度东南海岸）访求方伎士。[②] 汉文碑铭和文献说马八儿国王有兄弟五人，当地流行方伎，皆与马可·波罗所说吻合。[③]《马可波罗行纪》有专章介绍合剌合底，不过，他本人可能没去过阿拉伯半岛，这里的风土人情当是1287—1289年随亦黑迷失访问马八儿国时听宰相不阿里说的。[④]

《不阿里神道碑》又载："圣朝之平宋也，公闻之喜曰："中国大圣人混一区宇，天下太平矣，盍往归之?"独遣使以方物入贡，极诸瑰异。自是踵岁不绝。复通好亲王阿八合、哈散二邸，凡朝廷二邸之使涉海道，恒预为具舟栰，必济乃已。世祖熟其诚款，至元二十八年(1291)，赐玺书，命某部尚书阿里伯、侍郎别帖木儿列石往谕，且召之。公益感激，乃尽捐其妻孥、宗戚、故业，独以百人自随，偕使入觐。"[⑤] 元朝使者从泉州出海到波斯，皆在马八儿国中转。不阿里本应在马八儿国"预为具舟筏"，协助马可·波罗一行远航波斯。然而，至元二十八年九月，忽必烈派尚书侍郎别铁木儿（碑文称"某部侍郎别帖木儿"）率使团赴马八儿国诏令他来华，[⑥] 于是不阿里"独以百人自随，偕使入觐"。《元史·世祖本纪十三》亦载：至元二十八年九月辛酉，"以别铁木儿、

① 李修生主编：《全元文》卷三九七，江苏古籍出版社，1998年，第550—552页。

②《元史》卷一六《世祖本纪十三》，中华书局，1976年，第336页。

③ 冯承钧译：《马可波罗行纪》，上海世纪出版集团，2002年重印本，第422页。

④ 2008年，合剌合底遗址进行过大规模考古发掘，参见 Axelle Rougeulle, "The Qalhāt Project: new research at the medieval harbour site of Qalhāt, Oman (2008)," Proceedings of the Seminar for Arabian Studies, Vol. 40, Papers from the forty-third meeting of the Seminar for Arabian Studies held at the British Museum, London, 23-25 July 2009 (2010), pp. 303-319。

⑤ 李修生主编：《全元文》卷三九七，江苏古籍出版社，1998年，第550—552页。

⑥《元史》卷二一《外国三·马八儿等国传》，中华书局，1976年，第4669页。

亦列失金为礼部侍郎，使马八儿国”。[1]因而与马可·波罗失之交臂。

1988年，印度考古学家在马八儿沿岸进行考古调查，共采集720多片瓷片，分别来自8个城镇24个遗址。在大八丹（Periayapattinam）采集了40片瓷片，以青花瓷为主。在马八儿地区发现近10片德化白瓷，其中可能有德化青白瓷，研究者没能给出明确年代。另外，日本学者辛岛昇在印度西南海岸加异勒（Kayal）发现过德化窑瓷片。[2]元朝与马八儿国的密切关系由此可见一斑。

关于马八儿国的贡物，李材《解酲语》记载：“至元间，马八儿国入贡。国近占城。二十二年（1285）遣使至其国求奇宝，得吉贝（指木棉）衣十袭，吉贝树，名其华，成时如鹅毛，抽其绪，纺之以作布，亦染成五色，织为班布。宝花冠十顶，冠以全，作花七，宝装缨络为肴虾，罗白颗形似珠而成龙纹，大者过于弹丸。国有虾漱沙中，常抱珠戏于漱上，土人俟其去，取之；绣丝绞百段，金颜香千团，香乃树脂，白者为佳。五香七宝床一双，床可坐不可睡者。鸳耨瓢十枚，以之贮食，经月不败。苍萝树数十枝，花叶似枣，实似李，味佳。珊瑚百株，鳞睛石百枝，又有血竭、褊桃、浮金瓶等物。”[3]

2001年，湖北省文物考古所对钟祥明梁庄王墓进行考古发掘。随葬品十分丰富，计有金银、玉器、宝石、瓷器等凡5100余件，其中金、银、玉器1400余件，仅金器重量就达10余公斤。珠饰宝石多达3400余件，可谓尽收天下宝物。值得注意的是，明梁庄王墓出土了许多元朝皇帝的帽顶子（图四：2、3），与台北故宫博物院藏蒙古大汗画像所绘帽顶子（图四：1）完全相同。帽顶子上镶嵌红宝石和蓝宝石，或为马八儿国所贡之“宝花冠”，元末战争中成为明军战利品，并由明

① 《元史》卷一六《世祖本纪十三》，中华书局，1976年，第351页。

② Noboru Karashima (ed.), *In Search of Chinese Ceramic-sherds in South India and Sri Lanka*, Tokyo: Taisho University, 2004, pp.47–50.

③ 马娟在论文中引用过这段史料，但书名录文及标点有误（马娟：《马八儿国与元朝之往来及其相关问题》，《兰州大学学报》2005年第2期，第21页）。

朝皇帝赏赐给各地藩王。

四、忽鲁谟斯港出土德化窑瓷片与马可·波罗罐

马可·波罗先后两次来到波斯湾忽鲁谟斯港（今伊朗米纳布）。第一次在至元九年（1272）夏，第二次在至元三十年（1293）2—3月间。马可·波罗介绍说："骑行二日，抵于大洋，海边有一城，名曰忽鲁模思（Ormus）。城有港，商人以海舶运载香料、宝石、皮毛、丝绸、金锦与夫象牙暨其他货物数种，自印度来此，售于他商，转贩世界各地。此城极其繁盛，盖为国之都城。"[①]《岭外代答·故临国》记载："中国舶商欲往大食，必自故临（今印度西南海岸奎隆）易小舟而往，虽以一月南风至之，然往返经二年矣。"[②]《元史·马八儿等国传》记载："海外诸番国，惟马八儿与俱蓝足以纲领诸国，而俱蓝又为马八儿后障。自泉州至其国约十万里。其国至阿不合大王（伊利大汗 Abaqa）城，水路得便风，约十五日可到……"[③]

罗马作家老普林尼在《自然史》写道："接下来讲到塔普罗巴奈（Taprobane，今锡兰岛），他说：'以上所述是我们从古人那里了解到的情况。克劳狄乌斯（Claudius）执政时，该岛使节到达罗马，我们有机会获得更准确的消息。一位名叫安尼乌斯·普洛卡穆斯（Annius Placamus）的人的获得自由的奴隶，被帝国财室派往红海地区征收海关税。他航绕阿拉伯半岛后，被风暴吹过了喀尔曼尼亚（今伊朗 Carmania），第十五日时停泊在希布里（Hippuri，今锡兰岛）。在这里他受到该岛国王的盛情款待，逗留了六个月。'"[④]显然，阿不合大

---

① 冯承钧译：《马可波罗行纪》，上海世纪出版集团，2002年重印本，第58页。

② （宋）周去非著，杨武泉校注：《岭外代答校注》，中华书局，1999年，第91页。

③《元史》卷二一〇《外国三·马八儿等国传》，中华书局，1976年，第4669页。

④〔英〕裕尔著，张绪山译：《东域纪程录丛》，云南人民出版社，2002年，第163—164页。译文略有改动，因为安尼乌斯·普洛卡穆斯（Annius Placamus）实乃征税官的名字，张绪山将这位征税官的名字与他奴隶的名字搞混了。

王城指忽鲁谟斯旧港（今伊朗米纳布）。不过，此地并非伊利汗国都城，马可·波罗和《元史》的错误说法一致，有助于说明他确实来过中国。

在《岛夷志略》中，忽鲁谟斯港被称作“班达里”（源于波斯语 Bandar“港口”）。[①] 该书记载：“（班达里）地与鬼屈、波思国为邻，山峙而石盘，田瘠谷少。气候微热，淫雨间作。……煮海为盐。地产甸子、鸦忽石、兜罗绵、木绵花、青蒙石。贸易之货，用诸色缎、青白瓷、铁器、五色烧珠之属。”[②] 鸦忽石，译自阿拉伯语 yāqūt（红蓝宝石）。甸子，即波斯松石或称“尼沙普尔松石”（阿拉伯语 nīshāpūr）。[③] 1330 年，波斯孙丹尼牙（Soltania）主教约翰·柯拉（John de Cora）所撰《大汗国志》记载：“在世界各地国王当中，中国大汗势力最大，可谓天下共主，所有君主都向他称臣纳贡。三位大汗，也即阿力麻里（Armalech，指察合台汗笃来帖木儿）、不赛因（Boussay，伊利汗）、月即别（Usbech，钦察汗），年年都要向大汗进贡阿拉伯豹、骆驼、鹰隼和众多珠宝。此外，他们还认大汗为其宗主。”[④] 河北石家庄附近史天泽墓出土两件波斯松石金饰件（图四：4、5），[⑤] 以及元朝皇帝帽顶子上的波斯松石（图四：3），或为波斯使者的贡品。

据考古调查，忽鲁谟斯港（伊朗米纳布）遗址发现过许多元代德化窑瓷片（图五），当即《岛夷志略》所谓“青白瓷”。在近东地区，德化窑青白瓷主要发现于伊朗米纳布和基什岛（图六）。而较晚出现的元

---

① 林梅村：《甘埋里考——兼论宋元时代海上丝绸之路》，张西平主编：《国际汉学》总第 4 辑，2015 年第 3 期，第 43—48 页；又见本书前文。

② （元）汪大渊著，苏继庼校释：《岛夷志略校释》，中华书局，1981 年，第 253—254 页。

③ 林梅村：《珠宝艺术与中外文化交流》，《考古与文物》2014 年第 1 期，第 94 页；收入林梅村：《西域考古与艺术》，北京大学出版社，2017 年。

④ Henry Yule, *Cathay and the Way Thither: Being a Collection of Medieval Notices of China*, Vol.1, (London: Hakluyt Society, 1914), p.238.

⑤ 王会民、张春长：《石家庄市后太保元代史氏墓群发掘简报》，《文物》1996 年第 9 期，第 54—55 页。

图四 蒙古大汗画像、帽顶子及波斯松石金饰品

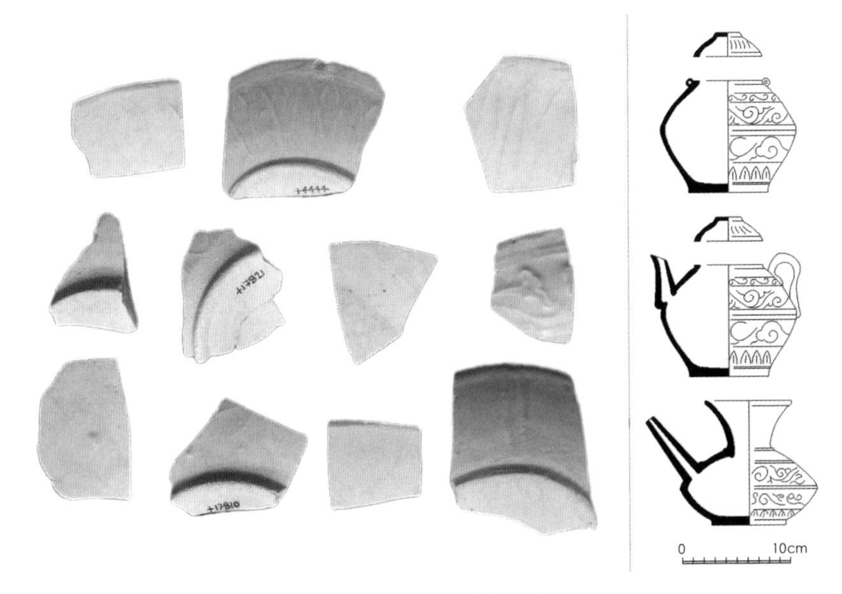

图五　班达里（今伊朗米纳布）出土元代德化窑青白瓷片

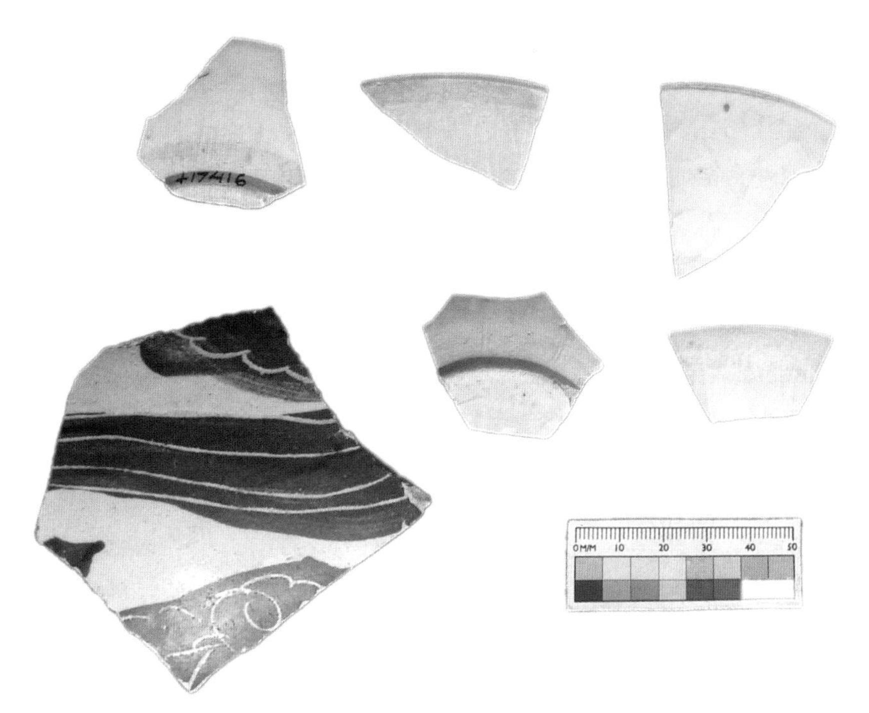

图六　波斯湾基什岛出土元代德化窑、磁州窑瓷片

青花则更多地出现在霍尔木兹忽岛。[①]

至元三十年（1293）2—3月间，马可·波罗一行终于抵达波斯湾忽鲁谟斯（今伊朗米纳布）。这时，阿鲁浑已去世，二弟乞合都继大汗位。如前所述，1293年4—5月间，马可·波罗先到伊利汗国首都讨来思（今大不里士）觐见乞合都，然后送阔阔真赴阿八哈耳（今伊朗赞詹省省会Abhar）下嫁阿鲁浑之子合赞汗。然后，马可·波罗取道鲁迷（小亚细亚的塞尔柱王朝，今土耳其东部），经特拉布宗（今土耳其东北黑海港口Täbriz）回国，最后返回故乡已是1295年末，距离开威尼斯长达24年之久。[②]

马可·波罗百万家资中只有一件德化窑瓷罐保存下来，目前收藏在威尼斯圣马可教堂。1931年，英国古陶瓷学家拉菲尔（Oscar C. Raphael）和大维德爵士（Sir Percival V. David）前往圣马可教堂考察实物。据他们调查，这件小瓷罐高约12.38厘米，最大腹径约8.26厘米，上有蕉叶、缠枝花卉等四层印花纹，沙底未施釉。他们认为，该瓷罐是德化窑青白釉瓷罐，而非以前认为的12世纪十字军东征所获之物，年代约在13世纪末。[③]据考古调查，德化瓷主要烧造于碗坪仑窑址和屈斗宫窑址。[④]屈斗宫窑青白瓷的特点是利用阿拉伯模印技术生产模印瓷器，而且刻划花器物很少，这与碗坪仑窑产品十分不同。[⑤]圣马

---

① S. Priestman, *Settlement & Ceramics in Southern Iran: An Analysis of the Sasanian & Islamic Periods in the Williamson Collection*, Durham University, 2005; P. Morgan, “New thoughts on Old Hormuz: Chinese ceramics in the Hormuz region in the thirteenth and fourteenth centuries,” *Iran* 29, 1991, pp.67–83.

② 黄时鉴：《关于马可·波罗的三个年代问题》，《中外关系史论丛》第1辑，世界知识出版社，1985年，第59—67页。

③ Oscar C. Raphael, “Chinese Porcelain Jar in the Treasury of San Marco, Venice,” *Transactions of the Oriental Ceramic Society*, Vol.10, 1931–1932, pp.13–15.

④ 德化古瓷窑址考古发掘工作队：《福建德化屈斗宫窑址发掘简报》，《文物》1979年第5期，第51—62页。

⑤ Lin Meicun and Ran Zhang. “A Chinese Porcelain Jar Associated with Marco Polo: A Discussion from an Archaeological Perspective,” *European Journal of Archaeological* Vol.1, 2018, pp. 39–56.

1　　　　　　　　　　　　　　　　2

图七　南海 1 号沉船出水南宋德化窑四系罐与威尼斯圣马可教堂藏马可·波罗罐

可教堂的马可·波罗罐明显是使用了模印技术。从器型、纹饰和瓷质看，这件小瓷罐可以断为屈斗宫窑的产品。

2009 年 5 月，我们到威尼斯圣马可教堂考察实物，展品说明仍把这件德化窑瓷罐当作十字军东征所获之物。我们注意到，南海 1 号沉船出水 12 世纪南宋德化窑四系罐（图七：1），与菲律宾出土元代德化窑四系罐略有不同。[①] 南宋德化窑瓷罐的外壁为三排花纹，而元代德化窑瓷罐外壁为四排花纹。马可·波罗罐（图七：2）外壁亦为四排花纹，可见这个德化窑瓷罐烧造于 13 世纪末，绝非 12 世纪十字军东征之物。

① John M. Addis, "Chinese Porcelain Found in the Philippines," *Transactions of the Oriental Ceramic Society*, Vol. 37, 1968, pp.17–36；〔菲〕庄良有：《菲律宾发现的宋元德化窑瓷器》，《福建文博》2004 年第 4 期，第 33—43 页。

第六章

大航海时代中国与波斯的文化交流

16—17世纪，人类进入大航海时代。葡萄牙殖民者为代表的欧洲天主教文明、穆斯林海商为代表的中东伊斯兰文明，与中国文明发生直接接触；三大文明之间不仅发生激烈冲突，而且也有友好交流。本文主要讨论大航海时代中国与波斯之间的经济文化交流。

一、漳州月港的波斯胡商

明代小说《拍案惊奇》有一个故事，题为《转运汉遇巧洞庭红　波斯胡指破鼍龙壳》，讲述苏州商人如何从事海外贸易而发家致富。主人公名叫“文若虚”，明成化年间随洞庭商帮将太湖洞庭红橘贩卖到南洋吉零国。《郑和航海图》在满剌加国西北标有“吉令港”（图一），当即成化年间洞庭商帮从事海外贸易的“吉零国”。[①]这个港口位于马来半岛西岸马六甲之北雪兰莪州吉令河口，也就是马来西亚最大的海港——巴生港（Port Klang）。

① （明）巩珍著，向达校注：《郑和航海图》，中华书局，2000年，第50—51页。

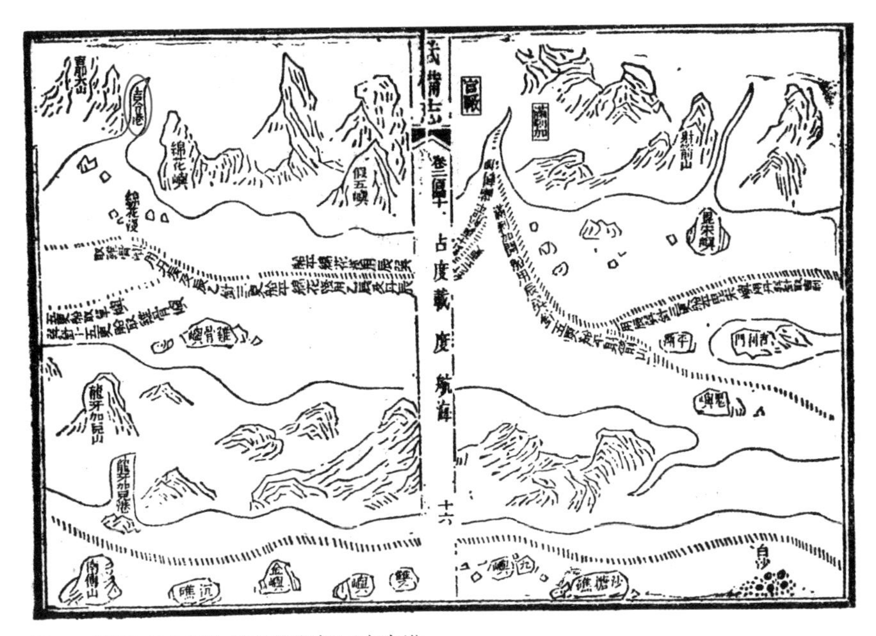

图一　《郑和航海图》所见满剌加国吉令港

这篇小说标题所谓“鼍龙壳”，是主人公文若虚从满剌加返航途中在一个荒岛上带回的大海龟壳，古称“玳瑁”。《郑和航海图》在爪哇岛海域标有“玳瑁屿”，似即文若虚返航途中停留的荒岛。文若虚返航时在福建漳州月港登陆，入住“波斯胡大店”。在漳州行商的波斯胡商玛宝哈以五万两白银买下这只“鼍龙壳”（图二），后来发现壳中竟然含有24颗夜明珠。[①]《拍案惊奇》这样写道：

众人到了一个波斯胡大店中坐定。里面主人见说海客到了，连忙先发银子，唤厨户包办酒席几十桌。分付停当，然后踱将出来。这主人是个波斯国里人，姓个古怪姓，是玛瑙的“玛”字，叫名玛宝哈，专一与海客兑换珍宝货物，不知有多少万数本钱。众人走海过的，都是熟主熟客，只有文若虚不曾认得。抬眼看时，元来

① （明）凌蒙初：《拍案惊奇》上册，上海古籍出版社，1982年，第2页图版。

图二 《拍案惊奇·波斯胡指破鼍龙壳》刻本插图

> 波斯胡住得在中华久了，衣服言动都与中华不大分别。只是剃眉剪须，深眼高鼻，有些古怪。出来见了众人，行宾主礼，坐定了。两杯茶罢，站起身来，请到一个大厅上。只见酒筵多完备了，且是摆得济楚。元来旧规，海船一到，主人家先折过这一番款待，然后发货讲价的。主人家手执着一副法浪菊花盘盏，拱一拱手道："请列位货单一看，好定坐席。"看官，你道这是何意？元来波斯胡以利为重，只看货单上有奇珍异宝值得上万者，就送在先席。余者看货轻重，挨次坐去，不论年纪，不论尊卑，一向做下的规矩。船上众人，货物贵的贱的，多的少的，你知我知，各自心照，差不多领了酒杯，各自坐了。①

故事中提到的"法浪菊花盘盏"，指欧洲传统工艺制作的铜胎掐丝珐琅盘。明景泰年间流行铜胎掐丝珐琅器，故称"景泰蓝"。这种西方风格的工艺品以铜制胎，将细铜丝依墨样盘出花纹粘焊在胎上，填施由石英、长石、硼砂等混合而成的釉料；再经打磨，而后入窑经700—800度高温烘烧镀金等工序制作而成。

据史书记载，铜胎掐丝珐琅是13世纪蒙古西征俘虏的阿拉伯工匠传入中国的。明初曹昭《格古要论·古窑器论》曰："大食窑器，出（原阙）……"王佐《增补格古要论》补充说："以铜作身，用药烧成五色花者，与佛朗嵌相似。尝见香炉、花瓶、合（盒）儿、盏子之类，但可妇人闺阁之中用，非士大夫文房清玩也，又谓之鬼国窑。今云南人在京，多作酒盏，俗呼曰鬼国嵌。内府作者，细润可爱。"② 上述文字介绍了这种西方工艺品的名称、工艺特点、品种、制作地点及别名等。曹昭所谓"佛朗嵌"，指欧洲生产的铜胎掐丝珐琅（champlevé enamel），用石英、长石、硝石和碳酸钠等加上铅和锡氧化物，涂在金属器上烧制釉彩，亦称珐琅釉（vitreous enamel）。据考古发现，珐琅器最早诞生于

① （明）凌蒙初：《拍案惊奇》上册，上海古籍出版社，1982年，第57—58页。

② （明）曹昭撰，王佐增：《新增格古要论》，浙江人民美术出版社，2011年，第250—251页。

希腊，希腊普鲁斯岛出土公元前12世纪的六枚戒指和双鹰权杖首，被公认为是最原始的掐丝珐琅。

中国史籍对欧洲国家有两个称谓：一为拂林（亦作普岚、伏卢尼、拂菻、拂临等），源于中亚粟特人对东罗马帝国的称谓 Frōm 或 Frōmī（罗马），指东罗马帝国的东方行省叙利亚地区。例如：忽必烈时期入仕元朝的叙利亚景教徒爱薛，《元史·爱薛传》称作“拂菻人”。另一称谓是“拂郎”，亦作发郎国、佛郎国、富浪国等，源于波斯人或阿拉伯人对欧洲各国的泛称 Farang（法兰克）。其名专指欧洲各国，不包括叙利亚等罗马帝国东方行省。1342年来华的教皇使者约翰·马黎诺里，就被称作“拂郎国”使者。他在游记中说：“他们（元朝人）称我们为法兰克人（Franquia），而非法兰西人（Francia）。”① 那么漳州波斯胡商的“法浪菊花盘盏”是一种欧洲生产的掐丝珐琅盘盏。

明景泰年间中国宫廷流行铜胎掐丝珐琅器，亦称“景泰蓝”。明内府御用监专门负责皇家御用掐丝珐琅器的烧造，造型多样，既有宫廷陈设品，也有生活实用品。明代掐丝珐琅图案由最初单一的番莲纹，后来发展到绘制动物、花卉、瓜果多种图案。北京国家博物馆收藏的明代掐丝珐琅器数量不多，却囊括了明代早、中、晚三个时期的藏品，器型有香炉、高足碗、扁瓶、出戟尊、葫芦瓶、梅瓶、玉壶春瓶等。中国现存最早的珐琅器是北京故宫博物院收藏的元代珐琅器，如元代缠枝莲纹掐丝珐琅花瓶、玉壶春瓶等。② 然而，无论北京国家博物馆还是北京故宫博物院藏品，皆未见波斯阿拉伯人制作的铜胎掐丝珐琅器。

另一方面，波斯本土也未发现任何大食窑器，只有奥地利因斯布鲁克城（Innsbruck）一家博物馆（Tiroker Landesmuseum Ferdinandeum）藏有一件铜胎掐丝珐琅器（图三），属于12世纪中叶小亚（今土耳其安

① 〔英〕阿·克·穆尔著，郝镇华译：《一五五〇年前的中国基督教史》，中华书局，1984年，第285页。

② 陈丽华主编：《你应该知道的200件珐琅器》，紫禁城出版社，2008年，第19—105页。

图三　奥地利因斯布鲁克城博物馆藏带波斯文的掐丝珐琅盘

纳托利亚半岛）东部产品。[①]从此盘口沿所刻波斯文、阿拉伯文可知，这件铜胎掐丝珐琅盘是12世纪初塞尔柱王朝苏丹苏来曼·达乌德（Rukn al-Dawla Abu Sulayman Da'ud）定制的。此盘中心图案为亚历山大大帝驾驭天马升天故事，口沿内侧刻有阿拉伯文，而外侧刻有波斯文，但是研究者通常将这件掐丝珐琅盘归入拜占庭艺术品。大食窑掐丝珐琅器究竟是什么样子的，产自阿拉伯或波斯什么地方，至今仍是一个不解之谜。

二、波斯使团对明帝国的最后一次访问

明代文豪祝允明《野记》卷四记载："正德辛未岁（1511），巴喇西国遣使臣沙地白入贡，言其国在南海，甚远。始领其王命，在洋舶行，凡四年半，被风飘至西澜海面，舶坏，唯存一脚艇。又在洋飘风八日，

① Helen C. Evans and William D. Wixom, *The Glory of Byzantium: Art and Culture of the Middle Byzantine Era A.D. 843-1261*, New York: Metropolitan Museum of Art, pp. 422–423, no. 281.

至得吉零国，住十一个月。又往地名秘得住八个月，乃遵路行二十六日至暹罗国。以情白王，王赐日给，又与妇女四人，住彼又四年。至今年五月，才附番人奈林船入广。”正如金国平、吴志良指出的，巴喇西即波斯（今伊朗）、西澜指锡兰（今斯里兰卡）、秘得指泰国西北部梅塔（Medha）。[①]

需要进一步指出的是，吉零国在马来西亚西部吉令河；暹罗指泰国大城（阿瑜陀）。明正德年间，伊朗在逊尼派白羊王朝统治之下。15世纪末，白羊王朝分裂，阿尔万德（al-Wand）和穆拉德（Murad）两位苏丹分别割据阿塞拜疆、亚美尼亚和伊朗中西部。1502年，阿尔万德在纳希切万附近的沙鲁尔被什叶派萨菲王朝创建者沙·伊斯迈尔击败，丧失伊朗。翌年，白羊王朝末代苏丹穆拉德也被沙·伊斯迈尔击败，退守巴格达4年之久。1508年，白羊王朝覆亡。

从沙地白出使时间看，这个使团应该是白羊王朝派出的波斯使团；由于葡萄牙人阻扰，11年后才在暹罗国王帮助下抵达广东。1507年，葡萄牙人占领霍尔木兹岛，切断了波斯与中国的海上交通。沙地白使团成了波斯人从海路与明王朝最后一次官方交往。《明史》卷三二五《外国传六》亦载此事。文中说：“巴喇西，去中国绝远。正德六年（1511）遣使臣沙地白入贡，言其国在南海，始奉王命来朝，舟行四年半，遭风飘至西澜海，舟坏，止存一小艇，又飘流八日，至得吉零国，居一年。至秘得，居八月。乃遵陆行，阅二十六日抵暹罗，以情告王，获赐日给，且赐妇女四人，居四年。迄今年五月始附番舶入广东，得达阙下。进金叶表，贡祖母绿一，珊瑚树、琉璃瓶、玻璃盏各四，及玛瑙珠、胡黑丹诸物。帝嘉其远来，赐赉有加。”[②]

丝绸之路开辟后，波斯人在中西文化交流史上扮演了重要角色，波

① 金国平、吴志良：《“巴喇西”与“吧儿西”》，《过十字门》，澳门成人教育学会，2004年，第410—420页。

②《明史》卷三二五《外国传六》，中华书局，1974年，第8429—8430页。

斯语成了东西文化交流的国际交际语，如汉唐时代的粟特语、波斯语、元明时代的回回语，因此许多波斯语词汇被借入古汉语。沙地白使团贡品清单中就有许多波斯语借词。例如：祖母绿源于婆罗钵语 zumuburd（新波斯语 zumurrud）；[①] 珊瑚源于婆罗钵语 xrōhak（珊瑚）；[②] 玻璃源于婆罗钵语 bēlūr（水晶）。[③] 汉语“玻璃”一词在梵文中是 silā，在婆罗钵语中是 abānēga 或 jām。[④] 为什么古汉语不直接用这两个波斯语借词呢？看来，波斯胡商最初用玻璃冒充水晶与中国人交易。商人之奸诈，古亦有之。[⑤] 这份波斯贡品清单的“玻璃盏”指玻璃碗，而“琉璃瓶”或许指波斯釉陶瓶。柏林伊斯兰艺术博物馆藏有一件伊朗克尔曼烧造的伊斯兰釉陶瓶，堪称 17 世纪伊斯兰釉陶的代表作（图四）。[⑥]

图四　柏林伊斯兰艺术博物馆藏 17 世纪伊斯兰釉陶瓶

顾名思义，胡黑丹是波斯出产的一种黑色丹药，疑为唐代文献提到的波斯解毒药“底也伽”。《旧唐书 · 西戎传》记载：“贞观十七年（643）拂菻王波多力遣使献赤玻瓈、绿金精等物。太宗降玺书答慰，赐以绫绮

① D. N. Mackenzie, *A Concise Pahlavi Dictionary*, London: Oxford University Press, 1971, p. 85.

② Ibid., p. 94.

③ Ibid., p. 18.

④ Ibid., p. 116.

⑤ 林梅村：《丝绸之路考古十五讲》，北京大学出版社，2006 年，第 94 页。

⑥ 本图引自美国华盛顿大学丝绸之路网站柏林伊斯兰艺术博物馆网页（http://depts.washington.edu/silkroad/ museums/mik/miklaterislam.html，访问时间：2022 年 1 月 27 日）。

焉。自大食强盛，渐陵诸国，乃遣大将军摩栧伐其都，因约为和好，请每岁输之金帛，遂臣属大食焉。乾封二年（667），遣使献底也伽。”[①] 这种波斯解毒药含有鸦片，故有学者认为鸦片最早传入中国在唐代。

鸦片原产于南欧和小亚，后来传入印度、阿拉伯和东南亚，元代文献称“打里牙”或“塔里牙”。元仁宗延祐七年（1320）七月，“回回太医进药曰打里牙，给钞十五万贯”。[②] 元宁宗至顺三年（1332）十月“甲寅，诸王不赛因遣使贡塔里牙八十八斤、佩刀八十，赐钞三千三百锭”。[③] 所谓“打里牙”或“塔里牙”，当即唐代文献提到的波斯解毒药“底也伽”，其名皆源于波斯语 tārīg（黑色的）。[④] 沙地白使团贡品清单的“胡黑丹”当系波斯语 tārīg（黑色的）的另一译名，亦指含鸦片成分的波斯解毒药而言。

三、Na Khōda 与船老大

葡萄牙人占领满剌加之前，每年有四艘中国帆船前来贸易，用瓷器、生丝换回印度和东南亚产品。日本学者小叶田淳认为，这些定期到马六甲从事贸易的中国帆船属于漳州海商。[⑤] 据葡萄牙史料记载，葡萄牙人攻打满剌加前夕，又有四艘中国帆船在马六甲附近海域停泊，为首的名叫 Cheilata。由于不知对应汉字，澳门大学金国平教授引用这段葡萄牙文献时没有翻译这个名字。[⑥] 在其他文献中，其名写作 Chulata，德国慕尼黑大学汉学院普塔克（Roderich Ptak）教授译作“崔喇哒”。

普塔克在论文中写道：“关于 Cheilata（崔喇哒）其人，我们几乎

① 《旧唐书》卷一九八《西戎传》，中华书局，1975 年，第 5314—5315 页。

② 《元史》卷二七《英宗本纪一》，中华书局，1976 年，第 604 页。

③ 《元史》卷三七《宁宗本纪》，中华书局，1976 年，第 812 页。

④ D. N. Mackenzie, *A Concise Pahlavi Dictionary*, London: Oxford University Press, 1971, p. 82.

⑤〔日〕小叶田淳：《中世南岛交通贸易史の研究》，东京：刀江书院，1968 年；傅衣凌：《明清时代商人及商业资本》，人民出版社，1956 年，第 116 页。

⑥ 金国平编译：《西方澳门史料选萃（15—16 世纪）》，广东人民出版社，2005 年，第 33 页。

是一无所知。他的‘头衔’lata（喇哒）显示他是一名身拥巨资、地位显赫的大商人。‘Lata’这个词偶见于中文（即喇哒，不同的拼写形式为lada），更常见的拼写形式为nakhoda。但是，Chei（崔）这个姓氏却无法与当时在中国沿海从事海上贸易活动的任何一位知名的民间华商的姓名对应起来。在Castanbeda、Francisco de Faria以及其他的一些葡萄牙人的记载中，曾出现有‘Chulata’或‘Fulata’等姓名，这些姓名显然都是同一名字的不同读法。无论如何，在葡人记载1509年、1511年及1517年的贸易活动情形时，常常简略地提及Chei/ Chu/ Fu喇哒其人。当时，这位著名的华商甚至还自己装备了一艘帆船，随同费尔南·佩雷斯·德·安德拉德（Fernão Peres de Andrade）的船队前往中国。既然他曾以多种形式帮助过葡萄牙人，可以肯定，他是一位交游广泛的人，不仅与中国、阿瑜陀王朝（暹罗）的关系良好，而且与其他地区的关系也很密切。”[①]

显然，这个称谓的后一成分-lata源于波斯语naw-xutāw（船长），相当于粟特语nw-γwt’w（船长）。[②]厦门大学傅衣凌教授早就注意到这个波斯语词。他在《明清时代的商人及商业资本》一书中写道：“嘉靖中叶至万历年间，在当时文献上常见有海贼喇哒、海商喇哒、通番那哒、那哈番贼等的称号，这些人在中国沿海，尤其是在福建沿海一带，非常活跃。这些称呼的由来，依日本小叶田淳的研究，亦作那弗答、剌达握、南和达，系出波斯语的Nā-khuda，马来语的Nakhada的音译，为The Master of a Native Vessel之义（见马来字典）。黄衷的‘海语’满剌加条云：‘其尊官称姑郎伽，巨室称南和达。民多饶裕，南和达一家胡椒有至数十斛，象牙、犀角、西洋布、珠贝、香品，若他正蓄无算。’这里所说的南和达（Nacoda）为富商、贸易家，优尔（Yule）则

① 〔德〕普塔克：《明正德嘉靖年间的福建人、琉球人与葡萄牙人：生意伙伴还是竞争对手》，《暨南史学》第2辑，2003年，第320页。

② B. Gharib, *Sogdian Dictionary: Sogdian-Persian-English*, Tehran: Farhangan Publications, 2004, pp.244, 178.

指拥有货物的船主。中国尚有种种的称呼。在上引之外，即哪嗒（见张文忠公奏议）、剌达握（华夷译语）等。”[①]

关于这个波斯语头衔的不同汉译，聂德宁、汤开建等中国学者先后展开讨论。[②]汤开建认为，所谓“喇哒”即张燮《东西洋考·大泥》的“哪督”，黄衷《海语·满剌加》的“南和达”，而旧港文书则称“那弗答”。[③]黄邛《锡金识小录》曰：“司海舶者称哪哒。”[④]林仁川则认为，这个名字的前一成分 Chei、Chu 或 Fu，可能是明代中叶海商集团许氏四兄弟中的一个。[⑤]我们认为，这个名字的别称 Chulata 并非林仁川所谓“许氏四兄弟之一”或普塔克的“崔喇哒”。其中 Chu-当来自汉语“船”，而 Chulata 来自汉语“船老大”。中国东南沿海的明代海商集团中有琉球蔡氏集团，那么这位中国船老大的另一称谓 Cheilata 当系汉语“蔡老大”的音译。[⑥]

据史书记载，琉球海商利用明帝国实行海禁，积极开展大规模中介贸易，与日本、朝鲜、东南亚诸国频繁贸易，并将各国产品以朝贡名义贩运到中国，以换取明帝国丰厚的回赐。[⑦]《明史·琉球传》记载：“成化五年（1469），其贡使蔡璟言：‘祖父本福建南安人，为琉球通事，传至璟，擢长史。乞如制赐诰赠封其父母。’章下礼官，以无例而止。……弘治元年七月，其贡使自浙江来。礼官言贡道向由福建，今既非正道，又非贡期，宜却之，诏可。其使臣复以国王移礼部文来，上言旧岁知东宫册妃，故遣使来贺，非敢违制。礼官乃请纳之，而稍减傔从赐赉，以

① 傅衣凌：《明清时代的商人及商业资本》，人民出版社，1956 年，第 123 页。

② 聂德宁：《明代嘉靖时期的哪哒》，厦门大学南洋研究所编：《南洋研究论文集》，厦门大学出版社，1992 年，第 354—367 页。

③ 汤开建：《澳门开埠初期史研究》，中华书局，1999 年，第 45—46 页。

④ 廖大珂：《福建海外交通史》，福建人民出版社，2002 年，第 276 页。

⑤ 林仁川：《明末清初私人海上贸易》，华东师范大学出版社，1987 年，第 85—87 页。

⑥ 琉球蔡氏海商集团成员皆为福建籍人士，那么这位中国船老大的另一称谓 Fulata 或许来自汉语“福老大”。

⑦ 廖大珂：《福建海外交通史》，福建人民出版社，2002 年，第 182—185 页。

示裁抑之意。三年，使者至，言近岁贡使止许二十五人入都，物多人少，虑致疏虞。诏许增五人，其傔从在闽者，并增给二十人廪食，为一百七十人。时贡使所携土物，与闽人互市者，为奸商抑勒，有司又从而侵削之。使者诉于朝，有诏禁止。十七年遣使补贡，谓小邦贡物常市之满剌加，因遭风致失期，命宴赉如制。正德二年（1507），使者来，请比年一贡。礼官言不可许，是时刘瑾乱政，特许之。五年遣官生蔡进等五人入南京国学。”①

琉球海商主要是明初以来定居琉球国久米村的福建人，专司与朝贡贸易相关的航海、外交、翻译等职。久米村亦称“唐荣”（中国村）。蔡姓在唐荣诸姓中居于首位。元祖蔡崇为泉州南安人，洪武二十五年迁往琉球国中山；成化八年创建祠堂，奉祀神主。②蔡老大或许属于琉球国久米村蔡氏家族。琉球是明朝藩属国，所以葡萄牙人称其为“中国人”。

四、明帝国的外交用语

1517年，葡萄牙王唐·曼努埃尔一世首次派使团访华，试图与明朝建立贸易关系。关于葡萄牙使团访华之事，《明史·外国六》记载：“佛郎机，近满剌加。正德中，据满剌加地，逐其王。十三年遣使臣加必丹末等贡方物，请封，始知其名。诏给方物之直，遣还。其人久留不去，剽劫行旅，至掠小儿为食。已而夤缘镇守中贵，许入京。武宗南巡，其使火者亚三因江彬侍帝左右。帝时学其语以为戏。”③葡萄牙大使“加必丹末”并非人名，而是葡萄牙语头衔Capitan Moor（船长）。这位大使的真实姓名是Tome Pirez（多默·皮列士），这个葡萄牙使团

① 《明史》卷三二三《外国四》，中华书局，1974年，第8365—8366页。

② 关于琉球久米村蔡氏家族，参见杨国桢：《闽在海中》，江西高校出版社，1998年，第92—97页。

③ 《明史》卷三二五《外国六》，中华书局，1974年，第8430页。

亦称“皮列士使团”。

火者亚三之名源于波斯语 Cojação（= Khoja Hassan），今译“霍加·哈桑”。[①] 在马六甲从事海外贸易的许多穆斯林以此为名。严从简《殊域周咨录》卷九记载：“有东莞县白沙巡检何儒前因委抽分曾到佛郎机船，见有中国人杨三、戴明等年久住在彼国，备知造船、铸铳及制火药之法。(汪) 鋐令何儒密遣人到彼，以卖酒米为由，潜与杨三等通话，谕令向化，重加赏赉，彼遂乐从。约定其夜何儒密驾小船接引到岸，研审是实，遂令如式制造。（汪）鋐举兵驱逐，亦用此铳取捷。夺获伊铳大小二十余管。”[②] 这位名叫“杨三”的华裔穆斯林，就是《广州葡囚信》所记满剌加使团的副使，名叫火者哈桑（Cojação）。广州大吏打算派他去宾坦岛联系满剌加国流亡政府，因杨三惧怕佛郎机人，不敢前往。[③]

1520 年，葡萄牙使团在广州城苦苦等候了一年多，后来贿赂“镇守中贵”（宁诚时为广东三堂镇守太监）得到入京诏书。[④]《明武宗实录》记载：正德十五年（1520）十二月己丑，“海外佛郎机前此未通中国，近岁吞并满剌加，逐其国王，遣使进贡，因请封，诏许来京”。[⑤] 明武宗当时正在南京巡游，葡萄牙使团从广州前往南京觐见这位皇帝。《大明会典》规定：“自京师达于四方设有驿传，在京曰会同馆，在外曰水马驿并递送所。”[⑥] 葡萄牙使团从广州到南京，沿途都住驿站，到南

---

① 《元史》卷一二〇《扎八儿火者传》记载：“火者，其官称也。”据此，张维华认为火者亚三当系回回人（张维华：《明史欧洲四国传注释》，上海古籍出版社，1982 年，第 9 页）。

② （明）严从简著，余思黎点校：《殊域周咨录》，中华书局，1993 年，第 321—322 页。

③ Eduardo Brazão, *Apontamentos para a História das Relações Diplomáticas de Portugal com a China: 1516-1753.* Ministério das Colónias Repblica Portuguesa Apendice, pp.42, 56；黄庆华：《中葡关系史》上册，黄山出版社，2006 年，第 103—104 页；金国平编译：《西方澳门史料选萃（15—16 世纪）》，广东人民出版社，2005 年，第 78—79 页。

④ （明）郑若曾：《筹海图编》，中华书局，2007 年，第 903 页。

⑤ 《明武宗实录》卷一九四，历史语言研究所校刊，1964 年，第 3630 页。

⑥ （明）李东阳撰，申时行重修：《大明会典》卷一四五《兵部二十八·驿传一》，广陵书社，2007 年。

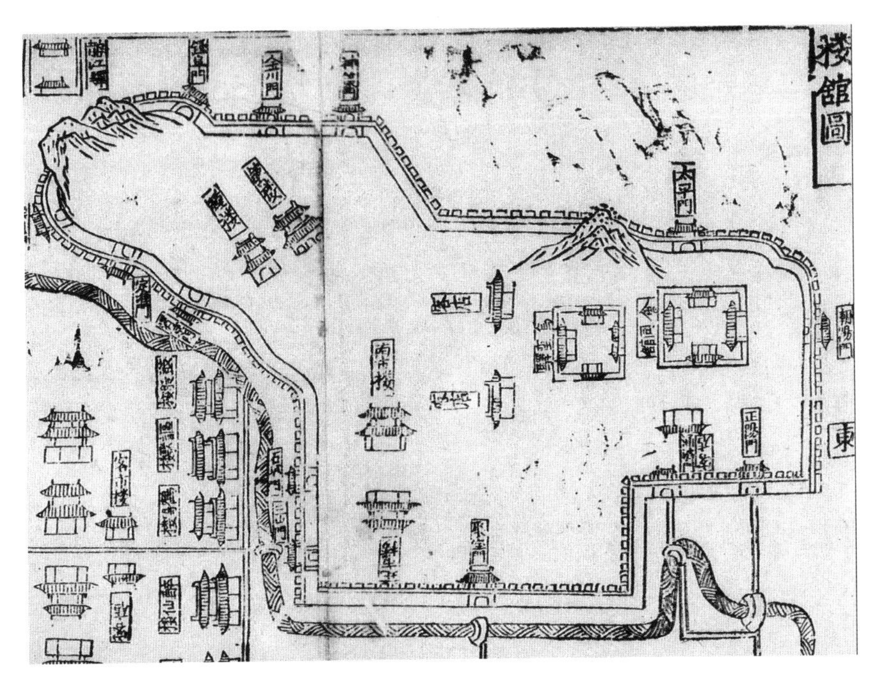

图五　《洪武京城图·楼馆图》

京后则入住会同馆。

明初南京为京城，设有会同馆。永乐帝迁都北京以后，重设三省六部和会同馆，但是南京三省六部和会同馆并未废除，终明之际一直沿用。从《洪武京城图》看，南京会同馆位于该城太平门与正阳门之间，西边为乌蛮驿（图五）。[①] 明廷规定：外国贡使可携带一部分特产，按礼部规定时间，在京城乌蛮驿交易。葡萄牙使团到南京城就入住这所会同馆，并在西边乌蛮驿从事贸易活动。

好景不长，葡萄牙使团很快被驱赶到北京等候明帝召见。嘉靖年间黄佐记载，“正德末，逆臣江彬领四家兵从车驾游豫，受佛郎机夷人

① 曹婉如、郑锡煌、黄盛璋等编：《中国古代地图集·明代卷》，文物出版社，1995 年，图 160。

贿，荐其使火者亚三，能通番汉语，毅皇帝喜而效之。降玉趾，日与晋接”。[①]明朝与西洋诸国交际用语是波斯语，因为火者亚三通晓波斯语，才被葡萄牙使团聘为“通事”（翻译）。正德帝之所以喜欢火者亚三，也是因为他通晓波斯语。沈德符《万历野获编》记载：明武宗“又幸宣府（今河北宣化）时，纳宣府总兵都督佥事马昂妹，时已适毕指挥有娠矣。善骑射能胡语，上嬖之”。[②]明武宗向穆斯林妃子学过一点波斯语，而火者亚三可以帮助他提高波斯语水平，因此黄佐说“毅皇帝喜而效之”。朝鲜使臣说正德帝与佛郎机人交往，“习其言语，以观其艺”，亦指正德帝向火者亚三学波斯语，而非有些学者认为向火者亚三学习葡萄牙语。[③]

正德帝与葡萄牙人的直接交往是“下西洋跳棋”。据《广州葡囚信》记载，“1520 年 1 月 23 日，我们动身去觐见中国国王；5 月间，我们与国王同在南京。当时，国王命我们先行北上京城候驾。我们曾往广州带信，将同国王在一起的事情告知待在贸易岛（今广东上川岛）上的比特略（Jorge Botelho）和卡尔沃（Diogo Calvo）。……我们在南京拜谒了国王本人，他举止自然，不拘礼俗。……国王待我们如同上宾，乐于同我们交谈，并且多次当着我们的面与皮雷斯（或译‘多默·皮列士’）下西洋跳棋。此外，国王还要我们出席为所有大人物举行的宴会。我们曾三次出席这样的宴会”。[④]葡萄牙人说正德帝“举止自然，不拘礼俗”，事出有因。葡萄牙使团刚到广州，就被押解到光孝寺，强行学习“三拜九磕头”等中国礼仪。

葡萄牙人只在南京会同馆见过正德帝，到北京后再未见过这位重

---

① （明）黄佐：《泰泉集》卷四九《承德郎兵部主事象峰梁公墓志表》，北京出版社，2003 年。

② （明）沈德符：《万历野获编》，中华书局，1980 年，第 544 页。

③ 金国平、吴志良：《一个以华人充任大使的葡萄牙使团——皮莱资和火者亚三新考》，《早期澳门史论》，广东人民出版社，2007 年。

④ Eduardo Brazão, *Apontamentos para a História das Relações Diplomáticas de Portugal com a China: 1516-1753.* Ministério das Colónias Repblica Portuguesa, 1949, pp. 42 and 56.（汉译文参见黄庆华：《中葡关系史》上册，黄山出版社，2006 年，第 103—104 页。）

病在身的中国皇帝。正德帝对“西洋跳棋”恐怕没有什么兴趣，我们认为，正德帝与葡萄牙大使下的“西洋跳棋”当即明代穆斯林当中流行的一种赌博游戏，时称“双陆”。关于双陆棋的来源，南宋洪遵《谱双》说：“双陆最近古，号雅戏，以传记考之，获四名：曰握槊，曰长行，曰波罗塞戏，曰双陆。盖始于西竺，流于曹魏，盛于梁陈魏齐、隋唐之间。”多默·皮列士被任命为葡萄牙大使以前，在印度生活过很长一段时间，可能跟印度穆斯林学过双陆棋。

明正德初年，太医沈津将古图谱十种辑成《欣赏编》一书刊行。该书收录古图谱有《集古考图》《汉晋印章图谱》《文房图赞》《续文房图赞》《茶具图赞》《砚谱》《燕几图》《古局象棋图》《谱双》《打马图》等等，书首有沈杰书正德六年序。[①]台北故宫博物院藏《观赏编·谱双》正德六年刻本，有一幅名叫“大食双陆毯”的插图；[②]框纵 17 厘米，横 13.5 厘米。[③]大食是唐宋文献对西域穆斯林的称谓，元明文献改称“回回”。

“回回”一词始见于北宋元祐年间沈括《梦溪笔谈》卷五。其文曰：“旗队浑如锦绣堆，银装背嵬打回回；先教净扫安西路，待向河源饮马来。”宋嘉熙元年成书的徐霆《黑鞑事略》也提到“回回国”“回回字”等。宋绍兴二十一年成书的洪遵《谱双》记有“大食双陆”和“回回双陆”。有学者认为，大食双陆属“南蕃双陆”之一，而回回双陆则为“北人双陆”之一。[④]无论如何，“大食双陆毯”图描绘两个穆斯林打扮的人正在地毯上博弈双陆（图六），可见双陆棋是明代穆斯林喜爱的一种赌博游戏。

① 王重民：《中国善本书提要》，上海古籍出版社，1983 年，第 303 页。

② 沈津，字润卿，苏州人，明史无传，生卒年月亦不详。《四库全书总目提要》记载：“苏州沈津，家世业医。正德中入选太医院，充唐藩医正。”（清）纪昀等编：《四库全书总目提要》卷一四三《子部五十二·小说家类存目一·杂事·吏隐录二卷》，中华书局，1965 年影印本。

③ 谢弗著，吴玉贵译：《唐代的外来文明》，陕西师范大学出版社，2005 年，第 79 页。

④ 冯今源、王建平：《中国伊斯兰教碑文选注》，宗教文化出版社，1998 年，注释 305。

图六 “大食双陆毯”，《观赏编·谱双》正德六年刻本

关于葡萄牙人的衣着打扮，在广州接待葡萄牙使团的海道顾应祥说：“正德丁丑（1517），予任广东佥事，署海道事，蓦有大海船二叟，直至广城怀远驿，称系佛狼机国进贡。其船主名加必丹。其人皆高鼻深目，以白布缠头，如回回打扮。即报总督陈西轩公金，临广城，以其人不知礼法，令光孝寺习仪三日，而后引见。查《大明会典》，并无此国入贡，具本参奏，朝廷许之起送赴部。时武庙（正德帝）南巡，留会同馆者将一年。今上（嘉靖帝）登极，以其不恭，将通事明正典刑，其人押回广东，驱之出境去讫。其人在广久，好读佛书。”① 葡萄牙人“以白布缠头，如回回打扮”的形象，正是沈津《欣赏编》中“大食双陆毯”中回回人形象。至于葡萄牙使团成员为什么身着穆斯林衣装，目前仍是一个不解之谜。

① （明）郑若曾：《筹海图编》，中华书局，2007 年，第 903 页。

1997 年浙江省江阴发掘明初夏颧墓时，在墓中发现一批道教炼丹用具（或称医疗器械）和一副双陆棋。这副双陆棋一共 30 枚棋子，状如捣衣椎状，但是未见棋盘。[①]这种不用棋桌的双陆棋或为明代穆斯林当中流行的回回双陆棋。博彩业在澳门历史悠久，最早可追溯至 19 世纪中叶。20 世纪后，博彩业结合旅游业发展，成为澳门经济支柱之一，更为澳门带来“东方蒙特卡洛”的称号。殊不知，早在 1520 年明武宗就在南京会同馆开始与葡萄牙人博彩了。

总之，波斯文化对中国的影响一直延续到明代中期。葡萄牙海上帝国的兴起，迫使波斯人中断与中国的传统贸易联系。尽管如此，葡萄牙人最初与明帝国打交道，仍不得不采用波斯语进行交流。

① 江阴县文化馆：《江阴县出土的明代医疗器具》，《文物》1977 年第 2 期，第 40—43 页。

第七章

从玲珑瓷看中国与伊斯兰世界的文化交流

2013年7月，应英国中东考古学家德雷克·康耐特博士（Dr. Derek Kennet）的邀请，我们到英国进行了为期两周的学术考察。[①]走访了大英博物馆、维多利亚和艾尔伯特博物馆、大英图书馆、牛津大学阿什莫林博物馆、牛津大学自然史图书馆、剑桥大学菲茨威廉博物馆、杜伦大学东方博物馆。这次考察的重点是牛津大学威廉姆森（Andrew G. Williamson）博士在伊朗各地采集的中国陶瓷残片，今称“威廉姆森收集品”（Williamson

① 这次英国考察得到中国文化遗产研究院水下考古研究所大力支持，由北京大学林梅村教授带队，成员有：北大考古文博学院研究生沈勰、马丽亚，杜伦大学考古系博士研究生张然。考察期间，我们先后得到杜伦大学考古系师生、牛津大学默顿学院杰西卡·罗森（Jessica Rawson）教授、牛津大学博德利图书馆中文部主任赫利维尔博士（Dr. David Helliwell）、大英图书馆中文部主任葛汉博士（Dr. Graham Hutt）的热情帮助，在此一并表示我们由衷的感谢。

图一　首都博物馆藏清乾隆玲珑白瓷碗

Collection)，现藏杜伦大学考古系。[①]此次英国之行收获巨大，在许多方面取得研究新成果。本文将介绍我们对玲珑瓷来龙去脉的调查。

玲珑瓷是清代流行的一种镂花瓷器，如东莞市博物馆藏清光绪款青花暗八仙纹玲珑碗、首都博物馆藏清乾隆玲珑白瓷碗（图一）。民国学者许之衡《饮流斋说瓷·说花绘第五》评述说："素瓷，甚薄，雕花纹而映出青色者谓之影青镂花，而两面洞透者谓之玲珑瓷。"[②]玲珑瓷制作工艺是：器物成型后，在生坯上按照图案设计镂雕透空花纹，再用釉汁将透雕花纹填平，烧后镂花处得以墁平的花纹清晰可见，具有玲珑剔透、精巧细腻的特色，故名"玲珑瓷"。其上透光小孔叫作"米花"，日本人称为"米通瓷"或"萤手"。[③]

① 关于威廉姆森生平事迹及其收集品，参见 S. Priestman, *Settlement & Ceramics in Southern Iran: An Analysis of the Sasanian & Islamic Periods in the Williamson Collection*, M.A. Thesis, 2005, p.134；〔英〕德雷克·康奈特、塞斯·普利斯曼、张然：《近东地区考古遗址发现的龙泉窑瓷器——英国威廉姆森藏品及斯拉夫遗址调查藏品中的龙泉窑青瓷简介》，中国古陶瓷学会编：《中国古陶瓷研究：龙泉窑研究》，故宫出版社，2011 年，第 447—449 页。

② 许之衡撰：《饮流斋说瓷》，《中国陶瓷名著汇编》，中国书店，1991 年，第 151 页。

③ 鈴田由紀夫：《セラミック九州》第 11 号，佐賀県立九州陶磁文化館，1985 年，第 5 页。

清康熙年间，法国传教士殷弘绪（Père Francois Xavier d'Entrecolles）神父来华传教，并在江西景德镇居住了七年之久。1712年（清康熙五十一年）9月1日，他在饶州（今江西景德镇）写信给耶稣会奥日神父，介绍中国人如何烧造陶瓷。信中提到“当地产的瓷器中，有一种我还未见过。整个瓷胎镂有透明的空洞，中间有可盛利久酒的盏形器物——玲珑瓷。盏与镂空的瓷胎构成完整的一体”。[①]这是西方学人对景德镇烧造玲珑瓷的最早报道。

关于玲珑瓷的起源，有研究者认为，“在景德镇湖田窑的宋代遗物中，可见到这种被透明的影青釉填满了孔眼的镂空器残片，可惜至今尚未发现可靠的实物证明景德镇在宋代已生产‘玲珑瓷’”。[②]南京博物院王志敏在《学瓷琐记》介绍说：“玲珑瓷启始于北朝末年至隋初，见南京博物院藏实物标本扬州北郊采集隋青釉玲珑瓷残碗。唐、宋、元未见，至明初永乐年间有景德镇窑甜白釉玲珑瓷之烧造，此后复现于清乾隆朝。”[③]

据考古发现，景德镇烧造玲珑瓷不早于元代。景德镇陶瓷考古研究所在湖田窑南河南岸元代扰土层发现过一片影青（青白釉）玲珑瓷片，残长4.9厘米（图二：1）。据发掘者考证，“宋代景德镇经常生产香薰等镂空器，而影青釉又极易流淌，其积釉处产生的艺术效果自然会启迪陶工制作玲珑瓷。但要有意识地生产玲珑瓷，却需要釉具有一定的高温黏度，否则，孔洞中的釉汁会淌光。元代影青釉的高温黏度较宋代增大，具有生产玲珑瓷的工艺基础。该残片似为一直壁香炉近口沿的部位，垂流的釉汁有限，所以镂空中应认为填入釉料，以烧成玲珑剔透的

---

① 〔法〕殷弘绪撰，王景圣译：《给中国和印度传教会会计奥日神父的信》，景德镇陶瓷馆编：《陶瓷资料》1978年第1期。此信从矢泽利彦（Yazawa Toshihiko）日译本转译。关于殷弘绪书信的日译本，参见〔日〕矢泽利彦撰，艾廉莹译：《日文本〈耶稣会士中国书简集〉解说》，《中国史研究动态》1980年第6期。

② 欧阳世彬：《浅谈青花玲珑瓷》，《景德镇陶瓷》1981年第2期，第30页。

③ 王志敏：《学瓷琐记》，文汇出版社，2002年（油印本初刊于1978年），第41页。

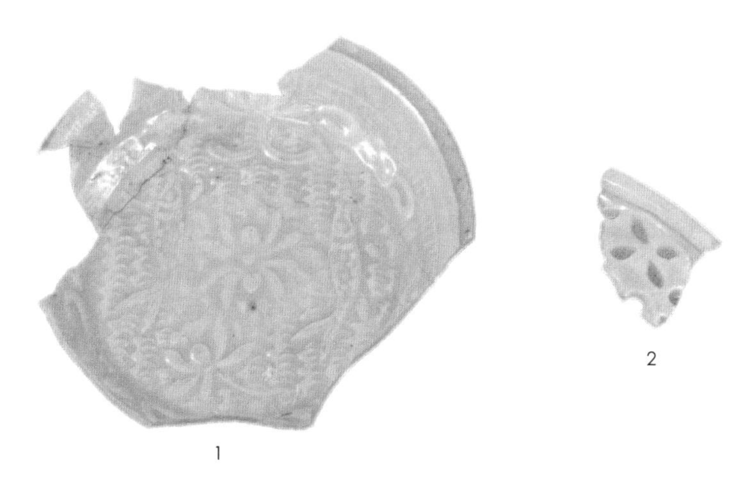

图二　景德镇湖田窑元代地层出土两件影青玲珑瓷残片

效果。该残片似为景德镇窑最早的玲珑瓷”。[①]

近年还有学者提出，玲珑瓷的诞生源于产品缺陷。“相传在宋代景德镇瓷器中有一种叫熏炉的产品，炉盖采用镂空装饰，在烧成过程中，由于釉料的高温流动性好，加之烧成温度往往控制不严，常使窑内温度过高，从而使釉料熔融后流动而将炉盖上的孔洞填平，出窑后对光一照，光亮透明。这种偶然的产品缺陷却使工匠们大受启发，终于在明代永乐年间成功烧制出晶莹剔透的玲珑瓷器。到明中期成化年间，景德镇把晶莹剔透的玲珑与青翠幽雅的青花结合组成图案，烧造出闻名于世的青花玲珑瓷器……”[②]

殊不知，伊朗陶工早就烧造出了玲珑陶碗。2013 年 7 月，我们在英国维多利亚和艾尔伯特博物馆东展厅中见到一件采用镂空施釉技术烧造的白陶樽，器形为西亚两河流域、埃及常见器物，但雕刻纹样却模仿景德镇青白瓷。此种镂空施釉技术传入中国后，被称为“玲珑瓷”。后

① 香港大学冯平山博物馆、景德镇市陶瓷考古研究所编：《景德镇出土五代至清初瓷展》，香港大学冯平山博物馆，1992 年，第 122—124 页，图版 107。

② 郭晓昊：《小清新玲珑瓷源自缺陷美》，《广州日报》2012 年 5 月 13 日。

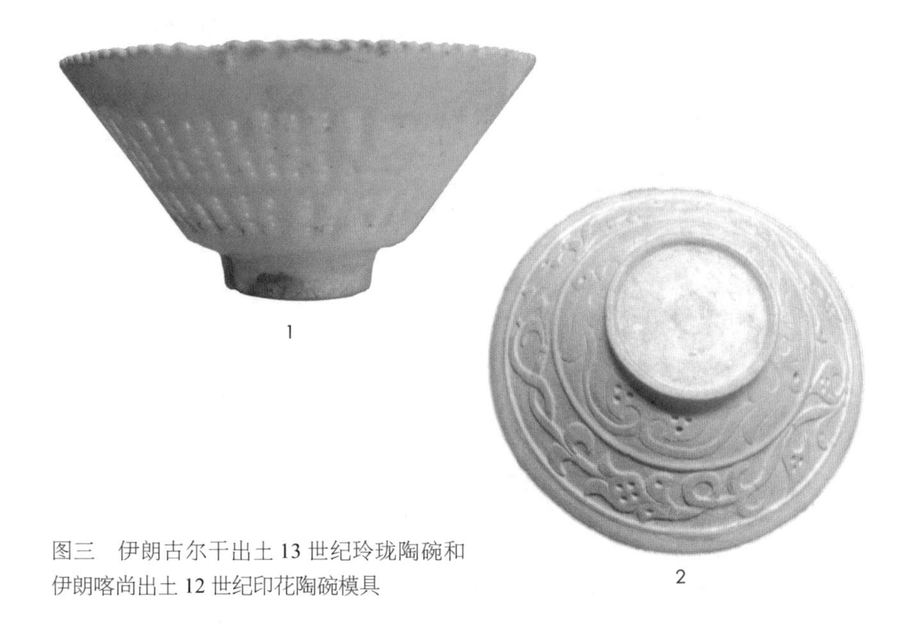

1

2

图三　伊朗古尔干出土 13 世纪玲珑陶碗和伊朗喀尚出土 12 世纪印花陶碗模具

来，我们又在杜伦大学东方博物馆见到 12 世纪波斯陶工烧造的玲珑陶碗，并在剑桥大学菲茨威廉博物馆见到两件伊朗古尔干出土的 12—13 世纪玲珑陶碗（图三：1）。

众所周知，景德镇陶瓷艺术在许多方面受到中东陶器艺术的影响。元青花就是在伊斯兰艺术影响下创烧的，而景德镇青白瓷模制印花工艺则模仿伊斯兰制陶术。伦敦维多利亚和艾伯特博物馆藏有一件伊朗喀尚出土的伊斯兰印花陶碗模具（图三：2），为我们研究 12 世纪伊斯兰模制印花技术提供了考古学依据。

伊斯兰文化起源于阿拉伯荒漠，许多伊斯兰工艺技术实际上源于美索不达米亚文化或古波斯文化，而模制印花技术则来自古波斯艺术。1992 年，新疆喀什亚吾鲁克遗址发现一件萨珊波斯风格的三耳陶壶（图四）。[①]这件陶壶上的人物浮雕图案就采用波斯模制印花工艺。20 世

---

① 新疆文物局等主编：《新疆文物古迹大观》，新疆美术摄影出版社，1999 年，第 267 页，图 0728。

纪初，德国考察队在新疆和田亦发现一件类似的人物浮雕陶壶，现藏柏林东亚艺术博物馆。①

图四　新疆喀什亚吾鲁克遗址出土 5 世纪萨珊波斯风格的三耳陶壶

在中东伊斯兰艺术的影响下，景德镇浮梁瓷局窑工还烧造过伊斯兰风格的孔雀翠蓝釉瓷器。1988 年 5 月，景德镇市铺设地下电缆，景德镇陶瓷考古研究所为配合基建工程，在珠山北麓风景路马路中心宽约 1.5 米、长约 11 米、深约 1.5—1.8 米的沟道中，发现了一批形制特异，十分引人注目的瓷器残片，其品类有卵白瓷、青花、蓝地白花、蓝地金彩、孔雀绿地青花、孔雀绿地金彩等。经对合复原，其器形有鼓形平顶盖罐、盖盒、桶式盖罐、小底鼓腹盖罐等。不能复原的尚有青花葫芦瓶与孔雀绿地青花盒之类。以上器皿多饰双角五爪龙纹、八大码（变形莲花瓣）杂宝、十字杵、姜牙海水、凤穿牡丹等。但以双角五爪龙纹为多，约占总量 90% 以上。

值得注意的是，该遗址出土了一件孔雀翠蓝釉金龙纹砚台盖盒和一片孔雀蓝釉五爪金龙纹盖盒残片（图五：1、2）。孔雀翠蓝釉，又称“孔雀绿釉”。据刘新园先生考证，此类砚台盒是为元文宗烧造的文具。元人烧造孔雀蓝釉瓷器往往在釉下施化妆土。元人为什么要在白瓷胎上覆盖化妆土呢？波斯陶器都有一层白色的化妆土，波斯人使用化妆土是

① O’Neil and P. John (ed.), *Along the Ancient Silk Routes. Central Asian Art from the West Berlin State Museums*, New York: Metropolitan Museum of Art, 1982.

图五　景德镇风景路出土元代孔雀翠蓝釉五爪金龙纹瓷片和忽鲁谟斯旧港出土 13 世纪孔雀翠蓝釉陶片，威廉姆森收集品

因孔雀绿釉透明度高，波斯陶胎粗黑或粗褐，如果不用化妆土，瓷釉颜色便会暗而不鲜；而使用白色的化妆土掩盖粗糙色重的陶胎之后，透明的孔雀绿釉才会亮丽鲜艳。而景德镇瓷器由于瓷胎洁白细密，挂孔雀绿釉时根本就没有必要用化妆土；而元代陶工多此一举地使用化妆土，显然是在亦步亦趋地模仿波斯制陶术。①

① 刘新园：《元文宗——图帖睦尔时代之官窑瓷器考》，《文物》2001 年第 11 期，第 58 页，图 10 和图 27。

早在唐代中晚期至五代，中东伊斯兰孔雀翠蓝釉陶器就传入中国。[①]孔雀蓝釉，是以氧化铜和氧化铁为着色剂的低温铅釉陶器，与唐三彩中蓝釉的根本区别在于后者是用氧化钴作着色剂。目前所见最早的孔雀蓝釉器是宋金时期山西制作的磁州窑系产品。[②]如前所述，元代景德镇窑也开始烧造这种伊斯兰艺术风格的陶瓷。既然元代景德镇青白瓷模制印花工艺、孔雀翠蓝釉工艺皆受到伊斯兰制陶术的影响，那么，元代景德镇窑烧造玲珑瓷的工艺同样在伊斯兰制陶术影响下应运而生。

随着伊利汗国的建立，中国与伊斯兰世界的文化交流，尤其是海上丝绸之路上的国际交流更加频繁。元代早期波斯湾主要国际贸易港在忽鲁谟斯港（今伊朗米纳布）。牛津大学威廉姆森博士在这个古港口遗址发现许多宋元瓷片，包括景德镇青白瓷、德化窑青白瓷和龙泉窑青瓷、景德镇元末民窑青花瓷残片。[③]与之同出的还有大批伊斯兰陶片，如模制印花陶片、孔雀翠蓝釉陶片（图五：3、4）。[④]这些伊斯兰陶器当为从事海上国际贸易的穆斯林商人的日常生活用品，而伊斯兰制陶术正是随海上丝绸之路国际贸易，由穆斯林商人传入中国陶瓷制造中心——景德镇的。

---

① 汪勃：《再谈中国出土唐代中晚期至五代的西亚伊斯兰孔雀蓝釉陶器》，《考古》2012 年第 3 期，第 85—96 页。

② 北京大学考古学系、河北省文物研究所、邯郸地区文物保管所：《观台磁州窑址》，文物出版社，1997 年，第 312—314 页。

③ Andrew G. Williamson, “Hormuz and the trade of Gulf in the 14th–15th centuries A.D.,” *Proceedings of the Seminar for Arabian Studies*, 6, 1972, pp. 52–68; Peter Morgan: “New Thoughts on Old Hormuz: Chinese Ceramics in the Hormuz Region in the Thirteenth and Fourteenth Centuries,” *Iran* 29, 1991, pp.67–83.

④ Andrew G. Williamson, “Regional distribution of medieval Persian pottery in the light of recent investigations,” *Oxford Studies in Islamic Art*, 4, 1988, pp. 11–22.